Dr. Florian Happ

Versicherungstechnische Bewältigung des Schadeninflationsrisikos in der nichtproportionalen Rückversicherung

LMU LUDWIG-MAXIMILIANS-UNIVERSITÄT MÜNCHEN
Universität der Bundeswehr München

Beiträge zu wirtschaftswissenschaftlichen Problemen der Versicherung 72

Herausgegeben von Prof. Dr. Andreas Richter und Prof. Dr. Thomas Hartung

Begründet von Prof. Dr. Heinz Leo Müller-Lutz,
weitergeführt von Prof. Dr. Elmar Helten

Dr. Florian Happ

Versicherungstechnische Bewältigung des Schadeninflationsrisikos in der nichtproportionalen Rückversicherung

VVW

Bibliografische Information der Deutschen Nationalbibliothek

Die Deutsche Nationalbibliothek verzeichnet diese Publikation
in der Deutschen Nationalbibliografie;
detaillierte bibliografische Daten sind im Internet über
http://dnb.d-nb.de abrufbar.

– Zugl.: München, Univ. der Bundeswehr, Diss., 2016 –

D 706

ISSN 0522-618X
ISBN 978-3-89952-650-9

Geleitwort

Die Besonderheit von Versicherung, dass Prämien vor Produkterstellung kalkuliert und vereinnahmt werden, führt unter dem üblichen Verzicht von Nachschusspflichten zu einem arteigenen Risiko der Versicherungswirtschaft, dem so genannten versicherungstechnischen Risiko. In der versicherungswissenschaftlichen Literatur ist ein langjähriger Diskurs im Hinblick auf Präzisierung, Differenzierung und Operationalisierung des versicherungstechnischen Risikos verankert.

Eine für die Versicherungspraxis bislang schwer handzuhabende Komponente stellt das Änderungsrisiko da. Dieses beschreibt den Sachverhalt, dass sich der Kalkulation zu Grunde liegende Ursache-Wirkungs-Kombinationen im Zeitablauf – mehr oder weniger unbemerkt – ändern. Eine praktische Ausprägung dieses Änderungsrisikos stellt die Schadeninflation dar, d. h. dass Schäden sich aufgrund inflationärer Tendenzen verteuern und diese Teuerung bei der Tarifkalkulation nicht treffsicher prognostiziert werden konnte. Bedeutsam ist vor allem, dass es einen immer wieder nachweisbaren „Drift“ zwischen allgemeiner Teuerung und der Teuerung bei Schadenzahlungen gibt. Insbesondere bei mehrjährigen Vertragslaufzeiten oder lang abwickelndem Versicherungsgeschäft kann diese Problematik die finanzwirtschaftliche Stabilität eines Versicherers bedrohen.

Auch Rückversicherer können von der Schadeninflation betroffen werden, wenn die vereinbarten Haftungsstrecken im Zeitablauf verstärkt am oberen Ende ihrer Spannweite ausgeschöpft werden. In der Literatur finden sich zudem diverse Hinweise auf Rückversicherung als probates Instrument zur Bewältigung der Schadeninflation aus Erstversicherungssicht. Diesem Themenkreis hat sich Florian Happ in der vorliegenden Monographie angenommen. Die umfangreiche Auseinandersetzung mit der Schadeninflation und dem daraus folgenden Risiko für einen (Rück)Versicherer erweitert den Stand der Forschung deutlich. Vor allem die Konzeptualisierung der Auswirkungen von Inflationsunterschätzungen bei nichtproportionaler Rückversicherung ohne und mit Einbezug risikopolitischer Maßnahmen auf formaler Ebene betritt Neuland. Damit sind die Ergebnisse der Arbeit von großer Relevanz für die

Versicherungswissenschaft, aber auch die Versicherungspraxis. Dem Autor ist folglich eine weite Verbreitung seiner Erkenntnisse zu wünschen.

Neubiberg, im Mai 2017 Prof. Dr. Thomas Hartung

Danksagung

Die Veröffentlichung meiner Dissertation möchte ich zum Anlass nehmen, mich bei den Menschen zu bedanken, die mich während der Zeit der Erarbeitung und Fertigstellung auf vielfältige Weise unterstützt haben.

Meinem Doktorvater Prof. Dr. Thomas Hartung danke ich für seine Anleitung bei der Auseinandersetzung mit der Thematik. Mit den Denkanstößen und der konstruktiven Kritik konnte ich nicht nur meinen fachlichen Blick schärfen, sondern mich auch persönlich weiterentwickeln. Ferner möchte ich mich bedanken bei Prof. Dr. Andreas Schüler für seine Anregungen und die Bereitschaft, das Zweitgutachten zu übernehmen, und bei Prof. Dr. Martin Hepp als Vorsitzendem der Promotionskommission.

Meinen Kollegen am Lehrstuhl für Versicherungswirtschaft, insbesondere Dr. Michael Berger, Dr. Thomas Nowak und Joachim Zwanzger, danke ich für ihre Diskussionsimpulse, den Zusammenhalt und die freundschaftliche Verbundenheit.

Als externer Doktorand waren die Rahmenbedingungen, die mir mein Arbeitgeber gewährte, eine große Hilfe. So gilt mein Dank meinen Vorgesetzten bei der Münchener Rückversicherungs-Gesellschaft für ihr Entgegenkommen und die Freiräume, die mir für die Dissertation eingeräumt wurden.

Meine Familie und Freunde waren diejenigen, die in der Zeit am meisten zurückstecken mussten. Schließlich verwendete ich viele Abendstunden und Wochenenden für meine Forschungsarbeit. Allen danke ich von Herzen für ihre Nachsicht, ihren Zuspruch, ihre Motivation und Unterstützung.

Meinen besonderen Dank richte ich an meine Eltern, die über all die Jahre an mich geglaubt und mir in vielfältiger Weise bedingungslos Rückhalt gegeben haben.

München, im Mai 2017 Florian Happ

Inhaltsübersicht

Inhaltsverzeichnis

Abbildungsverzeichnis

Tabellenverzeichnis

Abkürzungsverzeichnis

DGVFM	Deutsche Gesellschaft für Versicherungs- und Finanzmathematik
GAAP	Generally Accepted Accounting Principles
Gen Re	Kölnische Rückversicherungs-Gesellschaft
Hrsg.	Herausgeber
IAS	International Accounting Standard
IBNR	Incurred But Not Reported
IFRS	International Financial Reporting Standard
Münchener Rück	Münchener Rückversicherungs-Gesellschaft
o. O.	ohne Ortsangabe
xs	in excess of
VaR	Value at Risk

Symbolverzeichnis

a	Diskontierungszuschlag
b	Höchstschaden
B	Nominalwert eines Wertpapiers
$c(i)$	relatives Auszahlungsmuster des Originalschadens
$c_z(i)$	Auszahlungsmuster des Originalschadens inklusive Schadeninflation
$C(i)$	Schadenauszahlungen
d	Schadenuntergrenze der Paretoverteilung
d_z	inflationierte Pareto-Schadengrenze
D_a	angepasster Diskontierungseffekt
D_P	Prämiendiskontierungsfaktor
e_c	Inflationsprognosefehler bei Schadenreserveablösung
e_{ILB}	Prognosefehler der Marktinflation
$e_{\text{legal}}^{\text{RV}}$	Effekt der Anpassungsklausel
e_N	Prognosefehler der Schadenhäufigkeitsinflation
e_U	Prognosefehler bezüglich der Tarifierungsgrundlage
e_v	Prognosefehler für das Anpassungsverhältnis
e_X	Prognosefehler der Schadenhöheninflation
e_z	Inflationsprognosefehler
e_z^{RV}	Inflationsprognosefehler des Rückversicherers
$\text{E}(\cdot)$	Erwartungswert
h	Haftstrecke des Rückversicherungslayers
H	Bruttorisikoprämie
i	Zeitindex
$\text{infl}(N)$	Schadenhäufigkeitsinflationsfaktor
$\text{infl}(S)$	Gesamtschadeninflationsfaktor
$\text{infl}(X)$	Schadenhöheninflationsfaktor

$\mathrm{infl}\,(\mathrm{xs})$	Faktor der Excess-Inflation
k	Formparameter der Paretoverteilung
L	Verlustvariable
L^{SE}	Verlustfunktion bei Staffelentgelt
L^{WA}	Verlustfunktion bei Wiederauffüllung
L_z	Verlustgröße nach Schadeninflation
$M\,(i)$	verlaufsabhängige Prämien(nach)zahlungen bei Staffelentgelt
$M_E\,(i)$	erwartete Prämiennachzahlungen bei Staffelentgelt
$M_z\,(i)$	tatsächliche Prämiennachzahlungen bei Staffelentgelt
N	Schadenzahlvariable
N^{EV}	Schadenzahlvariable des Erstversicherers bei Risikoteilung
N^{RV}	Schadenzahlvariable des Rückversicherers bei Risikoteilung
N_z	inflationierte Schadenzahlvariable
$p\,(i)$	Auszahlungsmuster des Rückversicherungsvertrags
P	Prämie
P_1	Prämiennachzahlung zum Zeitpunkt $t = 1$
P^{AK}	Prämie bei Anpassungsklausel
P_{bas}	Basisentgelt
P_D	Prämieneinnahme zu Vertragsbeginn (diskontiert)
$P_{\max}$	Höchstentgelt
$P_{\min}$	Mindestentgelt
P^s	Prämie inklusive Sicherheitszuschlag (Bruttorisikoprämie)
P_n^{WA}	Wiederauffüllungsentgelt für den Schaden X_n
q	Entgeltsatz des Schadenexzedenten
$q_{\max}$	Höchstentgeltsatz
$q_{\min}$	Mindestentgeltsatz
r	risikoloser Zins
r_C	Coupon eines Inflation Linked Bond
r_{ILB}	Nominalverzinsung eines Inflation Linked Bond

r_{R}	Realzins eines Wertpapiers
$r^{\mathrm{RV}}(h \text{ xs } u)$	Risikoanteil des Rückversicherers
$r^{\mathrm{RV}}_{\mathrm{stab}}(h \text{ xs } u)$	Risikoanteil des Rückversicherers bei Stabilisierung
$r^{\mathrm{RV}}_{z}(h \text{ xs } u)$	Risikoanteil des Rückversicherers bei Schadenverteilung S_z
$r(x)$	Risikoteilungsfunktion
R	Risikokapital
R_D	Risikokapital zu Vertragsbeginn (diskontiert)
R^{SE}	Risikokapital bei Staffelentgelt
R_T	Risikokapital zum Zeitpunkt T
R^{WA}	Risikokapital bei vereinbarten Wiederauffüllungen
R_z	Notwendiges Risikokapital (Soll-Kapital) zum Zeitpunkt T
s	Sicherheitszuschlag
S	Gesamtschadenvariable ohne Inflationseinfluss
S_C	Gesamtschadenverteilung bei Schadenreserveablösung
S_E	erwartete Schadenverteilung
S^{RV}_E	erwartete Schadenverteilung des Rückversicherers
$S^{\mathrm{RV,\ stab}}_E$	erwartete stabilisierte Schadenverteilung des Rückversicherers
S^{EV}	Gesamtschaden des Erstversicherers
S^{RV}	Gesamtschaden des Rückversicherers
S_z	tatsächliche Schadenverteilung
S^{RV}_z	tatsächliche Schadenverteilung des Rückversicherers
$S_{z-\mathrm{legal}}$	Um die Legalkosteninflation korrigierte Schadenverteilung S_z
t	Zeitpunkt
T	Länge des Abwicklungszeitraums
u	Priorität
U	Tarifierungsgrundlage des Schadenexzendenten
U_E	erwartete Ausprägung der Tarifierungsgrundlage
U_z	tatsächliche Realisation der Tarifierungsgrundlage
UK	allgemeine Zielabweichungsfunktion des Inflationsrisikos

UK^{a}	Zielabweichungsfunktion unter angepasster Diskontierung
UK^{AK}	Zielabweichungsfunktion unter Berücksichtigung einer Prämienanpassungsklausel
UK^{ILB}	Zielabweichungsfunktion bei ILB-Investition
UK^{s}	Zielabweichungsfunktion bei Sicherheitszuschlag
UK^{stab}	Zielabweichungsfunktion bei Stabilisierung
UK^{T_C}	Zielabweichungsfunktion bei Schadenreserveablösung
UK^{U}	Zielabweichungsfunktion bei inflationssensitiver Tarifierungsgrundlage
UK^{WA}	Zielabweichungsfunktion bei Wiederauffüllungen
v	Anpassungsverhältnis der Stabilisierung
v_E	erwartetes Anpassungsverhältnis
v_n	Anpassungsverhältnis des Schadens X_n
v_z	tatsächliches Anpassungsverhältnis
$\text{Var}(\cdot)$	Varianz
VaR_α	VaR zum Konfidenzniveau $1-\alpha$
$\text{Vko}(\cdot)$	Variationskoeffizient
$w(i)$	Inflationsindex zum Zeitpunkt i
w^E	erwarteter Inflationsindex
w_{ILB}	Index zur Anpassung eines Inflation Linked Bond
w_{stab}	Klauselindex
w_X	Schadenhöheninflationsindex
X	Schadenhöhenvariable
X^{EV}	Schadenhöhe des Erstversicherers bei Risikoteilung
X^{RV}	Schadenhöhe des Rückversicherers bei Risikoteilung
X_E^{RV}	erwartete Schadenhöhe des Rückversicherers
X_z^{RV}	tatsächliche Schadenhöhe des Rückversicherers
z	Inflationsrate
z_{AJ}	Anfalljahrinflation
z_{ER}	Emerging-Risks-Inflation

$z_{\text{KJ}}(i)$	Kalenderjahresinflation im Abwicklungsjahr i
z_{legal}	Legalkosteninflation
$z_{\text{legal}}^{\text{RV}}$	Legalkosteninflation des Rückversicherers
z_{lohn}	Lohnkosteninflation
z_{med}	Gesundheitskosteninflation
z_N	Schadenhäufigkeitsinflation
z_{pflege}	Pflegekosteninflation
z_{sozial}	Sozialkosteninflation
z_{VPI}	Verpraucherpreisinflation
z^w	Zuwächse des ILB-Indexes
z_E^w	Inflationserwartung bei Inflation Linked Bonds
z_X	Schadenhöheninflation
$z_{X,E}$	erwartete Schadenhöheninflation
$Z_{1-\alpha}$	$(1-\alpha)$-Quantil der Standardnormalverteilung
$Z(i)$	Zinszahlung eines Wertpapiers zum Zeitpunkt i
α	(Ruin-)Wahrscheinlichkeit
β	Preisfaktor der Wiederauffüllung
δ	Inflationsduration
σ	Standardabweichung

1 Einleitung

1.1 Einführung in die Thematik

„Prognosen sind schwierig,
vor allem wenn sie die Zukunft betreffen.“

Dieses Zitat, dessen Urheberschaft nicht eindeutig geklärt ist, drückt eine Grundproblematik der Versicherung aus. Ihr Produkt Versicherungsschutz ist unter anderem dadurch gekennzeichnet, dass die Prämie eingenommen wird, bevor die Höhe der zu leistenden Schadenzahlungen bekannt ist. Sofern auf Nachschusspflichten des Versicherungsnehmers verzichtet wird, muss ein vorher festgelegter Betrag genügen, um zufallsbedingte Kosten zu decken. Daher kann es passieren, dass die eingenommenen Prämien und das vorhandene Risikokapital nicht ausreichen, um die Schadenfälle einer Periode zu decken. Dies ist das versicherungstechnische Risiko.[1]

Um der Ungewissheit über die zukünftigen Schadenzahlungen zu begegnen, wurden im Laufe der Zeit zahlreiche Methoden entwickelt, mit denen sich Prognosen über die zukünftig zu leistenden Schadenzahlungen aufstellen lassen.[2] Sie gründen auf der Annahme, dass sich Versicherungsschäden anhand eines Systems von Ursache-Wirkungs-Beziehungen bis zu einem gewissen Grad erklären lassen.[3] Trotzdem kann die Prämieneinnahme aufgrund von Zufallsschwankungen nicht ausreichen. Oder die Zusammenhänge werden unzureichend erkannt, sodass die Tarifierung auf falschen Annahmen basiert. Mitunter treffen Prognosen auch nicht zu, wenn sich diagnostizierte Gesetzmäßigkeiten mit der Zeit ändern. Der zur Prämienberechnung unterstellte Zusammenhang zum Zeitpunkt der Schadenauszahlung liegt nicht mehr vor, da sich die der Kalkulation zugrunde liegenden Ursache-Wirkungs-Kombinationen geändert haben.

---

1 Vgl. HARTUNG (2005), S. 178f. Des Weiteren sei auf die langjährige Abgrenzung und Präzisierung in der wissenschaftlichen Literatur verwiesen, vor allem auf GÜRTLER (1929); BRAESS (1960); HELTEN (1973); JANNOTT (1976); EICHHORN (1978); ALBRECHT/SCHWAKE (1988).

2 Siehe z. B. MACK (2002); KLUGMAN ET AL. (2004); D'ARCY ET AL. (2009), S. 44.

3 Vgl. HELTEN (1991), S. 137f.

Der zuletzt aufgeführte Aspekt, Änderungsrisiko genannt, ist von besonderer Relevanz, da ein Versicherungsunternehmen ständig mit veränderlichen Umwelt- und Rahmenbedingungen konfrontiert ist. Als bedeutsame praktische Ausprägung des Änderungsrisikos tritt beim Versicherungsunternehmen eine unerwartete Verteuerung der Schadenzahlungen auf, die häufig mit dem Begriff der *Schadeninflation* assoziiert wird. Sie stellt seit jeher einen in der Praxis nur schwierig handzuhabenden Aspekt des versicherungstechnischen Risikos dar, können die Gründe für eine Verteuerung doch vielfältig und das Zusammenspiel der Einflussfaktoren komplex sein. Obschon mit fortgeschrittenen Methoden der Datenanalyse versucht wird, zugrunde liegende Gesetzmäßigkeiten besser zu verstehen und Änderungssignale frühzeitig wahrzunehmen, bleibt die Zukunft in Teilen immer ungewiss. Das Änderungsrisiko lässt sich insofern nicht gänzlich eliminieren. Ansonsten könnte ein Versicherer sämtliche Veränderungen antizipieren und in der Tarifierung berücksichtigen.

1.2 Theoretische Einordnung und Ziel der Arbeit

Auch wenn sich in der Literatur gegenwärtig weder eine eindeutige allgemeine Definition der Schadeninflation findet, noch sich eine einvernehmliche Herangehensweise hierzu herauskristallisiert hat,[4] ist die Thematik der Schadenteuerung seit Längerem Gegenstand sowohl der wissenschaftlichen als auch der praxisorientierten Versicherungsliteratur. Beispielsweise zeigt MASTERSON, dass sich die Schadenleistungen der Versicherung anders verteuern als die in der allgemeinen Inflationsrate erfassten Verbraucherpreise.[5] Diese Erkenntnis findet sich in weiteren Studien bestätigt. So stellen CUMMINS/DERRIG fest, dass sich die Verteuerung von Versicherungsschäden anders verhält als die allgemeine Inflationsrate und sogar ein Vielfaches Letzterer betragen kann.[6] Auch HELLBERG/LONSING weisen auf diesen Aspekt hin und zeigen am Beispiel von Personenschäden, dass vor allem die Sparten der Kraftfahrthaftpflichtversicherung und der Heilwesenversicherung einer überdurchschnittlichen Teuerung unterliegen. Sie taxieren die Steigerungsrate der Schadenteuerung auf das Dreifache der Verbraucherpreisinflation.[7]

---

4 Vgl. GESMANN ET AL. (2013) sowie JOHN ET AL. (2013), S. 6.
5 Vgl. MASTERSON (1968), S. 69ff.; MASTERSON (1981).
6 Vgl. CUMMINS/DERRIG (1993), S. 432.
7 Vgl. HELLBERG/LONSING (2010), S. 421f.

Andere Studien untersuchen Auswirkungen der in der allgemeinen Inflationsrate abgebildeten Preissteigerungen auf die wirtschaftliche Situation eines Versicherungsunternehmens.[8] Dabei interessiert vor allem, wie die Inflation auf die Unternehmensergebnisse wirkt, und es wird betrachtet, wie nachteilige Effekte begrenzt werden können. Aufgrund der in diesem Zusammenhang möglichen negativen Auswirkungen wird mit der Inflation ein Risiko verbunden.[9] KARL ET AL. stellen heraus, dass die Inflation die Schadenversicherung vor allem durch eine Erhöhung der nominellen Verbindlichkeiten belastet.[10] Hingegen untersuchen D'ARCY ET AL. den Einfluss der Inflation auf die Schadenreserven und gelangen zu der Erkenntnis, dass vor allem die Volatilität der Inflation riskant wirkt.[11]

Da Inflation als langfristig nicht vorhersehbar bzw. volatil gilt,[12] kann sie sich anders entwickeln als erwartet. Die Erforschung dieser Thematik in Bezug auf die Versicherung steht nach JOHN ET AL. noch am Anfang und die Auseinandersetzung mit dem Inflationsrisiko hat in die versicherungswissenschaftliche Literatur erst kürzlich Eingang gefunden.[13] Als Gegenstand jüngerer Forschung wird insbesondere das Zusammenspiel von Zins und Inflation analysiert.[14]

So diskutieren RAVIN/FOWLDS das Inflationsrisiko in den Bereichen Policengestaltung, Tarifierung, Schadenreservierung, Kapitalanlage und Risikomanagement.[15] Obgleich sie keine Definition abliefern, arbeiten die Autoren heraus, dass das Inflationsrisiko je nach Betrachtungsweise verschiedene Formen annimmt. Bei Schadenleistungen und Policengestaltung geht es hauptsächlich um die Verteuerung von Versicherungsschäden und Verwaltungskosten. Hingegen ist bei der Kapitalanlage entscheidend, dass derzeitige Ansätze des Asset-Liability-Managements nicht die Inflation, sondern vor allem das Zinsänderungsrisiko hedgen.[16] Ähnlich nähern sich JOHN ET AL. dem Thema.

---

8 Vgl. z. B. HAGEMANN (1976); BUTSIC (1981); REHNERT (1988); AHLGRIM/D'ARCY (2012).

9 Vgl. BUTSIC (1981), S. 89; AHLGRIM/D'ARCY (2012), S. 17.

10 Vgl. KARL ET AL. (2010), S. 7ff.

11 Vgl. D'ARCY ET AL. (2009), S. 48.

12 Vgl. JOHN ET AL. (2013), S. 56.

13 Vgl. JOHN ET AL. (2013), S. 6.

14 Vgl. RAVIN/FOWLDS (2010); JOHN ET AL. (2013); BOHNERT ET AL. (2015).

15 Vgl. RAVIN/FOWLDS (2010).

16 Vgl. RAVIN/FOWLDS (2010), S. 26.

Die Autoren stellen fest, dass keine Definition für das Inflationsrisiko vorliegt, und kommen zu dem Schluss, es handle sich um einen eigenständigen Effekt „in engem Zusammenhang zum Reserverisiko und dem Prämienrisiko."[17] Zur Bewältigung werden die Optionen des Hedgings und der Rückversicherung vorgestellt.[18] BOHNERT ET AL. untersuchen unter der Bezeichnung *Inflation Risk* die Verteuerung der Schäden und modellieren die inflationsbedingte Volatilität der Schadenreserven eines Beispielversicherers.[19]

Grundsätzlich einig ist sich die Literatur, dass ein Informationsdefizit bezüglich der Ausprägung der künftigen Inflation besteht. Aussagen über zukünftige Teuerungsraten unterliegen somit einem Risiko.[20] Vor allem bei lange abwickelndem Versicherungsgeschäft können infolge einer unterschätzten Schadeninflation die Prämieneinnahmen und das vorhandene Risikokapital nicht ausreichen, um die teurer als erwartet ausfallenden Schadenzahlungen zu leisten. Eine Unterschätzung der Schadeninflation kann demzufolge die finanzwirtschaftliche Stabilität eines Versicherers bedrohen.

In Bezug auf die mit einer Inflation einhergehende Schadenteuerung wird vor allem die nichtproportionale Rückversicherung als Mittel der Wahl zur Dämpfung der Inflationswirkung auf die Versicherungsschäden diskutiert.[21] Denn in Bezug auf die Schadenteuerung ist nachgewiesen, dass der Rückversicherer deren Großteil trägt.[22] Wenn jedoch ein Erstversicherungsunternehmen das Risiko der Schadenteuerung auf einen Rückversicherer überwälzen kann, nimmt Letzterer bezüglich eines solchen Inflationsrisikos eine besonders exponierte Position ein. Auf diese allerdings wird in der einschlägigen Literatur nicht eingegangen.[23]

Diese Lücke besetzt die hier vorliegende Ausarbeitung, die als übergeordnetes Ziel zwei Fragen beantworten will. Zum einen soll das Schadeninflations-

---

17 JOHN ET AL. (2013), S. 67.

18 Vgl. JOHN ET AL. (2013), S. 75f.

19 Vgl. BOHNERT ET AL. (2015), S. 1.

20 Vgl. hierzu HELTEN (1991), S. 129 sowie die Ausführungen in 2.4.1.

21 Vgl. z. B. KARL ET AL. (2010), S. 30; JOHN ET AL. (2013), S. 77.

22 Vgl. z. B. FERGUSON (1974), S. 144ff.; GERATHEWOHL (1976), S. 214; MACK (2002), S. 356; BOOTH ET AL. (2005), S. 469 und S. 533; LIEBWEIN (2009), S. 172; BALL/STAUDT (2011), S. 1.

23 Vgl. hierzu die Ausführungen bei KARL ET AL. (2010), S. 30 und JOHN ET AL. (2013), S. 77.

risiko in der nichtproportionalen Rückversicherung erklärt werden. Dabei wird sich der Thematik aus risikotheoretischer Perspektive genähert, um das Schadeninflationsrisiko besonders in Bezug auf das versicherungstechnische Risiko einzuordnen.[24] Zum anderen wird dargelegt, wie ein Rückversicherer mit diesem Risiko umgehen und es steuern kann.

Gemäß der Zielsetzung dieser Arbeit handelt es sich um einen normativen Ansatz. Formal-analytisch wird veranschaulicht, wie sich das Änderungsrisiko in Erscheinungsform einer unerwartet hoch ausfallenden Schadeninflation für einen Rückversicherer darstellt. Anhand eines dafür entwickelten Modells, das sich in die theoretischen Überlegungen zum versicherungstechnischen Risiko einfügt,[25] wird gezeigt, welchen Einfluss eine unterschätzte Schadeninflation auf die Kapitalposition des Unternehmens hat. Dabei wird herausgestellt, dass der Risikotransfer des Schadeninflationsrisikos vom Rückversicherer gestaltet werden kann. Das Modell etabliert für die Entscheidungen einen solvabilitätsbezogenen Referenzpunkt, mit dem überprüft wird, wie Handlungsoptionen des Rückversicherungsunternehmens auf dessen Risikoreserve wirken. Auf diese Weise wird ein Entscheidungskriterium abgeleitet, anhand dessen ein Rückversicherer den Einsatz risikopolitischer Maßnahmen priorisieren kann.

Wenngleich sich die eingangs zitierten Studien grundsätzlich mit der Thematik der Schadenteuerung beschäftigen, fehlt bislang im wissenschaftlichen Diskurs eine präzise Definition des Schadeninflationsrisikos. Eine solche wird im Rahmen dieser Ausarbeitung entwickelt und das mit einer Unterschätzung der Schadeninflation einhergehende Risiko als isolierter Baustein in den Kontext des versicherungstechnischen Risikos eingeordnet.

1.3 Struktur und Gang der Untersuchung

Entsprechend dieser Zielsetzung ist vorliegende Ausarbeitung dreigeteilt. Zuerst wird ein Erklärungsmodell für das einem Rückversicherer unter nichtproportionalen Rückversicherungsformen entstehende Schadeninflationsrisiko

---

[24] Auch wenn die Analyse auf die Rückversicherung fokussiert ist, lassen sich die Erkenntnisse auf eine Situation ohne Risikoteilung übertragen.

[25] Im Speziellen geht es um die Erklärungsansätze nach HELTEN (1991), ALBRECHT/SCHWAKE (1988), FARNY (2006) sowie BAKER (2004), die in Abschnitt 2.4.1.2 eingeordnet werden.

entwickelt. Danach wird untersucht, welche risikopolitischen Instrumente einem Rückversicherer zur Steuerung dieses Risikos zur Verfügung stehen, und schließlich diskutiert, wie risikopolitische Instrumente zielgerichtet eingesetzt werden können, sodass ein Ansatz zur Steuerung des Inflationsrisikos entsteht.

In Kapitel 2 wird der Schwerpunkt auf das Verständnis der Schadeninflation gelegt und ein Erklärungsansatz des mit einer Inflationsunterschätzung einhergehenden Risikos entwickelt. Unter Berücksichtigung der angesprochenen Heterogenität der Forschungsansätze wird ein Literaturüberblick gegeben, der vor allem auf folgende Aspekte eingeht: Erstens wird der Einfluss der Inflation auf die wirtschaftliche Situation eines Versicherungsunternehmens untersucht, zweitens verschiedene Ansätze der Darstellung der Schadeninflation miteinander verglichen und drittens die Betrachtungen des Inflationsrisikos in der bisherigen wissenschaftlichen Auseinandersetzung untersucht.

Am Anfang wird erörtert, wie Inflation die Ergebniskomponenten eines Versicherungsunternehmens beeinflusst. Dieser Ansatz bietet einen guten Einstieg und Einblick in den Themenkomplex Inflation und Versicherung. So wird verständlich, warum die Schadeninflation als ein von der allgemeinen Inflationsrate losgelöstes Themenfeld betrachtet werden sollte. Darauf aufbauend wird die Literatur zur Schadeninflation systematisiert und die Ursachen der Schadenteuerung analysiert. Mithilfe eines Erklärungsmodells werden verschiedene Analyseperspektiven für die Schadeninflation verdeutlicht. Darüber hinaus wird diskutiert, wie die Schadeninflation in die Modellbeschreibung des sogenannten Kollektiven Modells der Risikotheorie integriert werden kann, und erst dann die Perspektive nichtproportionaler Risikoteilung in die Betrachtung integriert. Das Kapitel schließt mit der Herleitung des Modells für das Schadeninflationsrisiko ab. Dabei wird untersucht, wie sich das Inflationsrisiko[26] in den Zusammenhang des versicherungstechnischen Risikos einordnen lässt. Mittels des Modells wird das Inflationsrisiko in den beiden Dimensionen Zielabweichung und Informationsdefizit erläutert und die wesentlichen Einflussfaktoren herausgestellt. Die Analyseergebnisse zeigen darüber hinaus, dass eine adäquate Quantifizierung des Schadeninflationsrisikos nicht möglich ist. Zwar lässt sich die Risikodimension der Zielabweichung funktional beschreiben, das Informationsdefizit als zweite Risikodimension aber keine quantitative Beschreibung zu. So zeigt sich, dass unter Berück-

[26] Für einen besseren Lesefluss wird wie bei BOHNERT ET AL. (2015) Inflationsrisiko als Synonym für Schadeninflationsrisiko verwendet.

sichtigung dieser Besonderheit ein eigener Ansatz zur Risikosteuerung zu entwickeln ist.

Das Ziel des dritten Kapitels ist die Evaluation diverser versicherungstechnischer Verfahren, sogenannter risikopolitischer Maßnahmen. Es wird herausgearbeitet, welche Handlungsoptionen einem Rückversicherungsunternehmen zur Steuerung bzw. Reduzierung des Inflationsrisikos zur Verfügung stehen. Zur Bewertung wird deren Einfluss auf die Zielabweichung und/oder das Informationsdefizit analysiert.[27]

Im Rahmen der Prämienpolitik werden Maßnahmen untersucht, die auf die technische Ausgestaltung der Prämie abzielen.[28] Insbesondere werden die Bemessung des Sicherheitszuschlags und die Vereinbarung einer variablen, vom Schadenverlauf abhängigen Prämie betrachtet. Ergänzend werden Anpassungsklauseln als Instrument der Prämiengestaltung vorgestellt. Überdies werden die Form der Tarifierungsgrundlage und die Diskontierungsmethodik diskutiert. Anschließend wird thematisiert, inwiefern das Inflationsrisiko durch die Kapitalanlage reduziert werden kann, und diesbezüglich die Möglichkeit eines Hedgings der Schadeninflation betrachtet. Die darüber hinaus diskutierte Kategorie der Schadenpolitik unterliegt nur begrenzten Gestaltungsmöglichkeiten, da das Rückversicherungsunternehmen zur Erstattung der Schäden vertraglich verpflichtet ist.[29] Vor diesem Hintergrund wird besonders auf die Möglichkeit der Schadenreserveablösung eingegangen. Schließlich werden im Rahmen der Auseinandersetzung mit den Maßnahmen der Bestandspolitik die Entscheidungen der Produktgestaltung beleuchtet und die Kriterien für die Risikoselektion herausgearbeitet.[30]

Die Zusammenführung der Erkenntnisse zu einem Risikosteuerungsansatz erfolgt in Kapitel 4, eingangs dessen dargelegt wird, wie für eine zielgerichtete Risikosteuerung ein Risikoappetit formuliert werden kann, der die in zwei Dimensionen vorliegende Risikobeschreibung des Inflationsrisikos berücksichtigt. Anschließend wird auf die Risikodimension des Informationsdefizits eingegangen. Um die Szenariounsicherheit des Schadenursachensystems abzuschätzen, rückt die Bewertung von Umweltunsicherheit und Zukunftssitua-

---

27 Vgl. HELTEN ET AL. (2000), S. 172.

28 Vgl. HEILMANN/KARTEN (1988), S. 663.

29 Vgl. FARNY (2011), S. 446f.

30 Vgl. HEILMANN/KARTEN (1988), S. 661 für eine Begründung der Bestandspolitik.

tionen in den Blick. Darauf aufbauend wird ein zukunftsbezogener Ansatz für eine Kategorisierung des Informationsdefizits abgeleitet und mit dessen Hilfe die Erkenntnisse der Arbeit zusammengefügt. Abschließend wird gezeigt, wie die in Kapitel 3 untersuchten risikopolitischen Instrumente im Rahmen einer zielgerichteten Risikosteuerung eingesetzt werden können. Daraus resultiert ein Risikosteuerungsansatz, der isoliert auf das Schadeninflationsrisiko angewendet werden kann.

Kapitel 5 dient der zusammenfassenden Darstellung der Erkenntnisse und gewährt einen Ausblick.

2 Das Inflationsrisiko in der nichtproportionalen Rückversicherung

2.1 Einfluss der Inflation auf die Ergebniskomponenten eines Versicherungsunternehmens

Im Allgemeinen wird unter Inflation ein Anstieg des allgemeinen Preisniveaus für Güter und Dienstleistungen in einer Volkswirtschaft verstanden.[31] Als dessen Konsequenz sinkt der Geldwert, da die Kaufkraft des Gelds abnimmt.[32] In diesem Zusammenwirken ist nicht nur die makroökonomische Sichtweise relevant, sondern der Einfluss der Inflation auf die Geschäftstätigkeit eines Versicherungsunternehmens von besonderem Interesse. Versicherungsschutz ist ein zeitraumbezogenes Produkt,[33] das auf der Ansammlung von Geldmitteln für den Schaden- oder Leistungsfall basiert.[34] Insofern ist die Versicherung von der Verminderung des Geldwerts über die Zeit besonders betroffen.[35]

Der Einfluss der Inflation lässt sich vor allem anhand ihrer Auswirkungen auf das Versicherungsergebnis erklären.[36] Abhängig vom Versicherungszweig werden die Ergebnisbestandteile *Prämieneinkommen*, *Schadenaufwand*, *Betriebskosten* und *Vermögenserträge* beeinflusst.[37] Die konkreten Inflationseffekte sind abhängig vom Versicherungszweig, sodass bei der Betrachtung zwischen der Summenversicherung und der Schadenversicherung zu unterscheiden ist.[38]

In der *Summenversicherung* ist die Versicherungsleistung durch einen nominellen Auszahlungsbetrag festgelegt und unabhängig von der tatsächlichen

---

31 Vgl. REHNERT (1988), S. 289.

32 Vgl. ebd.; MÜNCHENER RÜCK (1971), S. 5; KARL ET AL. (2010), S. 5.

33 Vgl. ROCKEL ET AL. (2012), S. 7.

34 Vgl. REHNERT (1988), S. 289.

35 Vgl. FÜRSTENWERTH ET AL. (2001), S. 333.

36 Vgl. REHNERT (1988), S. 289.

37 Vgl. HAGEMANN (1976), S. 340. und REHNERT (1988), S. 289. Im internationalen Geschäft kommt der Einfluss der Inflation auf die Wechselkurse hinzu. Darüber hinaus gibt es ergebnisneutrale Bilanzeffekte (vgl. z. B. KARL ET AL. (2010), S. 13 oder JOHN ET AL. (2013), S. 72.).

38 Vgl. REHNERT (1988), S. 290; KARL ET AL. (2010), S. 7 und S. 15.

Schadenhöhe.[39] Somit können dem Versicherungsunternehmen Nachteile nur aufgrund von der Inflation beeinflusster Betriebskosten und Vermögenserträge entstehen.[40] Im Gegensatz dazu übernimmt das Versicherungsunternehmen in der *Schadenversicherung* die Pflicht, den tatsächlich entstandenen Schaden zu ersetzen.[41] In diesem Fall verschlechtert die Inflation zusätzlich das Verhältnis von Prämien und Entschädigungsleistungen.[42] Der Versicherungszweig der Schadenversicherung ist in Bezug auf die Inflation demnach das kritischere Betrachtungsobjekt, denn dort werden mindestens die vier oben genannten Ergebnispositionen von der Inflation beeinflusst.

Der größte Teil der *Betriebskosten* eines Versicherungsunternehmens besteht aus Personalkosten.[43] Die Löhne und Gehälter steigen in den meisten Fällen mindestens so stark wie die Konsumentenpreisinflation.[44] Auch wenn der Anstieg der Betriebskosten durch den Einsatz effizienterer Verwaltungstechniken und infolge höherer Produktivität begrenzt werden kann, muss ein Versicherer bei der Planung und Tarifierung die Inflation der Betriebskosten berücksichtigen.[45] Darüber hinaus weist HAGEMANN darauf hin, dass durch Inflation der Löhne und Gehälter die Provisionen für den Vertrieb ebenfalls entwertet werden.[46] Wird diese Entwertung kompensiert, steigen zusätzlich die Vertriebskosten.

Die im Rahmen der Schadenregulierung zu leistenden *Schadenzahlungen* werden aus ähnlichen Gründen wie die Betriebskosten teurer, denn auch hier müssen höhere Gehälter für Gutachter, Honorare für Anwälte etc. bezahlt werden.[47] Überdies erhöht sich der Wert des versicherten Interesses im Laufe der Zeit, sodass auch die Schadenleistungen entsprechend steigen. Beispielsweise ist es teurer, ein zerstörtes Haus heute wieder aufzubauen, als zu Zeiten der ursprünglichen Erstellung. Bei Personenschäden werden Kosten für medizini-

39 Vgl. REHNERT (1988), S. 290 sowie FÜRSTENWERTH ET AL. (2001), S. 622.
40 Vgl. REHNERT (1988), S. 290f.; KARL ET AL. (2010), S. 15.
41 Vgl. REHNERT (1988), S. 292. Voraussetzung für eine vollständige Schadenerstattung ist jedoch, dass die Versicherungssumme ausreichend bemessen ist.
42 Vgl. ebd.
43 Vgl. DAYKIN ET AL. (1996), S. 214.
44 Vgl. HAGEMANN (1976), S. 342 sowie DAYKIN ET AL. (1996), S. 214.
45 Vgl. RAVIN/FOWLDS (2010), S. 19. Vergleichbar argumentieren DAYKIN ET AL. (1996), S. 215.
46 Vgl. HAGEMANN (1976), S. 342.
47 Vgl. RAVIN/FOWLDS (2010), S. 18.

sche Versorgung und Pflege erstattet, deren Preisniveau mit der Zeit ebenfalls steigt.[48]

Da nur ein Teil der Schäden vollständig im Geschäftsjahr des Schadenanfalls reguliert wird, muss ein Unternehmen Rückstellungen für noch nicht abgewickelte Versicherungsfälle bilden.[49] In der Höhe dieser jährlich neu zu bewertenden Rückstellungen wird berücksichtigt, dass sich der Versicherungsfall aufgrund der Inflation über den Abwicklungszeitraum möglicherweise verteuert.[50] Aus diesem Grund heben KARL ET AL. hervor, dass die Inflation die Schadenversicherung vor allem durch eine Erhöhung der nominellen Verbindlichkeiten belastet.[51] Da die Prämieneinnahme vor der Schadenauszahlung erfolgt,[52] kann die Prämienbasis nicht nachträglich korrigiert werden, um auf die Inflation zu reagieren. Dies ist besonders in den Branchen der Haftpflichtversicherung von Relevanz, bei denen aufgrund der Schadenregulierungsdauer zwischen Prämieneinnahme und Schadenzahlung ein langer Zeitraum liegen kann.[53] Die potenziell lange Schadenabwicklung exponiert die Versicherungsfälle teilweise über Jahrzehnte der Inflation und bildet somit das für die Inflationsbetrachtung kritischste Versicherungssegment.[54] Vor diesem Hintergrund erweist sich die Haftpflichtversicherung bei der Inflationsbetrachtung von besonderem Interesse.

Der Zeitraum zwischen Prämieneinnahme und Schadenauszahlung bietet dem Versicherungsunternehmen die Möglichkeit, das eingenommene Geld zinsbringend anzulegen.[55] Über die Auswirkungen der Inflation auf die *Vermögenserträge* im Versicherungsunternehmen finden sich in der Literatur verschiedene Überlegungen, die abhängig von den getroffenen Annahmen und dem Betrachtungsgegenstand zu unterschiedlichen Erkenntnissen führen.

Der FISHER-Effekt beschreibt zumindest für längerfristige Betrachtungszeiträume eine derartige Beziehung zwischen Inflation und Zinsen, dass bei steigender Inflationsrate das Nominalzinsniveau mit der Erhöhung Schritt

---

48 Vgl. MASTERSON (1981), S. 346.
49 Vgl. ROCKEL ET AL. (2012), S. 200.
50 Vgl. DAYKIN ET AL. (1996), S. 215; JOHN ET AL. (2013), S. 40.
51 Vgl. KARL ET AL. (2010), S. 7ff.
52 Vgl. HARTUNG (2005), S. 177.
53 Vgl. BUTSIC (1981), S. 89; KARL ET AL. (2010), S. 7; JOHN ET AL. (2013), S. 5.
54 Vgl. ROMEIKE/MÜLLER-REICHART (2005), S. 70.
55 Vgl. ROCKEL ET AL. (2012), S. 7.

hält.[56] Die erhöhten Kapitalerträge kompensieren die inflationsbedingt höheren Aufwendungen, sodass BUTSIC das Versicherungsunternehmen durch die Korrelation von Zins und Inflation gegenüber unerwarteten Inflationserhöhungen natürlich geschützt sieht.[57]

Aus einer anderen Perspektive betrachten RAVIN/FOWLDS die Wirkung der Kapitalanlage und weisen auf die Rolle des Asset-Liability-Managements als wichtige Technik zur Immunisierung gegen Zinsänderungsrisiken hin. In diesem Fall wird die Kapitalanlagepolitik an dem Ziel ausgerichtet, die Zahlungsstruktur der Verbindlichkeiten in einem Anlageportefeuille aus festverzinslichen Wertpapieren abzubilden,[58] um es gegen Zinsänderungen zu immunisieren.[59] Aufgrund der beschriebenen Abhängigkeit der Verbindlichkeiten von der zukünftigen Inflation tritt bei einem solchen Kapitalanlageansatz der von BUTSIC beschriebene Effekt der Inflationsimmunisierung nicht ein. Das Kapitalanlageergebnis bleibt trotz Inflation stabil, sodass der Kapitalertrag nicht die Inflation der Verbindlichkeiten kompensiert. Vielmehr schlägt sich die Inflation indirekt als Veränderung der Bilanzwerte der Anlageprodukte insofern nieder, als die steigenden Zinsen gemeinhin zu einem Wertverlust bei festverzinslichen Wertpapieren führen.[60] Abhängig von der bilanziellen Behandlung kann sich diese Inflationswirkung entweder in der Erfolgsrechnung oder als Abwertung direkt im Eigenkapital niederschlagen.[61] Vor dem Hintergrund dieser nachteiligen Auswirkungen scheint es notwendig, bei einer Diskussion der Inflationseffekte die Konsequenzen für die Vermögenserträge im Blick zu behalten.[62]

---

56 Vgl. BUTSIC (1981), S. 82; REHNERT (1988), S. 291.

57 Vgl. BUTSIC (1981), S. 82 und S. 89 sowie KARL ET AL. (2010), S. 13.

58 Vgl. RAVIN/FOWLDS (2010), S. 26.

59 Vgl. D'ARCY ET AL. (2009), S. 46.

60 Vgl. HAGEMANN (1976), S. 342 sowie KARL ET AL. (2010), S. 13.

61 Vgl. KARL ET AL. (2010), S. 7 und S. 13. Im Fall einer nicht erfolgswirksamen bilanziellen Behandlung wird von einem vorübergehendem Wertverlust der Anleihen ausgegangen. Wird der Wertverlust als permanent angesehen, muss er in der Erfolgsrechnung berücksichtigt werden. In der Argumentation wird eine Rechnungslegung nach US-GAAP bzw. IAS/IFRS angenommen, in der die Anlageprodukte als „available for sale" eingestuft werden (vgl. ROCKEL ET AL. (2012), S. 125f. und KARL ET AL. (2010), S. 13).

62 Im Gegensatz zu einer Kapitalanlage in festverzinsliche Wertpapiere diskutieren DAYKIN ET AL. die Kapitalanlage in Aktien und Investmentanteilen sowie in Sachwerten. In diesem Fall korreliert die Entwicklung sowohl der Dividenden als auch des Werts dieser Beteiligungen mit der Inflation und die Kapitalanlageergebnisse bleiben im Verhältnis zur

Die Anpassung der *Prämien* an die inflationsbedingte Geldentwertung kann aufgrund der Absatz-vor-Produktion-Eigenschaft des Versicherungsprodukts erst in der Folgeperiode erfolgen,[63] sodass sich eine zeitliche Verzögerung von Inflation und Prämienanpassung ergibt.[64] Bewegt sich die Inflation auf einem moderaten Niveau, ist diese zeitliche Differenz zu vernachlässigen, zumal die Prämienkalkulation in der Regel bereits eine Inflationsschätzung beinhaltet.[65] Unter der Annahme, dass die Inflation einem langfristigen Durchschnitt folgt, hält die Prämienentwicklung mit dem langfristigen Inflationsniveau Schritt.[66] Dennoch kann eine Situation eintreten, in der trotz Inflation der Versicherer über einen längeren Zeitraum die theoretisch notwendigen Inflationsanpassungen nicht vornehmen kann.[67] Dann erweisen sich die Prämien in Bezug auf die ihnen gegenüberstehenden Kosten systematisch als unzureichend.[68]

Letztlich besteht die große Herausforderung der Prämienkalkulation darin, alle in diesem Abschnitt beschriebenen Effekte zu berücksichtigen.[69] Dazu müsste allerdings die Höhe der Inflation im Voraus bekannt sein. Doch diese Sicherheit besteht im Allgemeinen nicht. Inflationsprozesse werden als langfristig nicht vorhersehbar begriffen, denn sie verlaufen unregelmäßig und sind nur schwierig zu modellieren.[70] Mit der Inflation wird deswegen in der Regel

---

Konsumentenpreisinflation stabil (vgl. DAYKIN ET AL. (1996), S. 217). Allerdings ist ein Versicherungsunternehmen angesichts aufsichtsrechtlicher Bestimmungen nicht so frei in seiner Kapitalanlageentscheidung, dass ein solcher Ansatz einfach umgesetzt werden könnte.

63 Vgl. HARTUNG (2005), S. 177.

64 Vgl. HAGEMANN (1976), S. 340 und KARL ET AL. (2010), S. 7.

65 Vgl. KARL ET AL. (2010), S. 7. Dies setzt voraus, dass es keine Prämienregulierung gibt. Müssen Prämienerhöhungen erst durch die Aufsichtsbehörde genehmigt werden, kann eine notwendige Inflationsanpassung unter Umständen nicht möglich sein (vgl. HAGEMANN (1976), S. 341).

66 Vgl. KARL ET AL. (2010), S. 8. Die Annahme, die Inflation unterliege in vielen Ländern einer Tendenz der „mean reversion", impliziert, dass die Inflation einem langfristigen Durchschnitt mit Phasen der Überschätzung respektive Unterschätzung folgt.

67 Vgl. z. B. BAKER (2004), S. 141.

68 Vgl. KARL ET AL. (2010), S. 8. Außerdem merkt HAGEMANN dazu an, dass die Versicherungsprodukte durch die Inflation entwertet werden und daher das Versicherungsunternehmen kollektiv weniger Prämie einnehmen könnte. Bei konstanten Betriebskosten führt dies ebenfalls dazu, dass die Prämien die Kosten des Versicherungsbetriebs nicht zu decken vermögen (vgl. HAGEMANN (1976), S. 341).

69 Vgl. RAVIN/FOWLDS (2010), S. 20.

70 Vgl. REHNERT (1988), S. 289.

ein ökonomisches Risiko verbunden,[71] und aus einer Fehleinschätzung kann eine Reihe potenziell negativer Auswirkungen für ein Versicherungsunternehmen resultieren.[72] Aus diesem Grund ordnen ROMEIKE/MÜLLER-REICHART die Inflation in den Bereich der systemischen Risiken ein, die ein Versicherungsunternehmen nicht beeinflussen, allerdings steuern kann.[73] Aber allein deswegen lässt sich anhand der in der Literatur diskutierten Thesen kein grundsätzliches Inflationsproblem diagnostizieren. Kontinuierliche Geldwertveränderungen sind Bestandteil jeder wirtschaftlichen Entwicklung und eine gewisse Grundinflation ist meistens politisch gewollt.[74] Als Risiko ist insofern die Möglichkeit unvorhergesehener Inflationsentwicklungen anzusehen.[75]

Zusammenfassend scheint ein Versicherungsunternehmen im Allgemeinen in der Lage zu sein, den Einfluss der Inflation sowohl bei den Prämien als auch bei den Betriebskosten abzufangen. Ebenfalls lässt sich der Inflationswirkung durch die Kapitalanlage entgegensteuern, indem – sofern aufsichtsrechtlich ermöglicht – alternative Anlageformen gewählt oder der FISHER-Effekt genutzt wird. Schwieriger stellt sich die Steuerung des Inflationsrisikos in Bezug auf die zu erstattenden Schäden dar. Mangels Ausgleichseffekte steht einer Schadenteuerung die bereits zu Beginn des Versicherungsschutzes eingenommene Prämie unverändert entgegen. Als Schutzinstrument gegen die Verteuerung der Schadenhöhe steht einem Versicherungsunternehmen dann die nichtproportionale Rückversicherung zur Verfügung.[76] In diesem Fall wird mindestens ein Teil der „Unsicherheit bezüglich der Schadenverteuerung [...] auf den Rückversicherer übertragen“,[77] sobald ein Schaden in den Deckungsbereich des Rückversicherungsvertrags fällt.[78] KARL ET AL. schlagen daher die nicht-

---

71 Vgl. BUTSIC (1981), S. 89; D'ARCY (1981), S. 116; REHNERT (1988), S. 290ff.; KARL ET AL. (2010), S. 7; BALL/STAUDT (2011), S. 1; JOHN ET AL. (2013), S. 65f.

72 Beispielsweise begründet D'ARCY die ungünstigen Auswirkungen der Inflation für ein Versicherungsunternehmen mit der beobachteten negativen Korrelation von Inflation und Versicherungserträgen bei US Versicherungsunternehmen und schlussfolgert, dass sich das „Inflationsrisiko“ als Unsicherheit bezüglich der Rentabilität des Versicherungsgeschäfts ergibt (vgl. D'ARCY (1981), S. 119f. und S. 123f.).

73 Vgl. ROMEIKE/MÜLLER-REICHART (2005), S. 70.

74 Vgl. EUROPÄISCHE ZENTRALBANK (2011), S. 69.

75 Dies wird zum Beispiel durch eine erwartete Volatilität der Inflationsentwicklung ausgedrückt (vgl. JOHN ET AL. (2013), S. 67).

76 Vgl. KARL ET AL. (2010), S. 30; JOHN ET AL. (2013), S. 77.

77 KARL ET AL. (2010), S. 30.

78 Vgl. GERATHEWOHL (1976), S. 294 sowie S. 314.

proportionale Rückversicherung als Mittel zur Senkung des Inflationsrisikos vor.[79]

Wenn ein Versicherungsunternehmen sein Inflationsrisiko auf einen Rückversicherer abwälzen kann, muss im Umkehrschluss allerdings für das Rückversicherungsunternehmen ein spezielles, noch näher zu erläuterndes Inflationsrisiko bestehen, das aus einer Unterschätzung der Schadeninflation resultiert.[80] Aus diesem Grund erscheint es für ein Rückversicherungsunternehmen notwendig, die Gefahr und die Auswirkungen einer Inflationsverschätzung im Risikomanagement explizit zu berücksichtigen. Aufgrund ihrer exponierten Stellung gegenüber der Schadeninflation liegt der Fokus der weiteren Ausarbeitung auf der Rückversicherung in den Sparten der Haftpflichtversicherung.

2.2 Schadeninflation in der Haftpflichtversicherung

2.2.1 Konzeptualisierung der Schadeninflation

2.2.1.1 Schadeninflation als Konzept zur Erklärung der Verteuerung von Versicherungsschäden

Unter dem Begriff der Inflation wird eine Erhöhung des Preisniveaus von Gütern und Dienstleistungen verstanden.[81] Insofern basiert die Idee, die Verteuerung von Versicherungsschäden als Schadeninflation zu bezeichnen, darauf, dass sich das Leistungsniveau der Versicherung mit der Zeit wie das allgemeine Preisniveau erhöht und Schadenauszahlungen damit der Inflation unterliegen.[82]

Die Entwicklung der Verbraucherpreise wird in der Inflationsrate gemessen,[83] in deren Ermittlung die Preisentwicklung der Waren und Dienstleistungen, „die von privaten Haushalten für Konsumzwecke gekauft werden“,[84] eingeht.

---

79 Vgl. KARL ET AL. (2010), S. 30. Diese Empfehlung findet sich ebenfalls bei JOHN ET AL. (2013), S. 77.

80 Vgl. BALL/STAUDT (2011), S. 2.

81 Vgl. EUROPÄISCHE ZENTRALBANK (2011), S. 151.

82 Vgl. BRICKMAN ET AL. (2005), S. 12ff. und S. 21ff.; KARL ET AL. (2010), S. 6.

83 Vgl. EUROPÄISCHE ZENTRALBANK (2011), S. 69ff.

84 STATISTISCHES BUNDESAMT (2014a), S. 5.

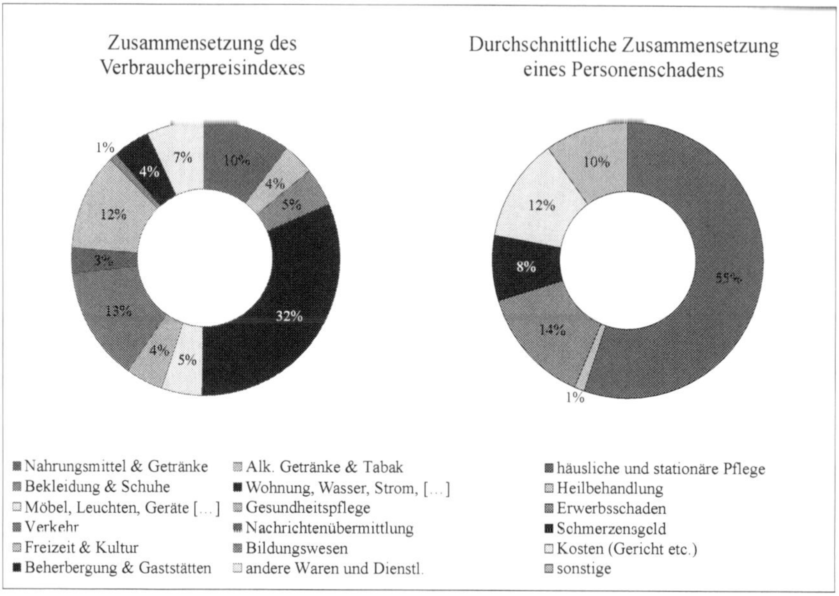

Abbildung 2-1: Vergleich des Warenkorbs zur Bestimmung der allgemeinen Inflationsrate (links) und der Zusammensetzung eines durchschnittlichen Personenschadens in der Haftpflichtversicherung (rechts)[86]

Zu diesem Zweck wird ein Warenkorb gebildet, der die durchschnittlichen Konsumgewohnheiten abbildet.[85]

Wendet man dieses Prinzip auf Versicherungsschäden an, müsste ein die durchschnittliche Zusammensetzung der Schadenleistung widerspiegelnder Warenkorb ermittelt werden.[87] Vergleicht man beispielsweise die Zusammensetzung eines durchschnittlichen Personenschadens der Haftpflichtversicherung mit dem in der Inflationsrate abgebildeten Warenkorb, offenbart sich ein fundamentaler Unterschied (Abbildung 2-1). Auf der linken Seite der Abbildung wird das Wägungsschema des Verbraucherpreisindexes für Deutschland dargestellt.[88] Auf der rechten Seite der Grafik sind die Entschädigungspositionen

[85] Vgl. STATISTISCHES BUNDESAMT (2014a), S. 5.
[86] Vgl. STATISTISCHES BUNDESAMT (2013), S. 2 sowie HOFFMANN (2007b), S. 21.
[87] Vgl. MASTERSON (1981), S. 348.
[88] Vgl. STATISTISCHES BUNDESAMT (2013), S. 2.

des Versicherungsschadens[89] abgetragen.[90] Offensichtlich ist die Zusammensetzung der jeweiligen „Warenkörbe“ grundverschieden, da die Verteuerung der Verbraucherpreise von der Preisentwicklung diverser Konsumgüter und Dienstleistungen abhängt. Hingegen bemisst sich die Entwicklung der Schadenaufwendungen an der Entwicklung der durch die Haftpflichtversicherung zu leistenden Schadenpositionen.[91] In Deutschland beispielsweise folgen diese Schadenpositionen dem Schadenersatzrecht, wobei die Elemente Erwerbsschaden, Haushaltsführungsschaden, Heilbehandlungskosten, vermehrte Bedürfnisse, Schmerzensgeld, Unterhaltsschaden, entgangene Dienste und Beerdigungskosten zu unterscheiden sind.[92]

Weiter vergrößert wird der inhaltliche Unterschied zwischen dem Warenkorb zur Inflationsermittlung und einem Versicherungsschaden durch die hedonische Methodik zur Ermittlung der Inflationsrate.[93] Während die Inflationsrate korrigiert wird, um den höheren Nutzen für den Konsumenten aufgrund von Qualitätsverbesserungen der Produkte abzubilden, werden die Zahlungen eines Versicherers nicht reduziert, obwohl Anspruchsteller von Qualitätssteigerungen profitieren können.[94]

Grundsätzlich einig scheint die relevante Literatur darüber, dass sich die aufgeführten Entschädigungspositionen von Versicherungsschäden im Laufe der Zeit verteuern.[95] Ob die Verbraucherpreisinflation diese Verteuerung

---

89 Außerdem ist zu berücksichtigen, dass neben Personenschäden in der Haftpflichtversicherung auch Sachschäden und Vermögensschäden entschädigt werden, die sich noch einmal anders zusammensetzen.

90 Vgl. HOFFMANN (2007b), S. 21. Die hier gezeigte Darstellung bezieht sich lediglich auf Deutschland. Analoge Vergleiche für das Vereinigte Königreich (vgl. SIBRANDJI (2007), S. 35), Frankreich (vgl. KLEINER (2007), S. 50) oder die Schweiz (vgl. GEN RE (2005)) gelangen zu identischen Schlussfolgerungen.

91 Die in der Abbildung dargestellten Daten beziehen sich auf die Entwicklung der Schadenhöhe (vgl. HOFFMANN (2007b), S. 20f.).

92 Vgl. HOFFMANN (2007a), S. 10; HELLBERG/LONSING (2012), S. 962f.

93 Die Messung des Inflationsindexes in den Mitgliedsstaaten der Europäischen Union berücksichtigt Qualitäts- und Nutzensteigerungen der Produkte (vgl. MOULTON (2001), S. 4ff. sowie LINZ/ECKERT (2002), S. 857f.).

94 Vgl. AHLGRIM/D'ARCY (2012), S. 5.

95 Vgl. hierzu z. B. MASTERSON (1981), S. 346; DAYKIN ET AL. (1996), S. 215; PEARSON/BEYNON (2007), S. 1; HELLBERG/LONSING (2010), S. 422; DURBIN ET AL. (2010), RAVIN/FOWLDS (2010), S. 18. Lediglich JOHN ET AL. (2013) sowie BOHNERT ET AL. (2015) ermitteln in ihrer Betrachtung von Kfz-Haftpflichtversicherungsschäden in ein-

der Schadenleistungen der Versicherung abbilden kann, muss wegen der Unterschiedlichkeit der beiden Warenkörbe sowie der Ermittlungsmethodik allerdings hinterfragt werden.[96] Die Positionen Erwerbsschaden, vermehrte Bedürfnisse und Schmerzensgeld machen gemäß Abbildung 2-1 über 85 % der Versicherungsleistung aus. Durch die Kompensation der ersten Position des sogenannten *Erwerbsschadens* wird der geschädigten Person der verletzungsbedingt entstandene Ausfall ihrer Arbeitsleistung erstattet.[97] Für die Verteuerung der Erwerbsschadenkomponente kennt der Verbraucherpreisindex jedoch keinen vergleichbaren Eintrag, denn es geht um die Gehaltsentwicklung, die wohl besser durch den Nominallohnindex abgebildet würde.[98] Unter *vermehrte Bedürfnisse* werden die erhöhten Kosten der Lebenshaltung erstattet.[99] Dazu zählen z. B. der behindertengerechte Ausbau einer Wohnung, aber insbesondere die Kosten für häusliche und stationäre Pflege einer geschädigten Person.[100] Während die Gesundheits- und Pflegekosten im Verbraucherpreisindex gerade ein Gewicht von 4,5 % ausmachen,[101] beträgt ihr Anteil bei einem Personenschaden mehr als 60 %.[102] Das *Schmerzensgeld* hingegen wird in keinem Index erfasst. Durch dessen Zahlung erhält der Geschädigte einen Ausgleich für Schäden immaterieller Art und gleichzeitig eine Art Genugtuungszahlung für die ihm widerfahrenen Beeinträchtigungen.[103]

Demnach wird weder die Entwicklung des Lohnniveaus noch die Entwicklung der Höhe des Schmerzensgelds im Verbraucherpreisindex adäquat erfasst. Lediglich die Position der Gesundheits- und Pflegekosten wird berücksichtigt, wenngleich in der Zusammensetzung des Verbraucherpreisindexes deutlich geringer repräsentiert. Infolgedessen wird die allgemeine Inflationsrate – anders als die Kostenentwicklung des Versicherungsschadens – von einer Entwicklung der Gesundheitskosten nur in geringem Maße beeinflusst.

zelnen Jahren eine negative Ausprägung der Schadenhöheninflation. Es bleibt allerdings unklar, inwiefern es sich um eine zufallsbedingte Abweichung oder um eine tatsächlich veränderte Gesetzmäßigkeit handelt.

96 Vgl. KLEMMT (2009), S. 1904.
97 Vgl. HOFFMANN (2007a), S. 10.
98 Vgl. z. B. STATISTISCHES BUNDESAMT (2014b).
99 Vgl. HELLBERG/LONSING (2010), S. 422.
100 Vgl. HOFFMANN (2007a), S. 13.
101 Vgl. STATISTISCHES BUNDESAMT (2014a), S. 58.
102 Vgl. HOFFMANN (2007b), S. 20 sowie Abbildung 2-1.
103 Vgl. HOFFMANN (2007a), S. 14.

Es lässt sich demnach schlussfolgern, dass die Kostenentwicklung eines Personenschadens nur begrenzt von der Inflationsrate abgebildet wird. Um die Schadeninflation besser zu verstehen, erscheint es daher überlegenswert, die Schadenteuerung losgelöst von der Entwicklung der Verbraucherpreise zu erfassen. In diesem Sinne wäre es naheliegend, Schadeninflation als eigenes Konzept zur Erklärung der sukzessiven Verteuerung von Versicherungsschäden zu verstehen. In der Literatur findet sich eine Reihe von Auseinandersetzungen mit der Thematik der Schadeninflation. Allerdings gelingt es nicht, den verschiedenen Ausarbeitungen eine allgemeingültige Definition zu entnehmen.[104] Unter anderem deswegen weisen GESMANN ET AL. auf eine wahrnehmbare Inkonsistenz im Verständnis der Schadeninflation hin.[105] Die Unterschiede erscheinen auf den ersten Blick marginal, jedoch offenbaren die Ansätze divergierende Grundverständnisse des Phänomens der Schadeninflation. Um diese zu ordnen, lassen sich die Ansätze hinsichtlich zweier Unterscheidungsmerkmale strukturieren.

Zum einen lässt sich eine Unterscheidung dahingehend treffen, ob sich die Schadeninflation lediglich auf die Erhöhung der individuellen Versicherungsschäden bezieht und damit nur die Verteuerung der Schadenhöhe mit der Schadeninflation in Verbindung gebracht wird, oder die Erhöhung der Gesamtversicherungsleistung, die sich aus Schadenanzahl und -höhe zusammensetzt, Bezugspunkt ist.[106] Zum anderen wird differenziert, inwiefern Schadeninflation als Ursache der Schadenteuerung präsentiert wird oder die Auffassung vorherrscht, die Schadeninflation sei Resultat der Verteuerung von Versicherungsschäden. Dann wären Schadeninflation und -teuerung synonym aufzufassen. Nach dieser Unterscheidung lässt sich die Literatur in vier Gruppen gliedern (Tabelle 2-1).[107]

Es lässt sich demnach festhalten, dass sich Schadeninflation weder anhand der in der allgemeinen Inflationsrate abgebildeten Verbraucherpreisentwicklung

---

[104] Manche Autoren scheinen den Begriff der Schadeninflation bewusst zu vermeiden und sprechen von Schadenteuerung (vgl. z. B. FLEMMING (1979) sowie HELLBERG/LONSING (2012)).

[105] Vgl. GESMANN ET AL. (2013).

[106] Vgl. hierzu die Erläuterungen in den Abschnitten 2.2.1.2 sowie 2.2.2.

[107] Jedoch lassen sich nicht alle Literaturausarbeitungen in diesem Gliederungsansatz erfassen. Es finden sich ebenfalls Werke, in denen sich eine strukturelle Inkonsistenz ausmachen lässt, da sich die Ausführungen teilweise mehreren Feldern der Tabelle zuordnen lassen.

	Erhöhung der Schadenhöhe	Erhöhung des Gesamtschadens
Schadeninflation als Ursache	- ROSENBERG/ HALPERT (1981) - LIPPE ET AL. (1991) - HÜRLIMANN (2011b) - HELLBERG/ LONSING (2012)	- FELDBLUM (1988)
Schadeninflation als Auswirkung	- FERGUSON (1974) - BUTSIC (1981) - KLEINER (2007) - KERVELLA/ SCHNEIDER (2008) - SCHAUSBERGER (2009)	- BARNETT/ ZEHNWIRTH (2000) - BRICKMAN ET AL. (2005) - SIJBRANDIJ (2007) - KARL ET AL. (2010)

Tabelle 2-1: Gliederung ausgewählter Literatur zur Schadeninflation

erklären lässt, noch die einschlägige Literatur einen eindeutigen Leitfaden zur detaillierteren Konzeptualisierung bereitstellt. Aus diesem Grund wird im Folgenden die Schadenteuerung im Lichte des Schadenursachenmodells erklärt, um darauf aufbauend einen Erklärungs- und Analyseansatz für die Schadeninflation zu entwickeln. Dazu gliedert sich der weitere Verlauf von 2.2 wie folgt: Als Erstes wird anhand des Schadenursachensystems erklärt, wie es überhaupt zur Verteuerung der erstattungspflichtigen Schäden kommt. Anschließend werden drei Analyseperspektiven auf die Schadeninflation präsentiert, mit denen ein umfassendes Verständnis dieses Komplexes gewonnen wird. Schließlich wird untersucht, wie die vorgestellten Betrachtungsperspek-

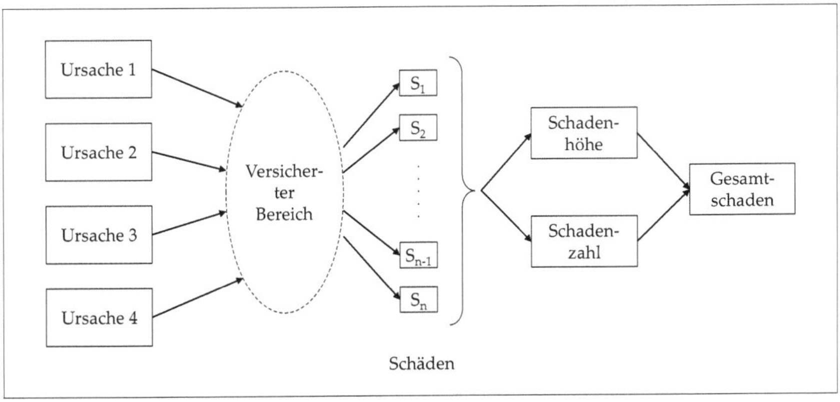

Abbildung 2-2: Allgemeines Schadenursachensystem nach HELTEN[108]

tiven der Schadeninflation im Kollektiven Modell dargestellt werden können, sodass im weiteren Verlauf der Ausarbeitung darauf zurückgegriffen werden kann.

2.2.1.2 Erklärung der Schadeninflation anhand des Modells des Schadenursachensystems

Die Versicherungstechnik basiert auf der Annahme, dass (erstattungspflichtige) Schäden durch bestimmte Ursachen hervorgerufen werden.[109] Auch wenn der Eintritt eines Versicherungsfalls stochastischen Gesetzmäßigkeiten folgt, so liegt ein System von Ursache-Wirkungs-Beziehungen vor, das bis zu einem gewissen Detaillierungsgrad erklärt werden kann und in Abbildung 2-2 illustriert ist.[110] Schadenursachen wirken auf einen Objektbereich und erzeugen Schäden.[111] Im Versicherungsvertrag werden die versicherten Gefahren, Interessen, Personen etc. festgelegt und auf diese Weise die versicherten Schäden definiert. Da alle Schäden mit einem Geldbetrag bewertet werden können, genügt es, die Wirkungen des Schadenursachenmodells durch die

[108] Eigene Darstellung nach HELTEN (1991), S. 139 und S. 141.
[109] Vgl. HELTEN (1991), S. 137.
[110] Vgl. HELTEN (1991), S. 138.
[111] Vgl. HELTEN (1992b), S. 153.

beiden Merkmale Schadenzahl und Schadenhöhe zu definieren.[112] Anschließend lässt sich daraus die Gesamtversicherungsleistung für ein versichertes Kollektiv bestimmen.[113] Schadenzahl und Schadenhöhe folgen jeweils statistischen Gesetzmäßigkeiten, die im Rahmen der Tarifierung geschätzt und mit einer Prämienhöhe bewertet werden. Je besser die Gesetzmäßigkeiten bekannt sind, desto präziser lässt sich der Schadenerwartungswert prognostizieren und umso zuverlässiger ist die Prämienschätzung.[114]

Im Fall einer Verteuerung der Versicherungsschäden, muss eine Versicherung für die Regulierung und Erstattung eines Schaden mehr Geld ausgeben als in der Vergangenheit notwendig gewesen wäre. In Bezug auf das Schadenursachensystem ist eine Erhöhung des erwarteten Schadenaufwands ein Hinweis, dass sich die Ursache-Wirkungs-Beziehungen der Versicherungsschäden verändern.[115] Demnach ist das Schadenursachensystem über die Zeit instabil. Bezogen auf den versicherten Bestand macht sich diese Instabilität sowohl in einer erhöhten Schadenhäufigkeit als auch in einer höheren durchschnittlichen Schadenhöhe bemerkbar. Beides steigert wie in Abbildung 2-3 gezeigt den Gesamtschaden bzw. den Schadenbedarf bezogen auf die versicherungstechnische Einheit.

Diese Erhöhung des Schadenbedarfs lässt sich beziffern und erlaubt somit eine Messung der Veränderungen in den verschiedenen Risikoursachenbereichen. Die Gesamtheit der auf das Versicherungskollektiv bezogenen Änderungen des Schadenursachensystems lässt sich somit in einem Wert zusammenzufassen: die Schadeninflation des Gesamtschadens. Auf die versicherungstechnische Einheit bezogen ist die Schadeninflation demnach die versicherungstechnisch messbare Erhöhung des Schadenbedarfs aufgrund von Änderungen im Schadenursachensystem. Der Interpretation der Schadenbedarfserhöhung als Schadeninflation liegt die Assoziation zugrunde, dass sich das Leistungsni-

---

112 Vgl. HELTEN (1991), S. 138.

113 Vgl. ebd.

114 Vgl. HELTEN (1991), S. 190. Allerdings wird die Erforschungstiefe der Ursache-Wirkungs-Zusammenhänge ab einem gewissen Detaillierungsgrad durch externe Gegebenheiten begrenzt, sodass ein gewisses Maß an Unsicherheit und Ungenauigkeit immer verbleibt (vgl. HELTEN (1991), S. 138).

115 Vgl. FARNY (1992), S. 34.

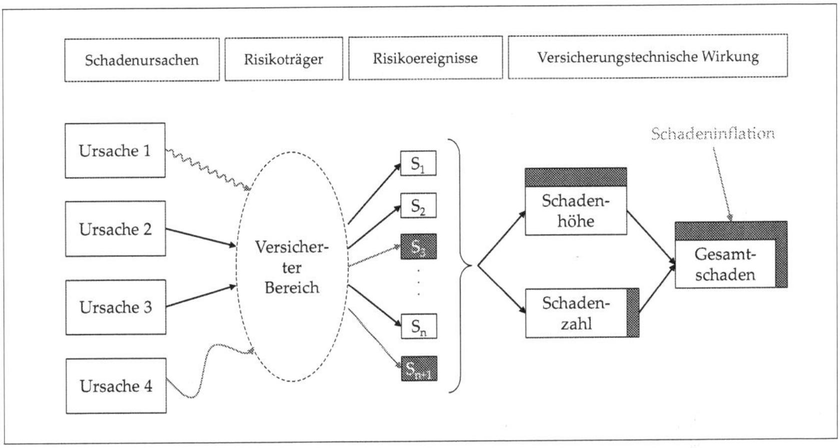

Abbildung 2-3: Abbildung der Schadeninflation im Schadenursachensystem

veau der Versicherung mit der Zeit wie das allgemeine Preisniveau erhöht und insofern eine Inflation der Versicherungsschäden existiert.[116]

Die Konzentration aller Veränderungen in den einen Wert der Inflation des Gesamtschadens bringt jedoch den Nachteil eines gewissen Informationsverlusts mit sich. Schließlich können die Veränderungen im Schadenursachensystem vielschichtiger Natur sein.[117] Für die weitere Auseinandersetzung mit der Schadeninflation erscheint es daher sinnvoll, die Inflationseffekte sofern möglich voneinander zu trennen und separat zu analysieren. Aus mehreren Perspektiven wird im Folgenden jeweils ein anderer Teilaspekt der Schadeninflation hervorgehoben. Zuerst wird die *versicherungstechnische Wirkung* der Schadeninflation analysiert. Zusätzlich teilt eine zweite Betrachtungsperspektive die Schadeninflation in ihre *Ursachenbereiche* ein. Die dritte Untersuchungsdimension bezieht sich auf den sogenannten *Referenzzeitpunkt* der Inflation. In Abbildung 2-4 finden sich die drei Betrachtungsdimensionen zusammengefasst.

[116] Vgl. BRICKMAN ET AL. (2005), S. 12ff. und S. 21ff.; KERVELLA/SCHNEIDER (2008), S. 120; KARL ET AL. (2010), S. 6.

[117] Vgl. Abbildung 2-2.

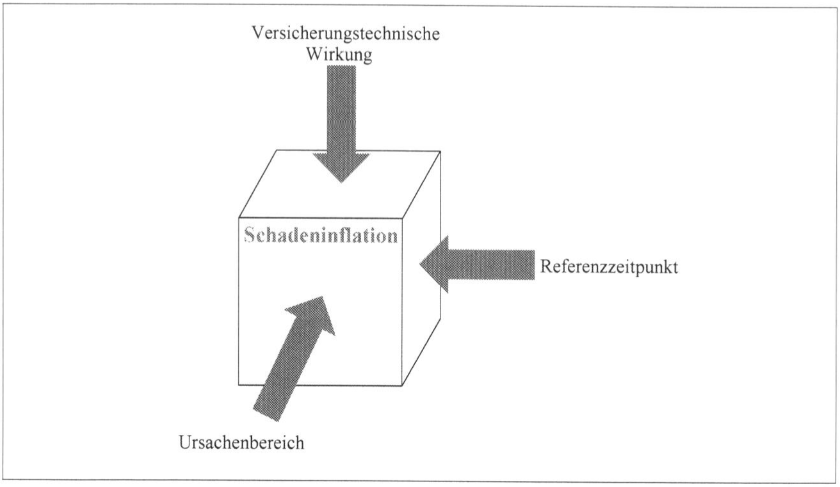

Abbildung 2-4: Drei Betrachtungsdimensionen der Schadeninflation

2.2.2 Analyse der Schadeninflation in drei Dimensionen

2.2.2.1 Aufspaltung nach der versicherungstechnischen Wirkung

Die Untersuchung der *versicherungstechnischen Wirkung* der Schadeninflation ist die erste Analysedimension. Diesbezüglich lässt sich aus dem Schadenursachenmodell ableiten, dass eine Veränderung der Schadengesetzmäßigkeit sowohl die Schadenhäufigkeit als auch die durchschnittliche Schadenhöhe pro Versicherungsfall beeinflussen kann.[118] Dieser Überlegung folgend wird die Gesamtschadeninflation in die Komponenten Schadenhäufigkeitsinflation und Schadenhöheninflation aufgeteilt.[119] In Abbildung 2-3 ist dieses durch die schattierten Flächenstücke gekennzeichnet.

Bei der Betrachtung der Gesamtschadeninflation ist demnach nicht nur die Zusammensetzung des einzelnen Schadens von Relevanz, sondern auch eine mögliche Erhöhung der Anzahl der Schäden. Jedoch liefert eine versicherungstechnische Betrachtung lediglich Informationen über die Wirkungsseite

[118] Vgl. z. B. SIJBRANDIJ (2007), S. 30.

[119] Vgl. dazu die Überlegungen von RAVIN/FOWLDS (2010), S. 17f. sowie die Ausführungen in Abschnitt 2.2.1.1.

des Schadenursachensystems und ergibt keine Erkenntnisse über die Ursächlichkeit der inflationären Entwicklung des Schadenbedarfs. Dafür ist eine Untersuchung der „linken Seite“ des in Abbildung 2-3 gezeigten Schadenursachensystems notwendig.

2.2.2.2 Ursächliche Betrachtung der Schadeninflation

Eine beobachtete Schadeninflation lässt sich prinzipiell auf Änderungen in den Schadenursachenbereichen zurückführen.[120] Um deren Auswirkung besser zu verstehen, ist es notwendig, den Einfluss der Risikoursachenbereiche auf das versicherte Objekt näher zu untersuchen. Dafür eignen sich besonders die Techniken der Umweltanalyse.[121] Ein Strukturierungsansatz zur Erfassung der Makroumwelt geht davon aus, dass die Einflussfaktoren für die Entwicklung der Umwelt in abgrenzbare Segmente eingeteilt werden können.[122] Damit lassen sich die wichtigsten Einflussfaktoren identifizieren und analysieren sowie Umweltveränderungen besser verstehen.[123]

Nach FARNY resultieren die Änderungen des Schadenursachensystems aus den sieben Risikoursachenbereichen Natur, Technik, Wirtschaft, Gesellschaft, Staat, zwischenstaatliche Beziehungen sowie Biometrie.[124] Für die Betrachtung der Haftpflichtversicherung sind nicht alle Ursachenbereiche gleichermaßen einflussreich, sodass sich die Analyse auf die wichtigsten Änderungsbereiche einschränken lässt. Die Änderungstreiber bei den Schäden der Haftpflichtversicherung kommen vor allem aus den Einflussbereichen Politik/ Gesetzgebung, Wirtschaft, Gesellschaft, Technik und Rechtsprechung.[125]

Für die Analyse des Zusammenhangs zwischen Schadenursachen und Schadeninflation bietet sich ein Ebenenkonzept mit drei Aufspaltungstiefen an. Nachfolgend wird zuerst die tiefste Gliederungsebene präsentiert, auf der die

---

[120] Vgl. PEARSON/BEYNON (2007), S. 1; BECK/FILZMAIER (2007), S. 57.

[121] Schließlich ist das Schadenursachensystem eine Modellbeschreibung der Entschädigungsumwelt. Vgl. dazu Abschnitt 4.2.1.4.

[122] Vgl. PILLKAHN (2007), S. 427.

[123] Vgl. JOHNSON ET AL. (2008), S. 55f.

[124] Vgl. FARNY (2011), S. 90f.

[125] Vgl. BAKER (2004), S. 133; LEWIN (2009); BECK/FILZMAIER (2007), S. 57; SIJBRANDIJ (2007), S. 36. Eine derartige Segmentierung der Umwelt wird durch das Akronym PESTL beschrieben (vgl. JOHNSON ET AL. (2008), S. 54).

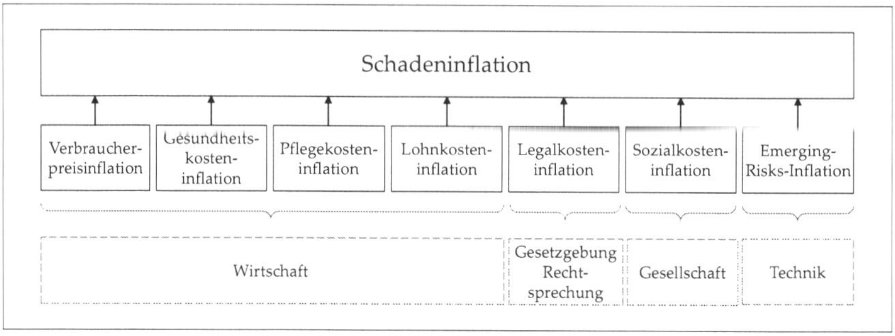

Abbildung 2-5: Aufteilung der Schadeninflation nach Ursachenbereichen

Einflussbereiche des Schadenursachensystems anhand der Umweltsegmentierung analysiert werden. Als oberste Gliederungsebene wird anschließend die in der Literatur vorherrschende Trennung der Gesamtschadeninflation in die Elemente allgemeine Inflationsrate und *Superimposed Inflation* präsentiert. Eine dritte Ebene differenziert in eine *Kosteninflation* und eine *Änderungsinflation*. Diese findet sich in der einschlägigen Literatur bisher nicht wieder, bietet jedoch Vorteile bei Betrachtung und Analyse des Inflationsrisikos.

Zunächst wird die Aufteilung der Schadeninflation auf ihre vier Risikoursachenbereiche näher betrachtet und hinsichtlich ihres Einflusses auf die Veränderung des Schadenbedarfs diskutiert.[126] Zu dieser Trennung nach Ursachenbereichen bietet sich ein modifizierter PESTL-Ansatz an, indem Gesetzgebung und Rechtsprechung zu einem gemeinsamen Risikoursachenbereich zusammengefasst werden. Rechtsprechung kann rechtserzeugende Wirkung haben, sodass sich die Bereiche überschneiden.[127] Die resultierende Zerlegung ist in Abbildung 2-5 dargestellt und berücksichtigt die Ursachenbereiche Wirtschaft, Recht, Gesellschaft und Technik. Jeder dieser Ursachenbereiche erzeugt Inflationstreiber, die in ihrer Gesamtheit die Schadeninflation ausmachen.[128]

Der Risikoursachenbereich *Wirtschaft* bezieht sich auf Verteuerungen, die sich aus der wirtschaftlichen Entwicklung ergeben. Diese beeinflusst im Schaden-

[126] Vgl. LEWIN (2009), dessen Ansatz hier vom Prinzip her aufgegriffen wird.

[127] Vgl. BREHM (2001), S. 57; MÖLLERS (2005), S. 84 sowie die Aufteilung bei BAKER (2004), S. 133ff.

[128] Vgl. KLEMMT (2009), S. 1905; BRICKMAN ET AL. (2005), S. 14ff.

ursachensystem vor allem die Preise der Güter und Dienstleistungen, die von der Versicherung bei der Schadenregulierung erstattet werden. Beispielsweise führen Veränderungen der Rohstoffpreise zu Preisanpassungen bei den weiterverarbeiteten Gütern. Gleiches gilt bei steigenden Löhnen und Gehältern. Beides würde z. B. die Reparaturkosten eines Fahrzeugs beeinflussen, falls die Versicherung nach einem Autounfall für diese Kosten aufkommt. Die Veränderungen des Ursachenbereichs Wirtschaft sind im Allgemeinen gut zu beobachten. Schließlich werden Preis- und Kostenentwicklungen gerade in den Industrieländern umfangreich erfasst und veröffentlicht. Besonders gut verständlich ist die daraus ermittelte allgemeine Inflationsrate. Doch wie bereits ausgeführt ist die Schadenteuerung nur teilweise von der Inflationsrate abhängig, sodass Ursachen für die Verteuerung von Versicherungsschäden nicht auf die Entwicklung der Verbraucherpreise beschränkt werden können. Haftpflichtversicherungen kommen grundsätzlich für drei Arten von Schäden auf: Personenschäden, Sachschäden und Vermögensschäden. Besonders die Kostensteigerungen bei Personenschäden gelten als die unter Inflationsaspekten kritische Komponente und sollten daher gesondert analysiert werden.[129]

Gerade schwere Personenschäden gehen in der Haftpflichtversicherung üblicherweise mit einer Vielzahl von Entschädigungspositionen einher.[130] Neben Verdienstausfall und Schmerzensgeld werden die Kosten für eine Heilbehandlung und eventuell dauerhafte Pflege der geschädigten Person durch das Versicherungsunternehmen übernommen.[131] Aufgrund des signifikanten Anteils der Gesundheits- und Pflegekosten an einem Personenschaden folgt die Schadenhöheninflation nicht der allgemeinen Inflationsrate.[132] Insbesondere die Steigerung der Kosten im Gesundheitswesen wird in dieser nicht hinreichend abgebildet,[133] da ihr Einfluss auf die Kostensteigerungen des Personenschadens höher als ihr Gewicht bei den Verbraucherpreisen ausfällt.

---

129 Vgl. z. B. GEN RE (2005), S. 2; EBERT (2007), S. 4; HELLBERG/LONSING (2010) und (2012); VILNET (2008), S. 9 und S. 12 sowie KERVELLA/SCHNEIDER (2008), S. 120.

130 Vgl. HELLBERG/LONSING (2010), S. 422; MÜNCHENER RÜCK (2007), S. 66.

131 Vgl. HOFFMANN (2007a), S. 10ff.

132 Vgl. die Ausführungen in 2.2.1.2.

133 Vgl. z. B. KLEINER (2007), S. 48f.; HELLBERG/LONSING (2010), S. 422; KERVELLA/SCHNEIDER (2008), S. 120. Nach HELLBERG/LONSING ist die Gesundheitskosteninflation in Deutschland dreimal so hoch wie die allgemeine Inflationsrate (vgl. HELLBERG/LONSING (2010), S. 422).

Die *Gesundheitskosteninflation* ist folglich als eigenständiger Treiber der Schadeninflation zu verstehen. Gleiches gilt für die Steigerung der Pflegekosten, die als *Pflegekosteninflation* einen starken Einfluss auf die Schadeninflation ausüben.[134] Es bietet sich daher an, den Ursachenbereich Wirtschaft in mehrere Inflationstreiber zu teilen, um verschiedene Aspekte der Kostensteigerung zu unterscheiden. Gleichzeitig wird der „Warenkorb"-Gedanke der Zusammensetzung des Versicherungsschadens besser abgebildet, wenn innerhalb des Ursachenbereichs Wirtschaft die Inflationstreiber allgemeine Inflationsrate, Gesundheitskosteninflation, Pflegekosteninflation und *Lohnkosteninflation* unterschieden werden. Als Schwachpunkt der Aufteilung verbleibt allerdings, dass sie nicht trennscharf gelingt. Insbesondere gilt dies für die Gesundheitskosteninflation und die Pflegekosteninflation, die bereits in der allgemeinen Inflationsrate enthalten sind. Trotz der technischen Ungenauigkeit scheint es bedeutsam, diese Kostensteigerungen aufgrund ihres ausgeprägten Einflusses als abgrenzbare Schadeninflationstreiber zu verstehen.

Der Risikoursachenbereich *Recht* bezieht sich auf den Einfluss, den Gesetze und Rechtsprechung auf die Entwicklung des Schadenbedarfs ausüben. Unter dem Inflationstreiber der *Legalkosteninflation*[135] werden sämtliche Kostensteigerungen zusammengefasst, die sich aus einem Handeln von Legalinstitutionen ergeben. Sie resultieren somit aus Entwicklungen in Gesetzgebung und Rechtsprechung.[136] Einerseits können neue Gesetze und Urteile zu veränderten Entschädigungspraktiken führen.[137] Andererseits kann die

---

[134] Vgl. HELLBERG/LONSING (2010), S. 422 sowie SIJBRANDIJ (2007), S. 35.

[135] Die Bezeichnung ist an den bei LEWIN verwendeten englischen Ausdruck „legal inflation" angelehnt, mit dem Kostensteigerungen in Gesetzgebung und Rechtsprechung bezeichnet werden (vgl. LEWIN (2009)). Wird auf die Begriffssprache der Systemtheorie zurückgegriffen, müsste der Ausdruck „Rechtssystemkosteninflation" verwendet werden, auf den aus Gründen der Vereinfachung und des Leseflusses im Folgenden aber verzichtet wird.

[136] Vgl. BAKER (2004), S. 133. BAKER verwendet den Begriff „legal development risks" und bezieht sich dabei auf die Kostensteigerungen, die sich auf ein Handeln von „legal institutions" zurückführen lassen.

[137] Gesetze bzw. Rechtsprechung können in manchen Ländern auch rückwirkend erlassen werden. Exemplarisch verdeutlicht dies SCHRECKE anhand eines Urteils des israelischen Surpreme Court. Angehörige haben demnach einen Anspruch auf Entschädigung für das Einkommen, das die geschädigte Person bis zum Renteneintritt verdient hätte (vgl. SCHRECKE (2008), S. 39). Das Urteil aus dem Jahr 2004 konnte auch rückwirkend auf alle Schadenfälle angewendet werden und führte somit zu einer unerwarteten Kostensteigerung.

Rechtsprechung eine den Schadenbedarf erhöhende Präjudiz erzeugen, indem z. B. Gerichte das Verständnis eines versicherten Schadens neu definieren.[138] Präzedenzfälle, geänderte Gesetze und verschärfte Haftungsnormen sind Änderungen des Schadenursachensystems und wirken sich in vielen Fällen kostensteigernd auf die Versicherungsschäden aus. Ihre Auswirkungen werden als Legalkosteninflation des Schadenbedarfs quantifiziert.

Der Inflationstreiber der *Sozialkosteninflation* bewertet die Veränderungen des Schadenursachensystems aufgrund von Entwicklungen im *gesellschaftlichen Bereich*. Gesellschaftliche und normative Änderungen können ebenfalls zu einem erhöhten Schadenaufkommen beitragen. So kann sich beispielsweise das Anspruchsverhalten der Menschen mit der Zeit ändern, wenn Erwartungen an Lebensqualität und Lebensstandard steigen.[139] Überdies wissen die Menschen durch verbesserte Informationsmöglichkeiten vermehrt über ihre Rechte Bescheid und treten mündiger auf.[140] In der Haftpflichtversicherung äußern sich diese Veränderungen in erhöhten Entschädigungsleistungen, z. B. für Unfallopfer. Angesichts der Vielzahl denkbarer gesellschaftlicher Entwicklungen hat die Sozialkosteninflation viele Treiber.[141] So verändert sich der Schadenursachenbereich jenseits der genannten direkten Einflüsse auch indirekt. Als Beispiel ist die demografische Entwicklung hervorzuheben. Überalterte Gesellschaften und verschuldete Staaten leiden unter der finanziellen Last ihrer Rentenverpflichtungen und Pflegekosten.[142] In einem Haftungsfall wird aus diesem Grund versucht, diese Zahlungen auf die private Versicherungswirtschaft abzuwälzen.[143] Auch derartige Veränderungen beeinflussen Schadenhäufigkeit und Schadenhöhe und machen sich als Sozialkosteninflation bemerkbar.

Das Leben in einer dynamischen Umwelt mit kürzeren Produktzyklen und schnellerer Entwicklung bringt zusätzlich zu den bekannten Risikofaktoren des Ursachenbereichs *Technik* neuartige Risiko-Ursachen-Zusammenhänge mit sich. Deren tatsächliche Auswirkungen sind nur schwierig einzuschätzen

138 Vgl. z. B. RIBNER (1989), S. 764ff.
139 Vgl. BAKER (2004), S. 138f.; LEWIN (2009), S. 3.
140 Vgl. LEWIN (2009), S. 3.
141 Vgl. KLEMMT (2009), S. 1905.
142 Vgl. TURNER (2006), S. 36f.
143 Vgl. HELLBERG/LONSING (2012), S. 963.

und die Folgen nicht zu quantifizieren.[144] Als Emerging Risks sind solche neuartigen Risiken in der Regel nur im Nachhinein oder unmittelbar nach Eintritt eines Schadens erkennbar.[145] Sie resultieren aus neuen Verfahren wie der Nanotechnologie oder der Gentechnik und den damit entstehenden Haftungen. Oder sie ergeben sich aus bereits etablierten Produkten, deren Schädigungspotenzial sich erst im Zeitablauf offenbart und somit zu erhöhten Versicherungsleistungen führt.[146] Diese *Emerging-Risks-Inflation* stellt ebenfalls ein Element der Verteuerung des Schadenbedarfs dar. Sie bezieht sich auf den Bereich des Schadenursachensystems, dessen Veränderung zu neuen schadenauslösenden Ursachen führt, und findet sich vor allem im technischen Fortschritt begründet.[147]

Nicht immer ist es vorteilhaft, eine vollständige Aufspaltung der Schadeninflation in die Schadenursachenbereiche vorzunehmen. Einen alternativen Blickwinkel bietet eine gröbere Strukturierung, die zu Beginn des Abschnitts als obere Ebene des Gliederungskonzepts bezeichnet wurde. Demnach wird zwischen der sich aus der Konsumentenpreisinflation ergebenden Grundteuerung und dem darüber hinausgehenden Teil der Schadenteuerung unterschieden, der sogenannten *Superimposed Inflation.*[148] Diese Trennung ist in der Versicherungswissenschaft weitgehend etabliert und es besteht das Einverneh-

---

144 Vgl. SPÜHLER (2003), S. 15 und KÄSLIN (2008), S. 18.

145 Vgl. SPÜHLER (2003), S. 19 und weitergehend KÄSLIN (2008), S. 29. KÄSLIN definiert Emerging Risks als „alle neuartigen Risiken [...], die ein ungewisses Schaden- oder Chancenpotential aufweisen und so die Ziele oder Erwartungen eines Systems beeinträchtigen können“ (KÄSLIN (2008), S. 18), und ergänzt, dass andere gebräuchliche Definitionen inhaltlich kongruent seien.

146 Ein häufig aufgeführtes Beispiel hierfür ist das Thema der Asbestschäden (vgl. KÄSLIN (2008), S. 2 sowie LAHNSTEIN (2009), S. 12). Die gesundheitsschädigende Wirkung von Asbestfasern offenbarte sich erst Jahre nach der ersten Verwendung (vgl. HENSLER (2009), S. 42) und führte zu großen unerwarteten Schadenzahlungen der (Haftpflicht-)Versicherer.

147 Vgl. FARNY (1992), S. 25. Obwohl in manchen Ausarbeitungen als Emerging Risk beschrieben zählen Änderungen des Haftungsrechts explizit nicht zur Emerging-Risks-Inflation. Schließlich handelt es sich dabei nicht um eine Ursache der Veränderungen, sondern um eine Reaktion auf diese (vgl. SPÜHLER (2003), S. 26). Deswegen werden die Auswirkungen der Anpassungen des Haftungsrechts unter der Legalkosteninflation zusammengefasst.

148 Vgl. KLEMMT (2009), S. 1904 sowie PEARSON/BEYNON (2007), S. 3. In anderen Werken wird der Begriff Superimposed Inflation durch den Begriff „soziale Inflation“ (BUTSIC (1981)) oder „Social Cost Escalation“ (KARL ET AL. (2010), S. 6) ersetzt. Für eine

men, dass die Schadeninflation regelmäßig höher ausfällt als der Anstieg der Verbraucherpreise.[149] In der Superimposed Inflation werden alle auf Veränderungen des Schadenursachensystems zurückgehenden Schadenteuerungen zusammengefasst,[150] sofern diese nicht in der allgemeinen Inflationsrate abgebildet sind. Obwohl das Konzept und die Existenz der Superimposed Inflation in der Versicherungswirtschaft auf breiter Front anerkannt ist,[151] kritisieren KARL ET AL. die Bezeichnung als irreführenden Begriff.[152] Diese Kritik wird hier geteilt, denn der Begriff einer Superimposed Inflation suggeriert, dass die Verteuerung von Versicherungsschäden auf den gleichen Ursachen wie die Konsumentenpreisinflation beruht und bei der Teuerung von Versicherungsschäden zwischen allgemeiner Inflationsrate und Superimposed Inflation tatsächlich unterschieden werden könnte. Allerdings basiert die Verteuerung von Versicherungsschäden auf einem eigenen, komplexen System an Inflationstreibern. Theoretisch scheint damit schwerlich zu identifizieren, welche Elemente der Schadenteuerung auf die Entwicklung des allgemeinen Preisniveaus zurückzuführen sind und welche Entschädigungskomponenten darüber hinausgehen. PEARSON/BEYNON schlussfolgern daher, dass verschiedene Modelle auch verschiedene Werte für Superimposed Inflation ermitteln und es somit kein klares Konzept hinter der Aufspaltung gibt.[153]

Aufgrund der wahrgenommenen Schwächen des Konzepts der Superimposed Inflation wird nachfolgend eine weitere Klassifizierungsebene für die Schadeninflation präsentiert, die die Aufteilung der Inflationstreiber trennschärfer vornimmt. Auf der einen Seite wird die Preisentwicklung der Güter und Dienstleistungen zusammengefasst, die ein Versicherer zur Entschädigung erstatten muss. Dies sind insbesondere entstandene Sachschäden, Heilbehandlungskosten sowie Pflegekosten. Dabei handelt es sich zum einen um Schadenpositionen, die zwar in der allgemeinen Inflationsrate erfasst werden,

---

Übersicht verschiedener Definitionsansätze der Superimposed Inflation vgl. PEARSON/BEYNON (2007), S. 35ff.

149 Vgl. KLEMMT (2009), S. 1904, MÜNCHENER RÜCK (1971), S. 11 sowie PEARSON/BEYNON (2007), S. 1.

150 Vgl. PEARSON/BEYNON (2007), S. 1.

151 PEARSON/BEYNON weisen jedoch darauf hin, dass der Begriffsinhalt subjektiv verschieden wahrgenommen wird (vgl. PEARSON/BEYNON (2007), S. 35ff.).

152 Vgl. KARL ET AL. (2010), S. 6.

153 Vgl. PEARSON/BEYNON (2007), S. 1.

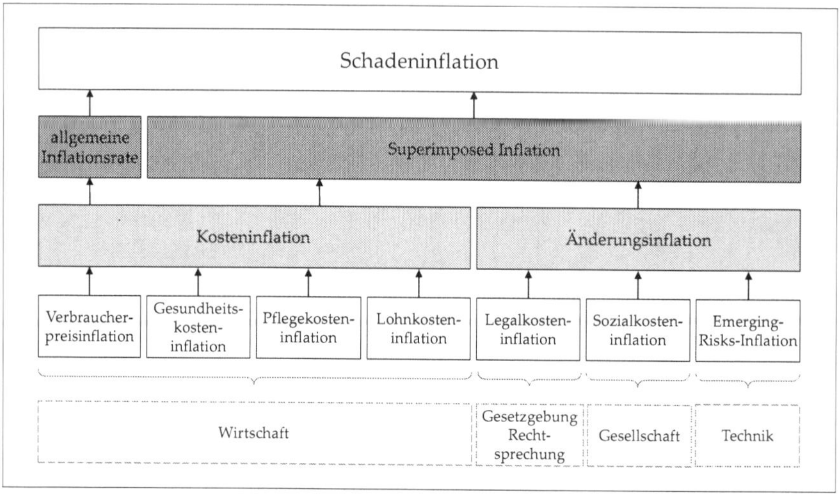

Abbildung 2-6: Drei Ebenen der ursächlichen Betrachtung der Schadeninflation

dort allerdings anders gewichtet sind.[154] Zum anderen ist die Entwicklung der Löhne und Gehälter von Interesse, sofern ein Erwerbsschaden zu erstatten ist. Bei allen diesen Positionen geht es um eine Preisentwicklung – von Gütern, Dienstleistungen oder Arbeitsleistung. Aus diesem Grund wird dieser Teil der Schadeninflation als *Kosteninflation* bezeichnet.

Neben der Kosteninflation wird die sogenannte *Änderungsinflation* betrachtet. Sie erfasst die Veränderungen des Schadenursachensystems, die sich nicht aus einer Preisentwicklung ergeben, also diejenigen Schadenteuerungen, die sich aus der Veränderung der Risikoursachenbereiche Recht, Gesellschaft und Technik ergeben.

Die drei Ebenen der Untersuchung der Schadeninflation nach Ursachenbereichen sind in Abbildung 2-6 gegenübergestellt. Vor allem die Ergänzung der mittleren Ebene scheint vorteilhaft, da die vorgeschlagene Trennung zwischen Kosteninflation und Änderungsinflation trennschärfer ist als die Unterscheidung zwischen Verbraucherpreisen und Superimposed Inflation. Auf diese Weise werden die Ursachen der Schadenteuerung besser erklärt und die Unterscheidung erleichtert, welcher Ursachenbereich ausschlaggebend

[154] Siehe 2.2.1.

für die Verteuerung ist. Zudem lässt sich die Betrachtung gut mit der in Abschnitt 2.2.2.1 vorgestellten versicherungstechnischen Aufteilung in Einklang bringen (siehe Tabelle 2-2). Bei der Verknüpfung der beiden Sichtweisen – Trennung nach Ursachenbereich und versicherungstechnische Wirkung – werden die linke und die rechte Seite des Schadenursachensystems in Bezug auf das Konzept der Schadeninflation miteinander verbunden. Es existieren nämlich Inflationstreiber, die nur die Schadenhöhe verteuern, während andere sowohl auf Schadenhäufigkeit als auch Schadenhöhe wirken. Dann schlagen sich die Veränderungen der Schadenursachenbereiche sowohl in zusätzlichen Schadenereignissen als auch in teureren Schadenfällen nieder.

	Erhöhung der Schadenhäufigkeit	Erhöhung der Schadenhöhe
Kosteninflation		
Verbraucherpreisinflation	nein	ja
Gesundheitskosteninflation	nein	ja
Pflegekosteninflation	nein	ja
Lohnkosteninflation	nein	ja
Änderungsinflation		
Legalkosteninflation	ja	ja
Sozialkosteninflation	ja	ja
Emerging-Risks-Inflation	ja	ja

Tabelle 2-2: Mögliche Auswirkungen der Inflationstreiber auf die Verteilung von Schadenzahl und Schadenhöhe

Wie in Tabelle 2-2 gegenübergestellt beeinflusst die Kosteninflation lediglich die Schadenhöhe, da ihre Treiber den Preis der Entschädigungen, die durch die Versicherung zu leisten sind, verändern. Sie bewirken jedoch keine Änderung der Schadenanzahl. Anders stellen sich die Treiber der Änderungsinflation dar. Sie können das Resultat paradigmatischer Änderungen innerhalb der Schadenursachenbereiche sein und sich somit nicht nur in einer größeren Schadenhöhe bemerkbar machen, sondern darüber hinaus zu einer Inflation der Schadenhäufigkeit führen.

Für die Auseinandersetzung mit der Schadeninflation sind alle drei Betrachtungsebenen relevant, denn sie erlauben verschiedene Perspektiven auf die

Schadenteuerung. Unter Rückgriff auf diese Unterscheidungsformen wird im weiteren Verlauf der Ausarbeitung verdeutlicht, welche Aspekte der Schadeninflation analysiert bzw. kontrolliert werden können. Dieses detaillierte Verständnis der Schadeninflation wird bei der Entwicklung eines Risikomanagementansatzes benötigt. Somit sind

- allgemeine Inflation vs. Superimposed Inflation,
- Kosteninflation vs. Änderungsinflation und die
- Trennung der Schadeninflationstreiber nach Ursachenbereichen

die drei Ebenen der ursächlichen Betrachtung der Schadeninflation.

2.2.2.3 Analyse des Referenzzeitpunkts

Neben der versicherungstechnischen und der ursächlichen Betrachtungsweise ist die Differenzierung nach dem sogenannten *Referenzzeitpunkt* die dritte Analyseperspektive auf die Schadeninflation. Abhängig vom Referenzzeitpunkt wird zwischen einer sogenannten Anfalljahr- und einer Kalenderjahrinflation, d. h. danach differenziert, ob der Zeitpunkt des Schadenereignisses ausschlaggebend oder die Schadeninflation vom Zeitpunkt der Schadenauszahlung abhängig ist.[155] Eine *Kalenderjahrinflation* beeinflusst jede Teilzahlung in Abhängigkeit davon, zu welchem Zeitpunkt sie geleistet wird.[156] Kalenderjahreffekte beziehen sich auf den Zeitpunkt der Schadenzahlung und sind insofern bei den Entschädigungskomponenten festzustellen, deren Höhe erst mit dem Zeitpunkt der Entschädigungszahlung festgesetzt wird.[157] Dabei ist es irrelevant, wie weit das Schadenereignis zurückliegt. Im Gegensatz dazu gibt es Entschädigungsbestandteile, die vom Zeitpunkt des Schadenereignisses abhängen. Sie sind vom Zeitpunkt der Auszahlung unabhängig, sodass ihre Entwicklung einer *Anfalljahrinflation* unterliegt.[158]

---

[155] Vgl. BRICKMAN ET AL. (2005), S. 7; RAVIN/FOWLDS (2010), S. 17.
[156] Vgl. BUTSIC (1981), S. 63.
[157] Dazu gehören beispielsweise die Leistungen, die ein Versicherungsunternehmen einer geschädigten Person zur Kompensation der entstandenen Heilbehandlungskosten zahlt. Diese sind abhängig vom Zeitpunkt der Behandlung.
[158] Vgl. BUTSIC (1981), S. 62.

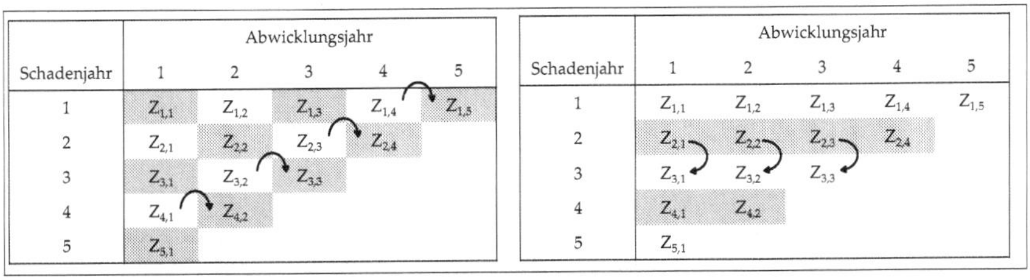

Abbildung 2-7: Visualisierung der Kalenderjahrinflation entlang der Diagonalen (links) und Anfalljahrinflation entlang der Zeilen (rechts) im Abwicklungsdreieck

Um den Unterschied der beiden Modelle zu verdeutlichen, bietet sich eine Visualisierung im Abwicklungsdreieck an,[159] das die Kalenderjahrinflation wie in Abbildung 2-7 als Inflation entlang der Dreiecksdiagonalen veranschaulicht. Kalenderjahreffekte beeinflussen alle noch offenen Schäden, sodass die Kalenderjahrinflation auf alle Anfalljahre gleichzeitig wirkt. Im Unterschied dazu zeigt sich die Anfalljahrinflation entlang der Zeilen des Dreiecks. Sie hat den Vorteil, bei der Inflationsbetrachtung nicht mehrere Schadenjahre miteinander zu vermischen.[160]

Wird in der Literatur jeweils nur eine der beiden Sichtweisen thematisiert, kann der Eindruck entstehen, es handle sich um konkurrierende Modelle.[161] Beide Perspektiven haben Vorzüge in der Anwendung. Kalenderjahreffekte bilden ökonomische Veränderungen eines (Kalender-)Jahrs auf das nächste Jahr gut ab und sind intuitiv verständlich. Demgegenüber stellt die Anfalljahrinflation die Veränderungen von einem Schadenjahr auf das nächste dar, ohne die Struktur der Auszahlungen zu verändern.[162] Um die Veränderungen des Schadenursachensystems möglichst präzise zu erfassen, wird in der vorliegenden Analyse ein kombiniertes Modell angenommen. Es soll berücksichtigen, dass ein versicherter Bestand gleichzeitig von zwei Sorten Inflation

---

159 Vgl. SCHMIDT (2004a), S. 7–11; SCHMIDT (2006), S. 270f.

160 Vgl. STYRSKY (2005), S. 126.

161 Beispielsweise wird bei MACK und BARTENWERFER ET AL. die Schadeninflation kalenderjahrweise betrachtet (siehe MACK (2002), S. 228 und BARTENWERFER ET AL. (2009), S. 82f.). Im Gegensatz dazu präsentieren andere Autoren lediglich die Anfalljahrinflation (vgl. NARAYAN/WARTHEN (1997), S. 181; CLARK (2006)). Zur Unterscheidung des Referenzzeitpunkts siehe außerdem BRICKMAN ET AL. (2005), S. 7.

162 Vgl. BUTSIC (1981), S. 65ff.

beeinflusst werden kann, die sich hinsichtlich ihres Referenzzeitpunkts unterscheiden.[163] Kalender- und Anfalljahrinflation werden deswegen als nicht konkurrierende Modelle aufgefasst.

Die drei vorgestellten Analyseperspektiven bilden die Basis für die weitere Betrachtung der Schadeninflation. Zusammenfassend ist zu betonen, dass es sich um verschiedene Sichtweisen auf dasselbe Phänomen handelt. Erstens wird die Betrachtung des versicherungstechnischen Einflusses auf die (Verteilung der) Schadenzahl bzw. (Verteilung der) Schadenhöhe herangezogen. Zweitens wird in mehreren Ebenen die Ursächlichkeit der Schadenteuerung unterschieden. Als Drittes offenbart der Referenzzeitpunkt, dass Inflation in verschiedener Weise auf die einzelnen Teilzahlungen wirken kann. Nachfolgend werden diese drei Perspektiven in einem versicherungstechnischen Modell dargestellt.

2.2.3 Darstellung der Schadeninflation im Kollektiven Modell

In der Versicherungstechnik werden grundsätzlich zwei Modelle unterschieden, um die Gesamtschadenverteilung eines Kollektivs von Einzelrisiken zu bestimmen. Zum einen versucht das *Individuelle Modell* den Jahresschaden der Einzelrisiken zu modellieren und durch Faltung ein Gesamtschadenmodell für eine Gruppe von Einzelrisiken zu bilden.[164] Leider ist die Verteilung von Einzelrisiken in der Schadenversicherung praktisch unbekannt, sodass dieser Ansatz nur bei homogenen Risikokollektiven Anwendung findet.[165] Mit dem *Kollektiven Modell* hingegen bietet sich die Möglichkeit, den Gesamtschaden eines heterogenen Portefeuilles zu modellieren,[166] indem separate Modelle für Schadenzahl und Schadenhöhe kombiniert werden. Das Modell für die Gesamtschadenverteilung wird dann von der Einzelrisikoebene abstrahiert entwickelt. Für die Betrachtung der Schadeninflation bietet das Kollektive Modell den Vorteil, dass sowohl die Wirkungen einer Inflation der Schadenhäufigkeit als auch die Effekte einer Schadenhöheninflation durch die separate Modellierung der beiden Komponenten abgebildet werden. Nachfolgend wird

[163] Vgl. RAVIN/FOWLDS (2010), S. 17 und BUTSIC (1981), S. 65.
[164] Vgl. MACK (2002), S. 21.
[165] Vgl. ebd.
[166] Vgl. z. B. MACK (2002), S. 77. Die Ausführungen dieses Abschnitts zur Modellierung im Kollektiven Modell orientieren sich im Wesentlichen an MACK (2002), S. 77ff.

zuerst eine Einführung in das Kollektive Modell gegeben, das als Basis für die weitere Modellbeschreibung der Schadeninflation dient, anschließend die verschiedenen Perspektiven auf die Schadeninflation in die Modellierung des erwarteten Gesamtschadens integriert.

Mit der Zufallsvariablen N wird im Folgenden die Anzahl der in der abzubildenden Periode eintretenden Schadenereignisse eines zu betrachtenden Portefeuilles von Einzelrisiken bezeichnet. Zudem wird angenommen, dass N einer Poissonverteilung folgt.[167] Die Schadenhöhe wird mit X bezeichnet. Die Zufallsvariable beschreibt die Verteilung der Schadenhöhe pro Schadenfall.

Um von den Einzelmodellen für Schadenzahl und Schadenhöhe zu einem gemeinsamen Modell für den Gesamtschaden zu gelangen, wird vorausgesetzt, dass die Variablen N und X unabhängig voneinander sind.[168] Der Gesamtschaden S setzt sich aus der Summe der Einzelschäden zusammen und es gilt:[169]

$$S = X_1 + ... + X_N. \tag{2-1}$$

Für den Erwartungswert $\mathrm{E}(S)$ und die Varianz $\mathrm{Var}(S)$ des Gesamtschadens ergibt sich:[170]

$$\mathrm{E}(S) = \mathrm{E}(N) \cdot \mathrm{E}(X) \tag{2-2}$$

und

$$\mathrm{Var}(S) = \mathrm{E}(N) \cdot \mathrm{E}\left(X^2\right).^{171} \tag{2-3}$$

---

167 Vgl. dazu MACK (2002), S. 78. SCHIRMACHER ET AL. weisen außerdem auf die Vorteile dieser Annahme für die Modellierung nichtproportionaler Rückversicherungsverträge hin, da bei poissonverteilter Schadenzahl des Gesamtbestands auch die Schadenzahl oberhalb der Priorität eines Schadenexzedenten einer Poissonverteilung folgt (vgl. SCHIRMACHER ET AL. (2005), S. 324).

168 Vgl. MACK (2002), S. 108. Streng genommen ist diese Annahme bei Inflation nicht komplett gegeben, da unter Inflation Schadenzahl und Schadenhöhe zumindest bei der Existenz von Bagatellgrenzen und Selbstbehalten korreliert sind. Dies wird jedoch vernachlässigt (vgl. MACK (2002), S. 109).

169 Für die Erläuterung des Kollektiven Modells siehe MACK (2002), S. 109f. Es gilt außerdem die Konvention $S = 0$ falls $N = 0$.

170 Für die Begründung und Herleitung sei an dieser Stelle auf MACK (2002), S. 109 verwiesen.

Die konkrete Verteilung des Gesamtschadens S aus den Verteilungen von N und X explizit zu berechnen, ist allerdings nur in Ausnahmefällen möglich.[172] Aus diesem Grund haben sich diverse analytische und numerische Approximationsverfahren bewährt, die im Computerzeitalter dieses Problem verhältnismäßig leicht lösen können.[173] Die genaue Ermittlung der Gesamtschadenverteilung ist an dieser Stelle nicht notwendig. Ein Rückgriff auf diese Verfahren unterstützt den Argumentationsverlauf nicht signifikant, da der resultierende Risikosteuerungsansatz nicht vom Verteilungsmodell abhängig ist.[174]

Verteuert sich der erwartete Gesamtschaden, sind zwei Verteilungen zu unterscheiden, um die Schadeninflation in der Modellierung zu berücksichtigen. Zum einen wird die ursprüngliche Schadenverteilung ohne Inflation S betrachtet und zum anderen interessiert die inflationierte Gesamtschadenverteilung S_z. Im Modell lässt sich S_z dann als Transformation der Variable S um die Gesamtschadeninflation $\text{infl}(S)$ wie folgt beschreiben:

$$S_z = \text{infl}(S) \cdot S. \tag{2-4}$$

Wie erläutert muss für die weitergehende Analyse der Inflationswert $\text{infl}(S)$ näher untersucht werden.[175] Aus diesem Grund werden die in Abschnitt 2.2.1 beschriebenen drei Betrachtungsdimension der Schadeninflation in die Modellierung integriert, indem sie als Möglichkeiten der Disaggregation des Schadeninflationswerts $\text{infl}(S)$ gezeigt werden.

Die versicherungstechnische Unterteilung als erste Betrachtungsdimension ergibt sich dabei intuitiv. Gleichsam wie sich der Gesamtschaden in die Schadenzahl- und die Schadenhöhenkomponente aufspalten lässt, wird die Inflation versicherungstechnisch in eine Komponente für die Schadenhöheninflation und eine für die Schadenhäufigkeitsinflation getrennt. Die Abbildung

---

171 Allgemein gilt für die Varianz $\text{Var}(S) = \text{E}(N) \cdot \text{Var}(X) + \text{Var}(N) \cdot (\text{E}(X))^2$. Dieser Ausdruck kann bei einer poissonverteilten Schadenzahl unter Anwendung von $\text{Var}(X) = \text{E}(X^2) - (\text{E}(X))^2$ zu der in Gleichung stehenden Formel vereinfacht werden, da $\text{E}(N) = \text{Var}(N)$. Siehe dazu MACK (2002), S. 110.

172 Vgl. MACK (2002), S. 110.

173 Vgl. MACK (2002), S. 111; SCHIRMACHER ET AL. (2005), S. 327; SCHRÖTER (1995), S. 337.

174 Vgl. hierzu die Ausführungen in 4.3.

175 Vgl. die Überlegung am Ende von 2.2.1.2.

der Schadenhöheninflation erfolgt über eine Transformation der Schadenhöhenvariable.[176] Dabei werden alle Schadenhöhen X um den Faktor $\text{infl}\,(X)$ erhöht, sodass sich die inflationierte Schadenhöhenverteilung X_z ergibt:[177]

$$X_z = \text{infl}\,(X) \cdot X. \tag{2-5}$$

Geht man davon aus, dass $\text{infl}\,(X)$ von der Schadenhöhe unabhängig ist,[178] so unterliegt jeder Schaden der gleichen Inflation und die grundsätzliche Gestalt der Schadenhöhenverteilung wird durch die Inflation nicht geändert.[179] Eine Schadenteuerung um $100z\,\%$ wird dann durch einen Inflationsfaktor von $\text{infl}\,(X) = 1 + z$ beschrieben.[180]

Die Verteuerung des Gesamtschadens aufgrund einer Erhöhung der Schadenhäufigkeit lässt sich analog abbilden. So wird die Schadenzahlvariable N durch einen Inflationsfaktor $\text{infl}\,(N)$ transformiert. Zur inflationierten Schadenzahl N_z gelangt man durch

$$N_z = \text{infl}\,(N) \cdot N. \tag{2-6}$$

Die Darstellung des inflationierten Gesamtschadens ergibt sich aus der Kombination von Schadenzahl und Schadenhöhe. Für den Erwartungswert des Gesamtschadens gilt dann:

$$\begin{aligned} \mathrm{E}\,(S_z) &= \mathrm{E}\,(N_z) \cdot \mathrm{E}\,(X_z) \\ &= \text{infl}\,(N_z) \cdot \text{infl}\,(X_z) \cdot \mathrm{E}\,(N) \cdot \mathrm{E}\,(X) \\ &= \text{infl}\,(S_z) \cdot \mathrm{E}\,(S)\,. \end{aligned} \tag{2-7}$$

---

176 Vgl. ROSENBERG/HALPERT (1981), S. 464 und DAYKIN ET AL. (1996), S. 283.

177 Theoretisch kann $\text{infl}\,(X)$ auch einen Wert kleiner als eins annehmen, sodass die Schadenhöhen reduziert würden. Dieser Fall wird jedoch weder in der theoretischen Auseinandersetzung aufgegriffen, noch erscheint er von praktischer Relevanz, sodass in dieser Arbeit $\text{infl}\,(X) \geq 1$ vorausgesetzt werden kann.

178 Dieser Ansatz entspricht der überwiegenden Grundhaltung der in der Literatur präsentierten Ansätze. Eine alternative Betrachtung findet sich bei FELDBLUM (1988), der der Schadeninflation eine Abhängigkeit von der Schadenhöhe unterstellt.

179 Vgl. ROSENBERG/HALPERT (1981), S. 466. Dies gilt u. a. für die Paretoverteilung, die im weiteren Verlauf der Ausarbeitung zur Modellierung der Schadenhöhe angenommen wird.

180 Vgl. MACK (2002), S. 356.

Hierbei stehen die Werte $\mathrm{E}(N)$ und $\mathrm{E}(X)$ für die Erwartungswerte von Schadenzahl und Schadenhöhe ohne Schadeninflation. Die Gesamtschadeninflation in Höhe von $\text{infl}(S_z)$ lässt sich gemäß

$$\text{infl}(S_z) = \text{infl}(N_z) \cdot \text{infl}(X_z) \tag{2-8}$$

auf Schadenhöhen- und Schadenzahlinflation aufteilen und ergibt sich als Produkt der beiden Inflationsfaktoren.

Als Nächstes wird der Inflationswert $\text{infl}(S)$ gemäß der zweiten Betrachtungsdimension in das Modell integriert. Die Unterscheidung erfolgt anhand der Ursächlichkeit der Schadenteuerung, was zur bekannten Zerlegung in drei Ebenen führt. Die erste Ebene unterscheidet zwischen der Verbraucherpreisinflation und der Superimposed Inflation. Zerlegungsebene zwei teilt die Inflation in Kosteninflation und Änderungsinflation und auf der dritten Ebene lässt sich die Schadeninflation anhand der sieben Inflationstreiber der Ursachenbereiche differenzieren. Dabei steht z_{legal} für die Legalkosteninflation, z_{sozial} für die Komponente der Sozialkosteninflation und z_{ER} für die Emerging-Risks-Inflation. Der Faktor z_{med} beschreibt die Gesundheitskosteninflation, z_{lohn} die Lohnkosteninflation und z_{pflege} ist der Inflationsfaktor für die Pflegekosteninflation.[181] Die Verbraucherpreisinflation wird durch z_{VPI} abgebildet.

Der Schadeninflationsfaktor von $\text{infl}(S_z)$ bildet mit $\text{infl}(S_z) = (1 + z)$ eine Schadeninflation von $100z\,\%$ ab. Die erste Zerlegungsebene führt zur durch die Gruppierung der Inflationstreiber dargestellten Aufteilung:

$$\begin{aligned} 1 + z = \overbrace{(1 + z_{\text{VPI}})}^{\text{Verbraucherpreisinflation}} \cdot \underbrace{(1 + z_{\text{lohn}})(1 + z_{\text{med}})\left(1 + z_{\text{pflege}}\right) \cdot \left(1 + z_{\text{legal}}\right)(1 + z_{\text{sozial}})(1 + z_{\text{ER}})}_{\text{Superimposed Inflation}} . \end{aligned} \tag{2-9}$$

[181] Vgl. hierzu die Ausführungen in Abschnitt 2.2.1.

Demgegenüber werden für die Darstellung der zweiten Zerlegungsebene die Inflationstreiber wie folgt gruppiert:

$$1 + z = \overbrace{(1 + z_{\text{VPI}})\,(1 + z_{\text{lohn}})\,(1 + z_{\text{med}})\,\big(1 + z_{\text{pflege}}\big)}^{\text{Kosteninflation}} \cdot \underbrace{\big(1 + z_{\text{legal}}\big)\,(1 + z_{\text{sozial}})\,(1 + z_{\text{ER}})}_{\text{Änderungsinflation}}. \tag{2-10}$$

Neben der versicherungstechnischen Trennung in Schadenhäufigkeits- und Schadenhöheninflation sowie der ursächlichen Trennung anhand der Schadeninflationstreiber wird abschließend die dritte Betrachtungsdimension des Referenzzeitpunkts im Modell abgebildet. Dafür ist die Auszahlungsstruktur der Schäden von Interesse, denn besonders in den Long-Tail-Sparten der Haftpflichtversicherung werden die Versicherungsschäden nicht sofort ausgezahlt, sondern die Schadenregulierung kann sich über mehrere Jahre hinziehen.[182] Dieser Abwicklungszeitraum impliziert, dass ein Schaden entweder im Anfalljahr selbst oder in einem der folgenden T Kalenderjahre abschließend reguliert wird.[183] In diesem Zeitraum wird eine Reihe von Teilzahlungen erbracht, deren Summe die endgültige Schadenleistung erklärt. Des Weiteren wird davon ausgegangen, dass die Abwicklung aller Schäden nach dem gleichem Muster erfolgt.[184] Dieses Muster definiert eine erwartete Reihe von Zahlungen $C(i)$, die vom Versicherer im Zeitablauf ausbezahlt werden. Durch den Zeitindex i wird dabei das Abwicklungsjahr angegeben, in dem die zu betrachtende Teilzahlung geleistet wird.[185] Formal bedeutet dies:

$$\mathrm{E}(S) = \sum_{i=1}^{T} C(i). \tag{2-11}$$

[182] Vgl. BECK/FILZMAIER (2007), S. 57f.

[183] Vgl. SCHMIDT (2004b), S. 15.

[184] Vgl. SCHMIDT/ZOCHER (2011), S. 89.

[185] Es wird davon ausgegangen, dass Zahlungen einmal jährlich zum Jahresende stattfinden (vgl. Abschnitt 2.4.2.1).

Die Zahlungsreihe lässt sich weiter umschreiben zu:[186]

$$\begin{aligned} \mathrm{E}(S) &= \sum_{i=1}^{T} c(i) \cdot \mathrm{E}(S) \\ &= \mathrm{E}(N) \cdot \mathrm{E}(X) \cdot \sum_{i=1}^{T} c(i), \end{aligned} \tag{2-12}$$

wobei $c(i)$ das relative Auszahlungsmuster beschreibt, das auch als Abwicklungsmuster bezeichnet wird.[187] Es wird angenommen, dass alle Schäden anhand des Auszahlungsmusters $c(i)$ reguliert werden und es gilt:

$$\sum_{i=1}^{T} c(i) = 1. \tag{2-13}$$

Folgt die Inflation einer Anfalljahrsystematik, so wirkt die Schadeninflation auf alle Zahlungen des Anfalljahrs gleichermaßen. Sie ist von der Auszahlungsstruktur unabhängig und der Zahlungszeitpunkt ist irrelevant. Anders verhält es sich mit der Kalenderjahrinflation, für die entscheidend ist, in welchem Jahr die Schadenleistung bezahlt wird. Teilzahlungen zu Beginn des Abwicklungszeitraums unterliegen einer geringeren Inflation als Schadenleistungen, die erst zu einem späteren Zeitpunkt der Schadenabwicklung zu erstatten sind. Zur Berücksichtigung des Referenzzeitpunkts wird die Inflation daher in einen Teil, der vom Auszahlungsverlauf abhängig ist, und in eine zeitunabhängige Komponente, die für alle Zahlungen gleich ist, aufgespalten.

Dazu definiert man die Auszahlungsstruktur $c_z(i)$ als die relative Zahlungsreihe, in der die Schadeninflation infl (S) bereits enthalten ist. Sie bewirkt zum Abwicklungszeitpunkt i Kalenderjahreffekte in der Höhe $1 + z_{\mathrm{KJ}}(i)$ und Anfalljahreffekte in der Höhe $1 + z_{\mathrm{AJ}}$. Für die Inflation des Gesamtschadens

[186] Vgl. hierzu z. B. SCHMIDT (2004b), S. 16.

[187] Vgl. SCHMIDT/ZOCHER (2011), S. 89ff. sowie SCHMIDT (2004b), S. 15ff. für einen Vergleich verschiedener Darstellungsformen des Abwicklungsmusters.

bedeutet dies:

$$\begin{aligned}\mathrm{E}(S_z) &= \mathrm{E}(S) \cdot \sum_{i=1}^{T} c_z(i) \\ &= \mathrm{E}(S) \cdot \sum_{i=1}^{T} c(i) \cdot (1 + z_{\mathrm{KJ}})^i \cdot (1 + z_{\mathrm{AJ}}) \\ &= \underbrace{\mathrm{E}(S) \cdot (1 + z_{\mathrm{AJ}}) \cdot \sum_{i=1}^{T} c(i) \cdot (1 + z_{\mathrm{KJ}}(i))^i}_{\mathrm{infl}(S_z)}. \end{aligned} \tag{2-14}$$

In diesem Zusammenhang lässt sich die hilfreiche Annahme treffen, dass die Schadenhöheninflation einer Inflation entlang der Kalenderjahre folgt, während die Schadenhäufigkeitsinflation einer Anfalljahrinflation unterliegt.[188] Für Letztere erscheint dies einleuchtend, denn in der Schadenzahl werden die Schadenereignisse eines Anfalljahrs gezählt. Das Auszahlungsmuster hat keinen Einfluss auf die Anzahl der Schäden und somit auch nicht auf die Schadenhäufigkeit. Insofern ist infl (N) vom Auszahlungsmuster unabhängig und folgt einer Anfalljahrinflation. Für die Schadenhöhe vereinfacht die Annahme, dass der zu erstattende Betrag der Entschädigungskomponenten nur vom Zahlungszeitpunkt abhängig ist, die Modellwelt.

Werden die bisherigen Überlegungen zusammengefügt, lässt sich der Erwartungswert unter Berücksichtigung der auf Schadenhäufigkeit und Schadenhöhe aufgeteilten Gesamtschadeninflation durch

$$\mathrm{E}(S_z) = \mathrm{E}(S) \cdot \underbrace{(1 + z_N)}_{\mathrm{infl}(N_z)} \cdot \underbrace{\sum_{i=1}^{T} c(i) \cdot (1 + z_X(i))^i}_{\mathrm{infl}(X_z)}. \tag{2-15}$$

ausdrücken. Mit wird die Schadenhäufigkeitsinflation beschrieben, $z_X(i)$ gibt die Schadenhöheninflation im Abwicklungsjahr i an. Gleichung 2-15 verdeutlicht, dass die Schadenhöheninflation als der mit dem Zahlungsmuster gewichtete Inflationsindex der Kalenderjahrinflation interpretiert werden kann.

---

188 Vgl. RAVIN/FOWLDS (2010), S. 17.

Es gilt:

$$\text{infl}\,(X_z) = \sum_{i=1}^{T} c\,(i) \cdot \left(1 + z_X\,(i)\right)^i \tag{2-16}$$

bzw.

$$\text{infl}\,(X_z) = \sum_{i=1}^{T} c\,(i) \cdot \frac{w\,(i)}{w\,(0)}, \tag{2-17}$$

wenn man die Inflation als Indexreihe $w\,(i)$ versteht. Aus Vereinfachungsgründen wird im Folgenden z_X als konstant angenommen.[189] Die Erkenntnisse der Analyse werden von dieser Annahme nicht verändert, die Handhabung des Modells allerdings erleichtert.[190]

2.3 Auswirkung der Schadeninflation auf die nichtproportionale Rückversicherung

2.3.1 Funktionsweise der nichtproportionalen Rückversicherung

Mittels des Einkaufs von Rückversicherung übergibt ein Erstversicherungsunternehmen einen Teil des versicherungstechnischen Risikos an ein Rückversicherungsunternehmen.[191] Die Rückversicherung kann insofern als Versicherung für das Erstversicherungsunternehmen verstanden werden.[192] Wie klassische Versicherungsverträge, die zwischen einem Versicherungsunternehmen und einem Versicherungsnehmer geschlossen werden, basiert sie auf dem Prinzip der Risikoteilung.[193] Geteilt wird in der traditionellen Rückversicherung einzig das versicherungstechnische Risiko. Andere Risikoarten, z. B.

[189] Vgl. z. B. MACK (2002), S. 297.

[190] Vgl. DAYKIN ET AL. (1996), S. 282.

[191] Vgl. HALLER (1983), S. 542; LIEBWEIN (2009), S. 33. Siehe darüber hinaus die empirischen Studien über den Rückversicherungseinkauf von Versicherungsunternehmen von SCHENK (1997), S. 366 sowie REISSAUS (2006), S. 170.

[192] Vgl. KILN (1991), S. 1; GERATHEWOHL (1976), S. 23; PFEIFFER (1999), S. 1; STETTLER ET AL. (2005), S. 21.

[193] Vgl. HESS/SCHMIDT (2006), S. 20.

das kaufmännische und operationale Risiko des Erstversicherers oder das Insolvenzrisiko eines Finanzintermediärs, werden nicht geteilt.[194]

Innerhalb der klassischen Rückversicherung lassen sich Rückversicherungsformen anhand verschiedener Kriterien abgrenzen,[195] wobei zwei Abgrenzungen hervorzuheben sind: die Unterteilung im Hinblick auf die vertragsrechtliche Form der Rückversicherung und die Unterscheidung anhand der Art der Risikoteilung.[196]

Unter dem Aspekt der Form wird zwischen fakultativer und obligatorischer Rückversicherung unterschieden. Bezieht sich die Rückversicherungsvereinbarung ausschließlich auf einzelne versicherungstechnische Einheiten, spricht man von fakultativer Rückversicherung. Bei dieser Form bleibt es dem Erstversicherer freigestellt, ob er ein Einzelrisiko zur Rückversicherung anbietet.[197] Genauso ist der Rückversicherer in seiner Annahmeentscheidung frei, da in der fakultativen Rückversicherung keine Annahmepflicht besteht. Dies unterscheidet sie von der obligatorischen Rückversicherung, in der Zessions- und Annahmepflicht herrschen.[198] Das heißt, der Erstversicherer muss alle unter den Rückversicherungsvertrag fallenden Risiken an den Rückversicherer zedieren. Gleichzeitig muss der Rückversicherer alle zedierten Einzelrisiken akzeptieren.[199] Es handelt sich somit um die Rückversicherung von Versicherungsbeständen.

Auch wenn viele ihrer Erkenntnisse genauso auf die fakultative Rückversicherung anwendbar sind, fokussiert sich diese Ausarbeitung auf die Betrachtung und Analyse der obligatorischen Rückversicherung. Dort ist weiterhin die Differenzierung nach der Art der Risikoteilung bedeutsam, die zwischen den Techniken proportionaler und nichtproportionaler Rückversicherung unterscheidet.[200] In der proportionalen Rückversicherung wird die Haftung an jeder

---

194 Vgl. LIEBWEIN (2000), S. 26 und STETTLER ET AL. (2005), S. 30. So ist es zumindest bei theoretischer Analyse der Rückversicherung. In der Praxis finden sich durchaus Gegenbeispiele, die aus regulatorischen oder nachfragebezogenen Gründen davon abweichen.

195 Vgl. hierzu LIEBWEIN (2009), S. 60; GROSSMANN (1982), S. 74ff.; GERATHEWOHL (1976), S. 91–136; SCHWEPCKE (2004), S. 111f.

196 Vgl. LIEBWEIN (2009), S. 59f.

197 Vgl. LIEBWEIN (2009), S. 62.

198 Vgl. LIEBWEIN (2009), S. 61.

199 Vgl. ebd.

200 Vgl. LIEBWEIN (2009), S. 60; HESS/SCHMIDT (2006), S. 20.

versicherungstechnischen Einheit in einer bestimmten Proportion geteilt, die die gesamte Abwicklung der Rückversicherung bestimmt.[201] Die Aufteilung zwischen Erst- und Rückversicherer erfolgt dabei üblicherweise anhand der Versicherungssumme des Originalrisikos. Entsprechend des Verhältnisses der Haftungen werden die Prämieneinnahmen des Erstversicherers genauso geteilt wie die anfallenden Schadenzahlungen für das rückversicherte Portefeuille.

Die nichtproportionale Rückversicherung wird auch als Schadenexzedenten-Rückversicherung bezeichnet, denn im Gegensatz zur proportionalen Form werden keine anteiligen Risiken an den versicherungstechnischen Einheiten zediert, sondern die Schadenleistungen des Erstversicherers geteilt.[202] Der Rückversicherer übernimmt bei dieser Rückversicherungsform an jedem eingetretenen Schaden den Anteil, der den Selbstbehalt des Erstversicherers – dieser wird als die *Priorität* des Schadenexzedenten bezeichnet – übersteigt.[203] Der Schadenanteil des Rückversicherers wird als Überschaden, Layerschaden oder Exzess-Schaden bezeichnet.[204] Das maximale Ausmaß der Rückversicherungsleistung an einem Schaden ist durch die *Haftstrecke* begrenzt. Der durch Haftstrecke und Priorität festgelegte Deckungsumfang wird auch als Rückversicherungslayer bezeichnet und die Notation der Rückversicherungsdeckung erfolgt in der Form

Haftstrecke xs Priorität,[205]

die meistens in absoluten Größen angegeben werden.[206]

Anders als bei der proportionalen Rückversicherung entrichtet der Erstversicherer für den Schadenexzedenten ein auf Basis der erwarteten Schadenzah-

[201] Vgl. LIEBWEIN (2009), S. 70–165; KILN (1991), S. 1; GROSSMANN (1982), S. 74; PFEIFFER (1999), S. 42. Dieses Haftungsverhältnis definiert die Funktionsweise der proportionalen Rückversicherung und bezieht sich auf die Teilung von Prämien, anfallenden Schadenzahlungen, Regresserlösen sowie unter Umständen versicherungstechnischen Rückstellungen, wie Schadenrückstellungen und Beitragsüberträgen (vgl. LIEBWEIN (2000), S. 60).

[202] Vgl. LIEBWEIN (2000), S. 60; PFEIFFER (1999), S. 54. Daher wird bei der nichtproportionalen Rückversicherung auch von Schadenrückversicherung gesprochen (vgl. LIEBWEIN (2009), S. 168).

[203] Vgl. GERATHEWOHL (1976), S. 87.

[204] Vgl. LIEBWEIN (2009), S. 167; GROSSMANN (1982), S. 118f. Diese Begriffe werden im Folgenden mit kongruenter Bedeutung verwendet.

[205] Die Bezeichnung xs steht für *in excess of* (vgl. LIEBWEIN (2009), S. 167).

[206] Vgl. KILN (1991), S. 220.

lungen des Rückversicherers kalkuliertes Entgelt.[207] Mit diesem Gestaltungsspielraum lässt sich genauso der Deckungsumfang der nichtproportionalen Rückversicherung in Abhängigkeit der Absicherungsziele des Erstversicherers individuell anpassen.[208] Abhängig von der Schadendefinition lassen sich Deckungskonzepte für Einzelschäden, Ereignisschäden, Kumulschäden und/ oder Jahresgesamtschäden konstruieren.[209]

Der Einzelschadenexzedent, auf dessen Betrachtung sich die vorliegende Ausarbeitung stützt, reduziert die Schadenbelastung eines Erstversicherers durch große Einzelschäden und homogenisiert die Schadenzahlungen im Selbstbehalt.[210] Von besonderem Interesse ist die nichtproportionale Rückversicherung auf Einzelschadenbasis in Verbindung mit der Schadeninflation. Wenn sich nämlich die Schadengesetzmäßigkeiten dahingehend ändern, dass mehr Schäden eintreten oder die Schadensummen im Durchschnitt zunehmen, kann Rückversicherung in Form eines Einzelschadenexzedenten den Erstversicherer schützen.[211] In diesem Fall geht die Entwicklung der Schadenhöhen oberhalb der Priorität komplett zulasten des Rückversicherungsunternehmens.[212] Damit wird ein Teil der Folgen der Zeitinstabilität des Schadenursachensystems vom Erstversicherer auf den Rückversicherer übertragen.[213] Eben diese Eigenschaft macht den Schadenexzedenten besonders für die Rückversicherung von Haftpflichtschäden so interessant. Da in der Haftpflichtversicherung außerdem die Absicherung von Kumulschäden nur eine untergeordnete Rolle spielt,

207 Vgl. GERATHEWOHL (1976), S. 87 und S. 208.

208 Siehe u. a. HEILMANN/KARTEN (1988), S. 662: „Rückversicherung ist das in mancher Hinsicht perfekteste der risikopolitischen Instrumente. Sie ist mit einer Reichhaltigkeit alternativer Einsatzmöglichkeiten außerordentlich flexibel zu gestalten [...].“ Die Vielzahl an Gestaltungsparametern, die simultan eingesetzt werden können, erlaubt eine flexible und situationsangepasste Verwendung der klassischen Rückversicherungsformen. Für eine grundlegende Strukturierung dieses Zusammenhangs siehe LIEBWEIN (2000).

209 Eine differenzierte und detaillierte Betrachtung der verschiedenen Ausgestaltungsformen erscheint für den Zweck der fortfolgenden Untersuchung nicht sachdienlich, sondern es wird auf die umfangreiche Literatur zu diesem Themengebiet verwiesen. Siehe hierzu LIEBWEIN (2009), S. 169ff. und die dort angegebene Literatur.

210 Vgl. LIEBWEIN (2009), S. 172. Für weitere Überlegungen zum Schutz des Selbstbehalts des Erstversicherers siehe GERATHEWOHL (1976), S. 88.

211 Vgl. LIEBWEIN (2009), S. 172 und KARL ET AL. (2010), S. 30.

212 Vgl. KARL ET AL. (2010), S. 30.

213 Vgl. ebd.; LIEBWEIN (2009), S. 172.

konzentriert sich die weitere Auseinandersetzung auf die Rückversicherung in Form eines Einzelschadenexzedenten.

2.3.2 Schadeninflation unter nichtproportionaler Risikoteilung

2.3.2.1 Modellierung nichtproportionaler Risikoteilung

Um die Wirkung der Schadeninflation auf einen Schadenexzedenten abzubilden, wird zunächst die Darstellung der nichtproportionalen Risikoteilung im Kollektiven Modell untersucht. Dies erfolgt in zwei Schritten. Erst wird der allgemeine Fall nichtproportionaler Risikoteilung betrachtet, woraus sich im zweiten Schritt unmittelbar die Wirkung der Rückversicherung mit einem durch Haftstrecke und Priorität definierten Rückversicherungslayer ableiten lässt.

Ist der Rückversicherungslayer nur durch die Priorität u definiert und werden alle Schadenhöhen oberhalb von u vom Rückversicherer übernommen, so handelt es sich um eine allgemeine Betrachtung nichtproportionaler Risikoteilung. Die Schadenhöhe X wird in den Anteil des Erstversicherers $X^{\text{EV}} = \min(X,\ u)$ und in den Anteil des Rückversicherers $X^{\text{RV}} = \max(X - u,\ 0)$ aufgeteilt,[214] also:

$$\begin{aligned} X &= X^{\text{EV}} + X^{\text{RV}} \\ &= \min(X,\ u) + \max(X - u,\ 0). \end{aligned} \tag{2-18}$$

Da das Erstversicherungsunternehmen trotz Rückversicherung an jedem Schaden die ersten u Geldeinheiten selbst trägt, ist die Verteilung der Schadenzahlvariablen N^{EV} identisch mit der Verteilung der Schadenzahl der Gesamtschadenverteilung S ohne Risikoteilung.[215] Demnach gilt: $N^{\text{EV}} = N$.

Der Rückversicherer wird bei dieser Form der Risikoteilung an jedem Schaden ab Überschreiten der Priorität beteiligt. Ein Schaden unterhalb der Priorität u mit $X \leq u$ ist dem Rückversicherer unter Umständen nicht einmal bekannt und erzeugt demnach immer die Schadenhöhe $X^{\text{RV}} = 0$. Normalerweise wird die erwartete Anzahl der Rückversicherungsschäden dann immer kleiner sein

[214] Vgl. MACK (2002), S. 334.
[215] Vgl. MACK (2002), S. 332.

als die Anzahl der Schäden des Erstversicherers, da Schäden der Höhe null nicht mitgezählt werden brauchen.[216] Dennoch bietet sich eine alternative Darstellungsform an. Schäden, bei denen für den Rückversicherer die Schadenhöhe $X^{\mathrm{RV}} = 0$ resultiert, werden dennoch mitgezählt. Die Schadenzahl des Rückversicherers beträgt demnach ebenfalls N und die Leistung des Rückversicherers an einem Schaden X_n wird durch $X_n^{\mathrm{RV}} = \max(X_n - u,\ 0)$ beschrieben. In diesem Fall lässt sich der Gesamtschaden S des rückversicherten Portefeuilles[217]

$$S = X_1 + \cdots + X_N \tag{2-19}$$

als Summe der Schadenanteile von Erstversicherer und Rückversicherer ausdrücken:[218]

$$\begin{aligned} S &= X_1^{\mathrm{EV}} + X_1^{\mathrm{RV}} + \cdots + X_N^{\mathrm{EV}} + X_N^{\mathrm{RV}} \\ &= \sum_{n=1}^{N} X_n^{\mathrm{EV}} + \sum_{n=1}^{N} X_n^{\mathrm{RV}} \\ &= S^{\mathrm{EV}} + S^{\mathrm{RV}}. \end{aligned} \tag{2-20}$$

Der Erwartungswert und die Varianz der Gesamtschadenverteilung des Erstversicherers S^{EV} ergeben sich zu:[219]

$$\begin{aligned} \mathrm{E}\left(S^{\mathrm{EV}}\right) &= \mathrm{E}(N) \cdot \mathrm{E}\left(X^{\mathrm{EV}}\right) \\ &= \mathrm{E}(N) \cdot \mathrm{E}(\min(X,\ u)). \end{aligned} \tag{2-21}$$

Für die Varianz gilt wegen der poissonverteilten Schadenzahl:

$$\mathrm{Var}\left(S^{\mathrm{EV}}\right) = \mathrm{E}(N) \cdot \mathrm{E}\left(\left(X^{\mathrm{EV}}\right)^2\right). \tag{2-22}$$

216 Vgl. DIENST ET AL. (2001), S. 138; MACK (2002), S. 338.

217 Vgl. hierzu die Darstellung zum Kollektiven Modell in Abschnitt 2.2.3.

218 Die Summanden sind zum einen der Gesamtschaden des Erstversicherers, der sich mit $X_n^{\mathrm{EV}} = \min(X_n,\ u)$ zu $S^{\mathrm{EV}} = X_1^{\mathrm{EV}} + \cdots + X_N^{\mathrm{EV}} = \sum_{n=1}^{N} X_n^{\mathrm{EV}}$ ergibt, und zum anderen der Gesamtschaden des Rückversicherers $S^{\mathrm{RV}} = X_1^{\mathrm{RV}} + \cdots + X_N^{\mathrm{RV}} = \sum_{n=1}^{N} X_n^{\mathrm{RV}}$ (mit $X_n^{\mathrm{RV}} = \max(X_n - u,\ 0)$).

219 Die Herleitungen finden sich bei MACK (2002), S. 338f. und S. 347.

Analog dazu gelten für den Rückversicherer:

$$\begin{aligned} \mathrm{E}\left(S^{\mathrm{RV}}\right) &= \mathrm{E}(N) \cdot \mathrm{E}\left(X^{\mathrm{RV}}\right) \\ &= \mathrm{E}(N) \cdot \mathrm{E}(\max(X-u,\ 0)) \end{aligned} \tag{2-23}$$

und

$$\operatorname{Var}\left(S^{\mathrm{RV}}\right) = \mathrm{E}(N) \cdot \mathrm{E}\left(\left(X^{\mathrm{RV}}\right)^2\right). \tag{2-24}$$

Aus den separat beschriebenen Positionen von Erstversicherer und Rückversicherer lässt sich allgemein das Verhältnis der Risikoteilung der gegebenen Schadenverteilung ermitteln. Dazu dient der Quotient

$$\begin{aligned} r(u) &= \frac{\mathrm{E}\left(S^{\mathrm{EV}}\right)}{\mathrm{E}(S)} \\ &= \frac{\mathrm{E}(N) \cdot \mathrm{E}\left(X^{\mathrm{EV}}\right)}{\mathrm{E}(N) \cdot \mathrm{E}(X)} \\ &= \frac{\mathrm{E}(\min(X,\ u))}{\mathrm{E}(X)}. \end{aligned} \tag{2-25}$$

Dieser gibt den durchschnittlich unterhalb der Priorität liegenden Teil der Schadenerwartung an,[220] also den Anteil der Gesamtschadenerwartung, der trotz Rückversicherung weiter vom Erstversicherungsunternehmen gehalten wird. Entsprechend dazu beschreibt $1 - r(u)$ den Anteil am erwarteten Gesamtschaden, der auf den Rückversicherer überwälzt wird. Daraus lässt sich verallgemeinernd ableiten, dass das Verhältnis der Aufteilung des erwarteten Gesamtschadens zwischen Erstversicherer und Rückversicherer bei gegebener Schadenverteilung von der Priorität u abhängig ist. Die erklärende Funktion

[220] Vgl. MACK (2002), S. 339. Aus dem Bisherigen folgen $\mathrm{E}\left(S^{\mathrm{EV}}\right) < \mathrm{E}(S)$ sowie $\mathrm{E}\left(S^{\mathrm{RV}}\right) < \mathrm{E}(S)$. Das heißt, dass r zwischen 0 und 1 liegt.

wird allgemein als von der Höhe der Priorität abhängige Risikoteilungsfunktion $r(x)$ bezeichnet.[221,222]

Mithilfe der Risikoteilungsfunktion lassen sich die Erwartungswerte von S^{EV} und S^{RV} durch

$$\mathrm{E}\left(S^{\mathrm{EV}}\right) = r(u) \cdot \mathrm{E}(S) \tag{2-26}$$

bzw.

$$\mathrm{E}\left(S^{\mathrm{RV}}\right) = (1 - r(u)) \cdot \mathrm{E}(S) \tag{2-27}$$

allgemein als Anteile am Erwartungswert des originären Gesamtschadens $\mathrm{E}(S)$ ausdrücken.

Abgesehen von wenigen Ausnahmefällen bietet ein Rückversicherer in der Praxis eine unlimitierte nichtproportionale Deckung jedoch nicht an.[223] Daher werden im zweiten Schritt die bisherigen Erkenntnisse auf den Fall limitierter Rückversicherungslayer angewendet. Bei diesen wird die Schadenbeteiligung des Rückversicherers durch die Haftstrecke h begrenzt. Im Folgenden wird der limitierte Rückversicherungslayer h xs u mit Priorität u und Plafond $u+h$ betrachtet. Es gelten dann:[224]

$$X^{\mathrm{RV}} = \min(\max(X - u,\ 0),\ h) \tag{2-28}$$

221 MACK bezeichnet das Verhältnis als Entlastungseffekt, da es angibt, wie ein Erstversicherer durch die Vereinbarung einer Franchise vom Schadenerwartungswert entlastet wird (siehe MACK (2002), S. 342.). Die bei MACK vorgestellte Aufteilung eines Schadens in Erstrisiko und Zweitrisiko entspricht der hier vorgestellten Risikoteilung in der Rückversicherung. Die Bezeichnung Risiko(auf)teilungsfunktion entspricht jedoch mehr dem Kontext des hier vorgestellten Modells, sodass auf die Übernahme der Bezeichnung Entlastungseffekt im Folgenden verzichtet wird.

222 Weiterhin enthält $r(x)$ alle Informationen der Schadenhöhenverteilung, charakterisiert diese also vollständig. Um als stetig und differenzierbar verstanden zu werden, muss außerdem gelten, dass es einen Höchstschaden $b = \sup\{F(x) < 1\}$ gibt, für den gilt: $r(b) = 1$. Außerdem gilt: $r(0) = 0$. Die Funktion $\mathrm{r}(x)$ verläuft demnach degressiv zunehmend auf dem Intervall von $(0,\ 0)$ bis $(b,\ 1)$ (vgl. MACK (2002), S. 342f.).

223 So sind z. B. in manchen Ländern die Versicherer verpflichtet in der Kfz-Haftpflichtversicherung unlimitierte Deckung für Personenschäden anzubieten. In diesem Fall können die Erstversicherer dieses Risiko auf einen nichtproportionalen Rückversicherer überwälzen (vgl. WADDELL (2008), S. 109).

224 Vgl. MACK (2002), S. 357f.

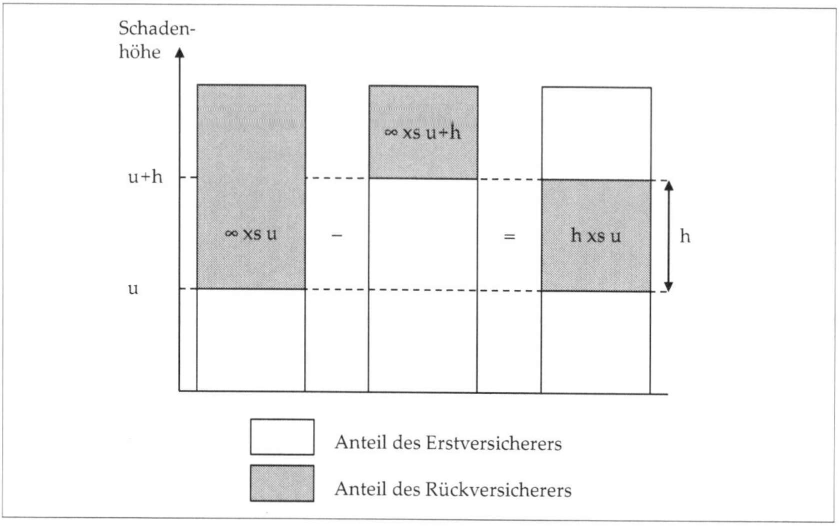

Abbildung 2-8: Darstellung eines limitierten Layers als Differenz zweier unlimitierter Layer

und

$$X^{\text{EV}} = \min(X,\ u) + \max(X - (u + h),\ 0). \tag{2-29}$$

Die Begrenzung der Rückversicherungshaftstrecke verändert im Vergleich zum unlimitierten Fall die Aufteilung des Gesamtschadens zwischen Erst- und Rückversicherer, da der Erstversicherer nun den Überschaden oberhalb des Plafonds $u + h$ selbst finanzieren muss. Deswegen muss die oben vorgestellte Modellierung derart erweitert werden, dass sowohl die Priorität u als auch die Haftstrecke h in der Risikoteilungsfunktion berücksichtigt werden. Dabei wird ausgenutzt, dass ein limitierter Layer, wie in Abbildung 2-8 illustriert, als Differenz zweier unlimitierter Layer dargestellt werden kann.[225] Die Schadenhöhe des Rückversicherers beträgt also

$$\begin{aligned} X^{\text{RV}} &= \min(\max(X - u,\ 0),\ h) \\ &= \min(X,\ u + h) - \min(X,\ u)\,. \end{aligned} \tag{2-30}$$

[225] Vgl. MACK (2002), S. 358.

Daraus folgt, dass sich der Anteil des Rückversicherers am erwarteten Gesamtschaden als Differenz des Risikoanteils unterhalb des Plafonds und des Anteils unterhalb der Priorität darstellen lässt. Der im Folgenden durch $r^{\text{RV}}(h \text{ xs } u)$ beschriebene Risikoanteil des Rückversicherers beträgt demnach

$$\begin{aligned} r^{\text{RV}}(h \text{ xs } u) &= \frac{\mathrm{E}\left(S^{\text{RV}}\right)}{\mathrm{E}(S)} \\ &= \frac{\mathrm{E}(\min(X,\ u+h))}{\mathrm{E}(X)} - \frac{\mathrm{E}(\min(X,\ u))}{\mathrm{E}(X)} \\ &= r(u+h) - r(u), \end{aligned} \tag{2-31}$$

sodass für den Schadenerwartungswert der Rückversicherungsdeckung folgt:

$$\mathrm{E}\left(S^{\text{RV}}\right) = (r(u+h) - r(u)) \cdot \mathrm{E}(S). \tag{2-32}$$

Für die Varianz ist zusätzlich das zweite Moment der Schadenhöhenverteilung des Rückversicherers $\mathrm{E}\left(\left(X^{\text{RV}}\right)^2\right)$ zu ermitteln, das sich wie bei MACK gezeigt durch Integration über die Risikoaufteilungsfunktion ergibt.[226] Dann ist

$$\mathrm{E}\left(\left(X^{\text{RV}}\right)^2\right) = 2 \cdot \mathrm{E}(X) \cdot \int_u^{u+h} [r(u+h) - r(x)]\, \mathrm{d}x, \tag{2-33}$$

sodass sich die Varianz der Gesamtschadenverteilung des Rückversicherers durch

$$\begin{aligned} \mathrm{Var}\left(S^{\text{RV}}\right) &= \mathrm{E}(N) \cdot \mathrm{E}\left((X_{RV})^2\right) \\ &= 2 \cdot \mathrm{E}(S) \cdot \int_u^{u+h} [r(u+h) - r(x)]\, \mathrm{d}x \end{aligned} \tag{2-34}$$

beschreiben lässt.

Im nächsten Schritt wird untersucht, wie die Schadeninflation die Schadenverteilung verändert. Dazu werden die Momente der Verteilung unter Inflation ermittelt und mit den Ausgangswerten verglichen.

[226] Siehe MACK (2002), S. 347f. und S. 363.

2.3.2.2 Schadeninflation in der nichtproportionalen Rückversicherung

Aus den Ausführungen des vorangegangenen Abschnitts wird deutlich, dass Varianz und Erwartungswert des Gesamtschadens des Rückversicherers bei gegebener Schadenhöhenverteilung von der Lage des Rückversicherungslayer h xs u abhängen. Allerdings wird die Schadenhöhenverteilung durch die Inflation verändert, da die Schadenhöhen um den Inflationsfaktor infl (X) transformiert werden. Daher ändert sich genauso die Risikoaufteilungsfunktion.[227] Anders ausgedrückt verschiebt sich mit der inflationsbedingten Veränderung der Schadenhöhenverteilung auch die Aufteilung des erwarteten Gesamtschadens zwischen Erstversicherer und Rückversicherer.[228]

Bei einer geänderten Schadenhöhenverteilung $X_z = \text{infl}\,(X_z) \cdot X$ verändert sich der Anteil des Rückversicherers am erwarteten Gesamtschaden $r_z^{\text{RV}}\,(h \text{ xs } u)$ zu[229]

$$\begin{aligned} r_z^{\text{RV}}\,(h \text{ xs } u) &= \frac{\text{E}\,(\min(\max\,(\text{infl}\,(X_z) \cdot X - u,\ 0),\ h))}{\text{E}\,(\text{infl}\,(X_z) \cdot X)} \\ &= r\left(\frac{u+h}{\text{infl}\,(X_z)}\right) - r\left(\frac{u}{\text{infl}\,(X_z)}\right). \end{aligned} \tag{2-35}$$

Bei $\text{infl}\,(X_z) > 1$ erhöht sich in diesem Fall der Anteil des Rückversicherers,[230] sodass gilt:

$$r_z^{\text{RV}}\,(h \text{ xs } u) > r^{\text{RV}}\,(h \text{ xs } u)\,. \tag{2-36}$$

Aus diesem Zusammenhang lässt sich schlussfolgern, dass die relative Schadenteuerung des Rückversicherers höher ausfällt als die Schadeninflation des Originalschadens, denn der erwartete Gesamtschaden des Rückversicherers unter Inflation beträgt

$$\text{E}\left(S_z^{\text{RV}}\right) = r_z^{\text{RV}}\,(h \text{ xs } u) \cdot \text{E}\,(S_z)\,. \tag{2-37}$$

---

227 Dies resultiert aus einer gegenseitigen Überführbarkeit von Schadenhöhenverteilung und Risikoteilungsfunktion. Aus Letzterer kann die Schadenhöhenverteilung wieder zurückgewonnen werden durch $F\,(x) = 1 - r'\,(x)\,/r'\,(0)$. Vgl. hierzu MACK (2002), S. 343.

228 Vgl. GERATHEWOHL (1976), S. 291.

229 Vgl. MACK (2002), S. 362.

230 Vgl. ebd.

Untersucht man die darin enthaltene Schadeninflation des Rückversicherers $\text{infl}\left(S^{\text{RV}}\right)$, so gilt weiter:

$$\begin{aligned} \mathrm{E}\left(S_z^{\text{RV}}\right) &= \text{infl}\left(S^{\text{RV}}\right) \mathrm{E}\left(S^{\text{RV}}\right) \\ &= \underbrace{\frac{r_z^{\text{RV}}(h \text{ xs } u)}{r^{\text{RV}}(h \text{ xs } u)} \text{infl}(S)}_{\text{infl}(S^{\text{RV}})} \cdot \mathrm{E}\left(S^{\text{RV}}\right). \end{aligned} \tag{2-38}$$

Wegen $r_z^{\text{RV}}(h \text{ xs } u) > r^{\text{RV}}(h \text{ xs } u)$ muss ebenfalls $\text{infl}\left(S^{\text{RV}}\right) > \text{infl}(S)$ gelten. Somit steigt neben der originalseitigen Verteuerung des Schadens bei nichtproportionaler Risikoteilung außerdem der Anteil des Rückversicherers an den Schadenleistungen. Dieser Effekt wird auch als gehebelte Inflation oder Gearing-Effekt der nichtproportionalen Risikoteilung bezeichnet.[231] Im weiteren Verlauf dieser Ausarbeitung wird der über die Inflation des Originalschadens hinausgehende Teil der Schadeninflation des Rückversicherers als Excess-Inflation $\text{infl}(\text{xs})$ bezeichnet. Es gilt:

$$\text{infl}(\text{xs}) = \frac{r_z^{\text{RV}}(h \text{ xs } u)}{r^{\text{RV}}(h \text{ xs } u)}. \tag{2-39}$$

Im letzten Schritt wird die Schadenhöhenverteilung des Rückversicherers durch eine Paretoverteilung präzisiert. Dies erlaubt im nachfolgenden Unterkapitel 2.4 die Betrachtung des Inflationsrisikos anhand konkreter Verteilungsparameter für Schadenzahl und Schadenhöhe.

2.3.2.3 Einfluss der Schadeninflation auf die Schadenverteilung des Rückversicherers unter paretoverteilter Schadenhöhe

Um die Schadenhöhenverteilung zu konkretisieren, kann grundsätzlich auf eine Reihe geeigneter Verteilungen zurückgegriffen werden.[232] Von diesen ist vor allem die Paretoverteilung für die Modellierung von Schadenhöhen in

---

231 Vgl. BRICKMAN ET AL. (2005), S. 37f.; VOLLATH ET AL. (2008), S. 18; BALL/STAUDT (2011), S. 5.

232 Vgl. z. B. MACK (2002), S. 101.

der nichtproportionalen Rückversicherung anerkannt,[233] sodass im Folgenden der Zusammenhang der Schadeninflation unter einer poissonverteilten Schadenzahl und einer paretoverteilten Schadenhöhe analysiert wird.[234]

Die Paretoverteilung hat für $x > d$ die Gestalt

$$F(x) = 1 - \left(\frac{x}{d}\right)^{-k} \tag{2-40}$$

und die Risikoteilungsfunktion der paretoverteilten Schadenhöhe mit $k > 1$ lautet

$$r(x) = 1 - k^{-1}\left(\frac{x}{d}\right)^{1-k}.^{235} \tag{2-41}$$

Damit ergibt sich der Erwartungswert der Schadenhöhe eines Layer mit Haftung h und Priorität $u > d$ zu[236]

$$\begin{aligned} \mathrm{E}\left(X^{\mathrm{RV}}\right) &= \left(r(u+h) - r(u)\right)\mathrm{E}(X) \\ &= \left(k^{-1}\left(\frac{u}{d}\right)^{1-k} - k^{-1}\left(\frac{u+h}{d}\right)^{1-k}\right)\frac{kd}{k-1} \\ &= \left((u)^{1-k} - (u+h)^{1-k}\right)\frac{d^k}{k-1}\,. \end{aligned} \tag{2-42}$$

Für $k > 2$ beträgt das zweite Moment

$$\mathrm{E}\left(\left(X^{\mathrm{RV}}\right)^2\right) = 2u^{2-k}d^k\left(\frac{1-\left(\frac{u}{u+h}\right)^{k-2}}{k-2} - \frac{1-\left(\frac{u}{u+h}\right)^{k-1}}{k-1}\right).^{237} \tag{2-43}$$

[233] Vgl. MACK (2002), S. 362; PHILBRICK (1985), S. 52f.; WALHIN ET AL. (2001), S. 2 und S. 11; GRÜNIG/HALL (2000), S. 18; SCHIRMACHER ET AL. (2005), S. 308; ELING (2007), S. 10.

[234] Dabei werden Schadenregulierungskosten als Teil der Schadensumme aufgefasst. Es ergibt sich insofern auf der Rückversicherungsseite keine gesonderte Behandlung von Entschädigungsleistungen und Regulierungskosten.

[235] Vgl. MACK (2002), S. 362.

[236] Vgl. ebd.; BRICKMAN ET AL. (2005), S. 37.

[237] Vgl. CLARK (2011), S. 7.

Die Schadenhöheninflation wird über eine Verschiebung der paretoverteilten Schadenhöhe X auf $\text{infl}(X) \cdot X$ abgebildet. Es ändert sich dann der Parameter d zu $d_z = \text{infl}(X) \cdot d$. Der Verteilungsparameter k bleibt unverändert, sodass der auf den Layer h xs u entfallende Anteil des erwarteten Gesamtschadens

$$\begin{aligned} r_z^{\mathrm{RV}}(h \text{ xs } u) &= r\left(\frac{u+h}{\text{infl}(X)}\right) - r\left(\frac{u}{\text{infl}(X)}\right) \\ &= k^{-1}\left(\left(\frac{u}{\text{infl}(X) \cdot d}\right)^{1-k} - \left(\frac{u+h}{\text{infl}(X) \cdot d}\right)^{1-k}\right) \\ &= \text{infl}(X)^{k-1} \cdot r^{\mathrm{RV}}(h \text{ xs } u) \end{aligned} \qquad (2\text{-}44)$$

beträgt. Der erwartete Anteil an jedem Schaden fällt somit um den Faktor $\text{infl}(X)^{k-1}$ höher aus als ohne Inflation.[238] Zusätzlich erhöht sich der erwartete Originalschaden, der durch die Schadeninflation auf $\mathrm{E}(X_z)$ zunimmt, sodass der Erwartungswert des Rückversicherers auf

$$\begin{aligned} \mathrm{E}\left(X_z^{\mathrm{RV}}\right) &= r_z^{\mathrm{RV}}(h \text{ xs } u) \cdot \mathrm{E}(X_z) \\ &= \text{infl}(X)^{k-1} \cdot r^{\mathrm{RV}}(h \text{ xs } u) \cdot \text{infl}(X_z) \cdot \mathrm{E}(X) \\ &= \text{infl}(X)^{k} \cdot \mathrm{E}\left(X^{\mathrm{RV}}\right) \end{aligned} \qquad (2\text{-}45)$$

steigt. Während der Originalschaden inflationsbedingt um den Faktor $\text{infl}(X_z)$ steigt, erfährt der Rückversicherer eine Schadenhöheninflation in Höhe von $(\text{infl}(X_z))^k$.[239] Unter Berücksichtigung des Gearing-Effekts setzt sich die Schadeninflation des Rückversicherers demnach aus originärer Schadeninflation und Excess-Schadeninflation zusammen:

$$\text{infl}\left(X^{\mathrm{RV}}\right) = \underbrace{\text{infl}(X)}_{\text{org. Inflation}} \cdot \underbrace{(\text{infl}(X))^{k-1}}_{\text{Excess-Inflation}}. \qquad (2\text{-}46)$$

Dieser Effekt der durch die Priorität gehebelten Inflationsbelastung ist aber nur für die Schadenhöheninflation beobachtbar. Da Erstversicherer und Rückver-

238 Die Schadenteuerung wird mit $\text{infl}(X_z) > 1$ vorausgesetzt und der Erwartungswert der Paretoverteilung ist nur für $k > 1$ definiert, sodass $\text{infl}(X)^{k-1} > 1$ folgt.

239 Bei der Paretoverteilung ist der Gearing-Effekt von der Layerstruktur unabhängig und wird nur vom Schadenhöhenparameter k beeinflusst, wenngleich dies nicht verallgemeinert werden kann (vgl. BRICKMAN ET AL. (2005), S. 38).

sicherer wegen $N = N^{\text{EV}} = N^{\text{RV}}$ gleichermaßen von der Schadenhäufigkeitsinflation betroffen sind,[240] beträgt die Gesamtinflation des Rückversicherers

$$\begin{aligned}\text{infl}\left(S^{\text{RV}}\right) &= \text{infl}\,(N) \cdot \text{infl}\left(X^{\text{RV}}\right)\\ &= \text{infl}\,(N) \cdot \text{infl}\,(X)^k\,. \end{aligned} \tag{2-47}$$

Das zweite Moment der Schadenhöhenverteilung X_z^{RV} des Rückversicherers lautet dann:

$$\begin{aligned}\text{E}\left(\left(X_z^{\text{RV}}\right)^2\right) &= 2u^{2-k}\left(\text{infl}\,(X)\cdot d\right)^k \left(\frac{1-\left(\frac{u}{u+h}\right)^{k-2}}{k-2} - \frac{1-\left(\frac{u}{u+h}\right)^{k-1}}{k-1}\right)\\ &= \text{infl}\,(X)^k \cdot \text{E}\left(\left(X^{\text{RV}}\right)^2\right). \end{aligned} \tag{2-48}$$

Zusammenfassend ergeben sich Erwartungswert und Varianz der Gesamtschadenverteilung des Rückversicherers im Poisson-Pareto-Modell, in dem die Schadenzahl N als Anzahl aller Schäden oberhalb der Schadengrenze d zu interpretieren ist. Der Erwartungswert beträgt

$$\text{E}\left(S_z^{\text{RV}}\right) = \text{infl}\,(N)\cdot\text{infl}\,(X)^k\cdot\text{E}\left(S^{\text{RV}}\right) \tag{2-49}$$

und die Varianz lässt sich durch

$$\begin{aligned}\text{Var}\left(S_z^{\text{RV}}\right) &= \text{E}\,(N_z)\,\text{E}\left(\left(X_z^{\text{RV}}\right)^2\right)\\ &= \text{infl}\,(N)\cdot\text{infl}\,(X)^k\cdot\text{Var}\left(S^{\text{RV}}\right) \end{aligned} \tag{2-50}$$

ermitteln.

2.3.2.4 Betrachtung der Zahlungsreihe des Rückversicherers

Neben der Aufteilung des Schadens in Erstversicherungs- und Rückversicherungsanteil ist für die nichtproportionale Rückversicherung charakteristisch, dass der Rückversicherer seinen Anteil an jedem Schaden erst dann zahlt, wenn die Originalzahlung des Erstversicherers den Betrag der Priorität übersteigt. Die Zahlungsreihe des Rückversicherers unterscheidet sich somit vom

[240] Zur Schwierigkeit der Trennung von Schadenhäufigkeits- und Schadenhöheneffekten bei der Excess-Schadeninflation eines Layers siehe BRICKMAN ET AL. (2005), S. 37ff.

Zahlungsmuster des Originalschadens.[241] Es handelt sich jedoch nicht um eine funktional beschreibbare Abhängigkeit und es scheint keine allgemeingültige Methode zu geben, das Auszahlungsmuster des Layerschadens aus dem Originalabwicklungsmuster abzuleiten.[242] Für die weitere Betrachtung des Einflusses der Schadeninflation in der Rückversicherung hat man es daher mit zwei Auszahlungsmustern zu tun. Zum einen interessiert das Auszahlungsmuster des Originalschadens $c(i)$, zum anderen wird das Auszahlungsmuster des Layerschadens $p(i)$ verwendet.

Das Originalauszahlungsmuster benötigt man zur Darstellung der Schadeninflation, die den Originalschaden verteuert. Der Rückversicherungsschaden ist ein Resultat der Risikoteilung bzw. Schadenaufteilung und basiert auf dem tatsächlich entstandenen Originalschaden. Zur Ermittlung der Schadeninflation ist daher die Originalzahlungsreihe $c(i)$ von Interesse, sodass für die Höhe der Schadeninflation des Rückversicherers gilt:

$$\begin{aligned} \text{infl}\left(S^{\text{RV}}\right) &= \text{infl}\,(N) \cdot (\text{infl}\,(X))^k \\ &= \text{infl}\,(N) \cdot \left(\sum_{i=1}^{T} c\,(i)\,(1+z_X)^i\right)^k . \end{aligned} \tag{2-51}$$

Die Zahlungsreihe des Rückversicherers $p(i)$ hingegen ist nicht mit der Abwicklung des Originalschadens vergleichbar.[243] Sie beschreibt die Zahlungen, die der Rückversicherer zur Abwicklung der Schäden zu leisten hat, und es kann häufig vorkommen, dass der Rückversicherer in den ersten Jahren der Schadenabwicklung überhaupt keine Leistungen ausbezahlt.[244] Für die nachfolgende Betrachtung ist dieser Unterschied relevant, denn anhand von $p(i)$ wird die Diskontierung des Rückversicherungsentgelts vorgenommen und die Verzinsung betrachtet. Dazu wird angenommen, dass das relative Zahlungsmuster $p(i)$ auch unter Inflation unverändert bleibt. Die durch die

---

241 Vgl. PINTO/GOGOL (1987), S. 249.

242 Vgl. HARDING ET AL. (1998), S. 245ff.; DEW/HEDGES (1997), S. 42 und S. 45. Ohne eine allgemeingültige Lösung zu entwickeln, diskutieren PINTO/GOGOL, in welchen Fällen ein layerspezifisches Auszahlungsmuster zu errechnen sei (vgl. PINTO/GOGOL (1987), S. 249).

243 Vgl. RADTKE (2004), S. 169.

244 Vgl. ebd.

Inflation beschleunigte Auszahlung wird lediglich über die Erhöhung des Schadens $\mathrm{E}(S)$ bzw. $\mathrm{E}\left(S^{\mathrm{RV}}\right)$ abgebildet.

Zusammenfassend lässt sich festhalten, dass sich die Schadeninflation als Verschiebung der Schadenverteilung bemerkbar macht. Aufgrund der nichtproportionalen Risikoteilung übernimmt der Rückversicherer einen höheren Anteil an der Schadenteuerung. Dies ist verständlich, bietet die nichtproportionale Rückversicherung einem Erstversicherer ja gerade ein Absicherungsinstrument, falls sich die Schadenhöhen oberhalb der Priorität des Schadenexzedenten verteuern. Die Ungleichverteilung der Schadeninflation wird über die Excess-Inflation abgebildet, die man im Falle des hier angewendeten Poisson-Pareto-Modells mit $(\mathrm{infl}\,(X))^{k-1}$ angeben kann. Inwiefern von der Entwicklung der Schadeninflation ein Risiko ausgeht, ist aus den bisherigen Ausführungen jedoch nicht zu erkennen. Dies wird im nachfolgenden Unterkapitel thematisiert und dabei das Inflationsrisiko des Rückversicherers beschrieben.

2.4 Entwicklung eines Modells für das Inflationsrisiko

2.4.1 Risikobegriff in der Versicherung

2.4.1.1 Definition des allgemeinen Risikobegriffs

Im Folgenden wird das mit einer Unterschätzung der Schadeninflation verbundene Risiko untersucht und das Inflationsrisiko definiert. Dafür erscheint zuerst eine Klärung des Begriffs „Risiko“ notwendig, der im alltagssprachlichen Gebrauch unterschiedlich verwendet wird.[245] Im Unternehmenskontext ist dann von Risiko die Rede, wenn ein Ereignis, das zu unerwünschten Ergebnissen führt, mit Ungewissheit eintritt.[246] Die Unsicherheit ergibt sich aus den in diesem Zusammenhang fehlenden, abschließenden Informationen über den Zeitpunkt, den Ort, die Art oder das Ausmaß des unerwünschten Ergebnisses.[247] Menschliches und damit auch unternehmerisches Handeln erfolgen

[245] Vgl. HELTEN (1994), S. 19. Für eine Übersicht verschiedener Risikodefinitionen siehe u. a. ROMEIKE/MÜLLER-REICHART (2005), S. 50–52. Darüber hinaus nimmt der Risikobegriff im Sprachgebrauch der Versicherungswirtschaft kontextabhängig diverse Bedeutungen an (vgl. HELTEN (1992a), S. 1082; FARNY (2011), S. 18).

[246] Vgl. HELTEN (1991), S. 129; FARNY (2011), S. 25; HEILMANN/KARTEN (1988), S 659.

[247] Vgl. HELTEN (1991), S. 129.

in der Regel ziel- bzw. zweckorientiert,[248] der Erfolg ist jedoch ungewiss. In diesem Kontext definiert HELTEN Risiko als das „Informationsdefizit über dasselbe Erreichen der gesteckten Ziele".[249]

Diese Definition offenbart, dass ein Risikoverständnis zwei Dimensionen enthält: Zielabweichung und Informationsdefizit.[250] Ist eine Zielabweichung nicht möglich, da es keine ungünstigen Ergebnisse gibt, kann es in diesem Zusammenhang auch kein Risiko geben. Gleichzeitig muss die Abweichung von der Zielgröße unsicher sein. Tritt sie mit Sicherheit ein, so handelt es sich ebenfalls nicht um ein Risiko, da kein Informationsdefizit über die Zielerreichung besteht. Alltagssprachlich würde man sagen, es gibt keine Unsicherheit über das Ergebnis. Für eine analytische Auseinandersetzung mit einem Risikokonzept bedarf es daher zum einen der Definition einer Zielgröße.[251] Für den Unternehmenskontext ist es sinnvoll, sich dabei auf eine finanzielle Zielgröße zu konzentrieren.[252] Des Weiteren ist es notwendig, die Unsicherheit der Abweichung der tatsächlichen Ergebnisrealisation von der Zielgröße zu ermitteln. Erst die gemeinsame Betrachtung beider Dimensionen lässt eine Aussage über das Risiko zu.

2.4.1.2 Erläuterung des versicherungstechnischen Risikobegriffs

Die Diskussion des versicherungstechnischen Risikobegriffs erfreut sich in der Versicherungswissenschaft einer langen Tradition.[253] Als der Versicherungswirtschaft eigenes Risiko versteht man darunter, dass die eingenommenen Prämien und das vorhandene Risikokapital nicht ausreichen, um die Schadenfälle einer Periode zu decken.[254]

Verantwortlich für die Existenz des versicherungstechnischen Risikos ist die besondere Charakteristik des Versicherungsgeschäfts und seines Produkts „Versicherungsschutz". Zum einen ist die Produkterstellung daran geknüpft,

[248] Vgl. hierzu HELTEN (1991), S. 130.
[249] HELTEN (1992a), S. 1082.
[250] Vgl. HELTEN (1991), S. 130; KORYCIORZ (2004), S. 9f.
[251] Vgl. z. B. HELTEN (1994), S. 23 oder das Vorgehen bei ALBRECHT (2003).
[252] Vgl. ALBRECHT (1994), S. 327f.
[253] Beispielsweise sei hier auf GÜRTLER (1929); BRAESS (1960); HELTEN (1973); JANNOTT (1976); EICHHORN (1978); ALBRECHT/SCHWAKE (1988) verwiesen.
[254] Vgl. HARTUNG (2005), S. 178f.

dass der Preis[255] vorab bezahlt wird.[256] Andererseits unterliegt mit der Leistung im Schadenfall ein wesentlicher Produktbestandteil dem Zufall. Eine ausreichende Deckung der zufallsabhängigen Kosten kann daher durch die Prämienbemessung vorab nicht sichergestellt werden,[257] sodass ein Versicherungsunternehmen zur Bedeckung der zufälligen Abweichungen eine Risikoreserve vorhalten muss.[258] Diese Risikoreserve ist die Zielgröße des versicherungstechnischen Risikobegriffs und soll in einem definierten Zeitraum einen festgelegten Wert (z. B. null) nicht unterschreiten.[259] Die Unterschreitung einer solchen Grenze führt zum technischen Ruin des Versicherungsunternehmens.[260] Aus diesem Grund muss das Unternehmen Maßnahmen zur Risikosteuerung entwickeln, sodass lediglich eine hinreichend kleine Wahrscheinlichkeit besteht, dass die in einer Periode zu entgeltenden Schäden nicht nur die vereinnahmten Prämien, sondern auch das vorhandene Sicherheitskapital aufzehren.[261] Infolgedessen beschäftigt sich das Risikomanagement in einem Versicherungsunternehmen zwangsläufig mit den Auswirkungen sämtlicher Geschäftsaktivitäten auf die Risikoreserve.[262] Zur weiteren Auseinandersetzung mit der versicherungstechnischen Risikosituation werden nachfolgend die Ansätze von HELTEN, ALBRECHT/SCHWAKE, FARNY sowie BAKER miteinander verglichen, die zur Erklärung des versicherungstechnischen Gesamtrisikos dessen Einzelbestandteile untersuchen.[263]

HELTEN unterteilt das versicherungstechnische Risiko in die Komponenten Diagnoserisiko und Prognoserisiko.[264] Das *Diagnoserisiko* ergibt sich, da ein Versicherer auf Basis in der Vergangenheit realisierter Schadendaten auf die zugrunde liegende Schadenverteilung schließt. Dieser Schluss beinhaltet jedoch die Gefahr einer Fehldiagnose, da sich anhand der historischen

---

[255] Die Versicherungsprämie bzw. der Versicherungsbeitrag.

[256] Vgl. z. B. DELISLE (1988); HALLER (1988), S. 561.

[257] Vgl. HARTUNG (2005), S. 177.

[258] Vgl. FLEMMING (1988), S. 667ff.

[259] Vgl. LIEBWEIN (2009), S. 19 sowie S. 39f.

[260] Vgl. hierzu die Ausführungen bei HARTUNG (2007), S. 160.

[261] Vgl. ALBRECHT/SCHWAKE (1988), S. 652.

[262] Vgl. HEILMANN/KARTEN (1988), S. 659.

[263] Es finden sich weitere davon verschiedene Unterteilungen, die eher dem Vokabular und dem Verständnis der Versicherungspraxis folgen, aber insofern mit theoretischen Defiziten einhergehen, als ihre Kategorisierungen nicht trennscharf sind. Vgl. hierzu u. a. HARTUNG (2007), S. 74.

[264] Vgl. HELTEN (1991), S. 186ff. und HELTEN (1973), S. 45–50.

Informationen nicht zwangsläufig die „wahre" Gesetzmäßigkeit des Schadenursachensystems offenbart und die Schätzung fehlerhaft sein kann.[265] Das *Prognoserisiko* ergibt sich aus der Unsicherheit, dass die Schätzung des zukünftigen Schadenverlaufs auf Basis der angenommenen Schadenverteilung nicht notwendigerweise das tatsächlich realisierte Ergebnis trifft. Zum einen führt der aufgrund des stochastischen Charakters des Versicherungsgeschäfts zufällige Schadeneintritt immer zu Abweichungen vom prognostizierten Schadenverlauf.[266] Zum anderen wird bei einer Prognose mittels Vergangenheitsdaten eine Zeitstabilität der Schadengesetzmäßigkeiten unterstellt, die wiederum nicht gegeben sein muss und daher zur Fehlprognose des Schadenbedarfs führen kann.

ALBRECHT/SCHWAKE hingegen führen das versicherungstechnische Risiko auf die Existenz von Zufalls- und Irrtumsrisiko zurück.[267] Aufgrund ihrer Zufallsabhängigkeit kann die Summe der Schäden der zu betrachtenden Periode die vorhandenen finanziellen Mittel übersteigen – das ist das Zufallsrisiko. Das Irrtumsrisiko ergibt sich aus der „unvollständigen Information über die wahre Schadengesetzmäßigkeit des versicherten Bestandes".[268] Dieser Irrtum kann wie bei HELTEN auf eine fehlerhafte Diagnose beim (induktiven) Schluss auf die Schadenverteilung zurückgehen oder auf einer fehlerhaften Prognose der zukünftigen Schadengesetzmäßigkeit beim deduktiven Schluss basieren.[269]

FARNY differenziert dagegen die Ursachen der Abweichung des tatsächlichen Gesamtschadens vom Schadenerwartungswert.[270] Das versicherungstechnische Risiko wird dafür in seine Bestandteile Zufallsrisiko, Irrtumsrisiko und Änderungsrisiko zerlegt.[271] Unter dem *Zufallsrisiko* werden die Abweichungen zusammengefasst, die sich als Folge der zufälligen Ausprägungen der eingetretenen Schäden ergeben.[272] Als *Irrtumsrisiko* bezeichnet FARNY die Möglichkeit, dass die Abweichung aufgrund einer fehlerhaften Schätzung des stochastisch beschriebenen Zusammenhangs auftritt. Diese ergibt sich aufgrund unvollständiger Informationen, mit denen das Versicherungsunter-

---

265 Vgl. HARTUNG (2005), S. 183.
266 Vgl. HELTEN (1991), S. 187.
267 Vgl. ALBRECHT/SCHWAKE (1988), S. 652f.
268 ALBRECHT/SCHWAKE (1988), S. 652.
269 Vgl. ALBRECHT/SCHWAKE (1988), S. 653.
270 Vgl. FARNY (2011), S. 79.
271 Vgl. FARNY (2011), S. 83f.
272 Vgl. FARNY (2011), S. 85.

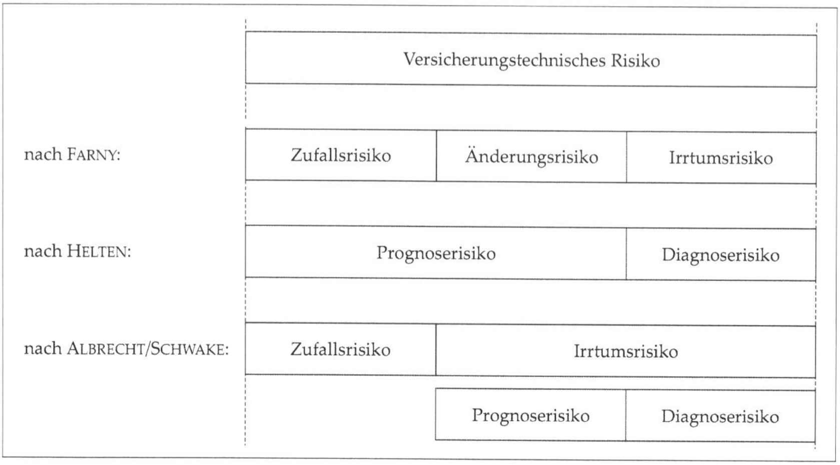

Abbildung 2-9: Unterteilung des versicherungstechnischen Risikos nach FARNY, HELTEN und ALBRECHT/SCHWAKE

nehmen arbeitet.[273] Die dritte Komponente, das *Änderungsrisiko*, existiert, da sich die den Schadeneintritt und die Schadenhöhe beeinflussenden Zusammenhänge (die sogenannten Risikoursachensysteme) über die Zeit ändern können. Im Falle einer solchen Zeitinstabilität ändern sich die versicherten Risiken im Zeitraum zwischen Tarifierung und Schadenauszahlung derart, dass die tatsächliche Schadengesetzmäßigkeit von der erwarteten Schadenverteilung abweicht. Dies gilt nur für nicht absehbare Änderungen der Schadengesetzmäßigkeit. Vorhersehbare Änderungen sind in der Prämienkalkulation zu berücksichtigen und gehören somit nicht zum Änderungsrisiko.[274]

Die Erklärungsansätze von FARNY und HELTEN lassen sich ineinander überführen. Dabei entspricht das Irrtumsrisiko weitestgehend dem Diagnoserisiko. Das Prognoserisiko besteht aus Zufalls- und Änderungsrisiko.[275] Auch die

[273] Vgl. FARNY (2011), S. 93. Nicht zum Irrtumsrisiko zählen folglich Fehler bei der Auswertung des statistischen Materials oder eine planmäßige Untertarifierung. Diese sind dem operationalen Risiko des Versicherungsunternehmens zuzuordnen. Es handelt sich um eine eigene Risikokategorie, die nicht zum versicherungstechnischen Risiko zählt.

[274] Vgl. FARNY (2011), S. 89f.

[275] Vgl. z. B. HARTUNG (2005), S. 184.

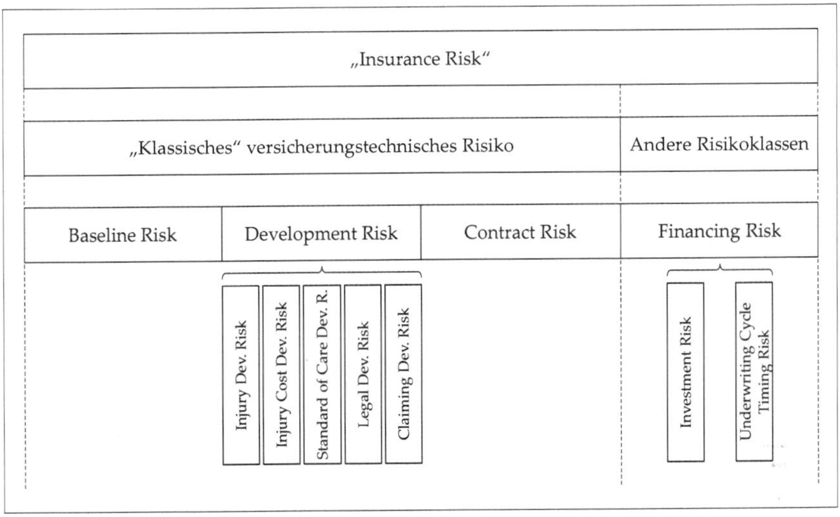

Abbildung 2-10: Das „Insurance Risk" nach BAKER

von ALBRECHT/SCHWAKE vorgenommene Unterteilung lässt sich in diesen Zusammenhang einordnen (Abbildung 2-9).

Eine sich von den klassischen Ansätzen unterscheidende Betrachtung des versicherungstechnischen Risikos nimmt BAKER vor, dessen Analyse vor allem auf die Haftpflichtversicherung fokussiert und insofern für diese Ausarbeitung von besonderem Interesse ist. Sein Risikobegriff des *Insurance Risk* wird in die Bestandteile *Baseline Risk*, *Development Risk*, *Contract Risk* und *Financing Risk* unterteilt.[276] Abbildung 2-10 illustriert, dass die Kombination der ersten drei Elemente weitestgehend dem versicherungstechnischen Risiko nach der oben geschilderten Auffassung entspricht. Darüber hinaus wird das Element des Financing Risk ebenfalls als arteigenes Risiko der Versicherung präsentiert. Allerdings handelt es sich hierbei aus risikotheoretischer Sicht nicht um versicherungstechnisches Risikos im Sinne der oben vorgestellten Definition. Sondern diese Komponente beinhaltet Elemente des operationalen Risikos und des Kapitalanlagerisikos.[277]

[276] Vgl. BAKER (2004), S. 129.

[277] Der Begriff des Insurance Risk beinhaltet demnach einen größeren Definitionsumfang als allgemein unter dem versicherungstechnischen Risiko verstanden wird.

Unter *Baseline Risk* wird das versicherungstechnische Risiko auf Basis der in der Vergangenheit beobachteten Schadengesetzmäßigkeit verstanden. Wie in Abbildung 2-11 skizziert bezeichnet es somit die Vereinigung von Zufalls- und Irrtumsrisiko nach FARNY. Mit *Development Risk* beschreibt BAKER Formen des Änderungsrisikos und unterscheidet die Kategorien *Injury Development Risk*, *Injury Cost Development Risk*, *Standard of Care Development Risk*, *Legal Development Risk* und *Claiming Development Risk*. *Injury Development Risk(s)* bezieht/-en sich auf mögliche Veränderungen der Versicherungsfälle.[278] Diese können aus geänderten Risikobedingungen resultieren oder sich in veränderten Schadenbildern bemerkbar machen und sich auf diesem Wege in einer erhöhten Schadenanzahl und einem erhöhten Schadenumfang niederschlagen.[279] Mögliche Veränderungen der Schadenzusammensetzung werden unter der Kategorie *Injury Cost Development Risks* zusammengefasst. Unter der Bezeichnung *Standard of Care Development Risk* wird eine Veränderung der Sorgfaltspflichten bzw. Standesregeln verstanden, anhand derer überprüft wird, ob das zu einem mutmaßlichen Schadenereignis führende Handeln einer Person lege artis war oder ob sich aus der Handlung eine Haftung und damit letztlich ein versicherter Schaden begründet. Der Bereich des *Legal Development Risk* bezeichnet das Risiko der Veränderung der Schadengesetzmäßigkeiten aufgrund geänderter Rechtsprechung bzw. Rechtslegung. Mit *Claiming Development Risk* wird die Gefahr einer Abweichung der Schäden aufgrund Änderungen des Anspruchsverhaltens bzw. Klageverhaltens der Menschen bezeichnet.

Als letzte Teilkomponente des versicherungstechnischen Risikos nach BAKER wird die Unsicherheit bezüglich des Deckungsumfangs unter der Bezeichnung *Contract Risk* erfasst. Schließlich ist es möglich, dass durch die Rechtsprechung der Deckungsumfang eines Versicherungsvertrags anders ausgelegt wird als vom Versicherer bei Abschluss beabsichtigt.[280] Aufgrund einer solchen interpretatorischen Erweiterung des Deckungsumfangs kann es zu einer erhöhten Schadenbelastung des Versicherers kommen. Das Contract Risk kann demnach genauso als Teil des Änderungsrisikos nach FARNY verstanden werden wie der Bereich des Development Risk. Mit der starken Fokussierung auf die Änderungen der Schadengesetzmäßigkeiten unterstreicht BAKER

[278] Vgl. BAKER (2004), S. 131.
[279] Vgl. LAHNSTEIN (2014), S. 53.
[280] Vgl. RIBNER (1989), S. 764f.

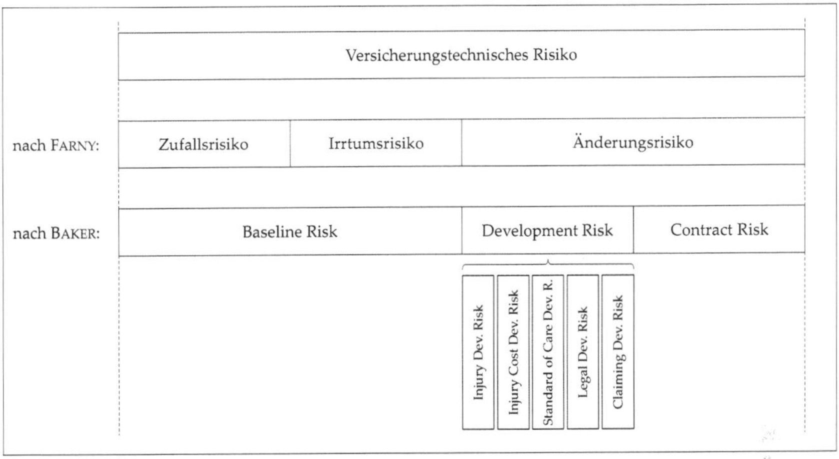

Abbildung 2-11: Das versicherungstechnische Risiko nach BAKER

die Wichtigkeit dieser Komponente bei der Auseinandersetzung mit dem versicherungstechnischen Risiko in der Haftpflichtversicherung.

Das im Vergleich zur klassischen Definition zusätzliche Element des *Financing Risk* besteht aus den beiden Teilkomponenten *Underwriting Cycle Timing Risk* und *Investment Risk.* Unter Ersterem versteht man das Risiko, dass sich der risikotechnisch adäquate Preis am Versicherungsmarkt nicht erzielen lässt und das Versicherungsunternehmen den Versicherungsschutz wissentlich zu untertarifierten Preisen verkaufen muss.[281] Dieses Marktzyklus genannte Phänomen macht sich über die Zeit als Abfolge von Hochpreis- und Niedrigpreisphasen bemerkbar.[282] In Hochpreisphasen erwirtschaftet das Versicherungsunternehmen überdurchschnittlich hohe Margen. Auf der anderen Seite resultiert das Preisniveau in Niedrigpreisphasen in einer systematischen Untertarifierung, die zu negativen Deckungsbeiträgen des Versicherungsgeschäfts führt. Nach klassischer Auffassung ist dieser Aspekt dem operationalen Risiko des Versicherungsunternehmens zuzuordnen.

Der zweite Bestandteil des Financing Risks wird als *Investment Risk* bezeichnet. Während der potenziell langen Zeitspanne zwischen Prämieneinnahme

---

[281] Vgl. SCHNIEPER (2005); FUNG ET AL. (1998); WANG ET AL. (2010).

[282] Vgl. BAKER (2004), S. 141; WANG ET AL. (2010), S. 5.

und Schadenauszahlung kann ein Versicherungsunternehmen die eingenommenen Geldmittel zur Erwirtschaftung planmäßiger Erträge anlegen, weshalb der Versicherer bei der Tarifierung die erwarteten Zinseinnahmen berücksichtigt. Dabei besteht jedoch die Gefahr, dass das Unternehmen die erwarteten Kapitalerträge nicht erwirtschaftet und die Schäden höher ausfallen als die vorhandenen Geldmittel.[283] Dieser Bereich wäre nach klassischer Auffassung ein Teil des Kapitalanlagerisikos, während BAKER ihn dem arteigenen Versicherungsrisiko zuordnet.

Letztlich muss in einer kritischen Würdigung beachtet werden, dass BAKERS Ansatz nicht trennscharf zwischen den einzelnen Teilkomponenten abgrenzt – ein Nachteil, der sich in einer Interdependenz einzelner Teilkomponenten äußert. Im Gegenzug geht der Ansatz speziell auf die Gegebenheiten der Haftpflichtversicherung ein, die hier von besonderem Interesse ist. So wird die für die Sparte charakteristische Rolle des Änderungsrisikos unterstrichen. Aufgrund des engen Zusammenhangs von Änderungsrisiko und Schadeninflation ergeben sich einige vorteilhafte Aspekte in Bezug auf die Definition des Inflationsrisikos. Darauf wird nachfolgend näher eingegangen.

2.4.2 Definitionsansatz für das Inflationsrisiko

2.4.2.1 Erklärung und Definition des Inflationsrisikos

Da zum Zeitpunkt der Prämienberechnung und Risikokapitalfestsetzung die tatsächlichen Veränderungen des Schadenursachensystems noch unbekannt sind, sind der Wert der Schadeninflation und damit die tatsächliche Schadenverteilung nicht bekannt. In die Bemessung von Prämie und Risikokapital geht die Schadeninflation daher als Schätzgröße ein. Erhöhen die Änderungen des Schadenursachensystems den Gesamtschaden stärker als erwartet, fällt auch die Schadeninflation höher aus. Dies führt zu einem Auseinanderfallen erwarteter und tatsächlicher Gesamtschadenverteilung und das Versicherungsunternehmen nimmt im Erwartungswert eine zu geringe Prämie ein.[284]

Wie Abbildung 2-12 veranschaulicht, reicht dann das zur Steuerung des versicherungstechnischen Risikos bereitgestellte Kapital nicht aus, um die

[283] Vgl. BAKER (2004), S. 141.
[284] Vgl. D'ARCY (1981), S. 116.

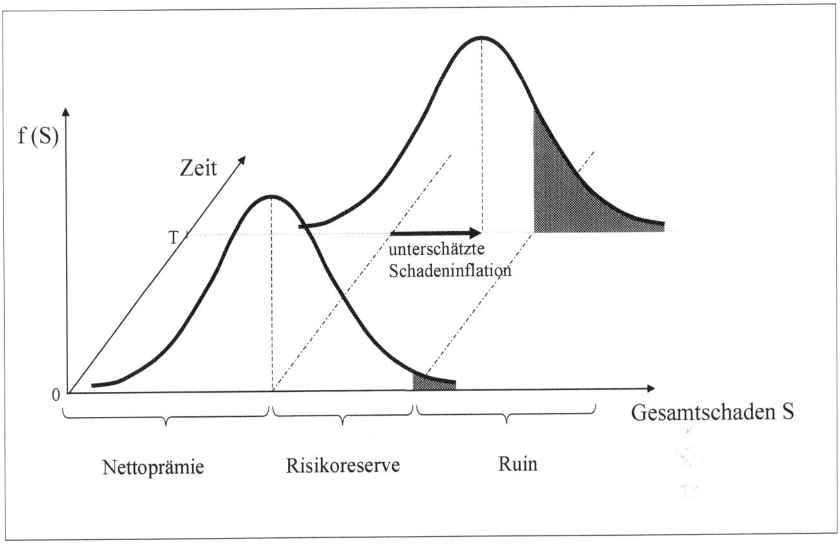

Abbildung 2-12: Auswirkung der unterschätzten Inflation auf die Schadenverteilung

angestrebte Ruinwahrscheinlichkeit des Unternehmens sicherzustellen. Sind die Schäden größer als die Summe aus Prämieneinnahmen und Risikokapital, manifestiert sich das Inflationsrisiko im versicherungstechnischen Ruin.

Für den Versicherer ist die Inflationsschätzung daher mit einem Risiko verbunden, das aus der Ungewissheit über das mit einer Inflationsunterschätzung einhergehende Auseinanderfallen erwarteter und tatsächlicher Schadenverteilung entsteht. Insofern ist die Auseinandersetzung mit der Schadeninflation auch im Rahmen des versicherungstechnischen Risikomanagements von Relevanz. Da Risiko jedoch zwei Dimensionen umfasst – Zielabweichung und Informationsdefizit[285] – verlangt die Analyse des Inflationsrisikos eine Auseinandersetzung in beiden Dimensionen, die im Folgenden separat betrachtet werden.

Grundsätzlich hält ein Unternehmen zur Steuerung des versicherungstechnischen Risikos eine Risikoreserve vor.[286] Wie Abbildung 2-12 illustriert, führt

---

285 Vgl. HELTEN (1991), S. 130 bzw. Abschnitt 2.4.1.1.

286 Vgl. HEILMANN/KARTEN (1988), S. 659.

eine Inflationsunterschätzung jedoch zur Kapitalinsuffizienz.[287] Anhand dieses Zusammenhangs lässt sich das mit einer Schadeninflation einhergehende Risiko formal beschreiben. Dazu wird die Kapitalposition des Versicherers in Abhängigkeit von der Inflationsunterschätzung untersucht. Da die Risikoreserve die finanzielle Zielgröße des versicherungstechnischen Risikos ist,[288] bietet sich eine Überprüfung der Kapitalposition anhand des Vergleichs der Soll-Kapitalausstattung mit der tatsächlich vorhandenen Risikoreserve an. Mit dem *Soll-Kapital* wird die aufgrund der tatsächlichen Schadeninflation notwendige Risikoreserve bezeichnet. Das *Ist-Kapital* beschreibt hingegen die tatsächlich verfügbaren Mittel. Für deren Vergleich bildet man den Quotienten UK, der im Fall von $UK > 1$ eine inflationsbedingte Unterkapitalisierung beschreibt:

$$UK = \frac{\text{Soll-Kapital}}{\text{Ist-Kapital}}. \tag{2-52}$$

Um auf das Inflationsrisiko zu schließen, wird nachfolgend untersucht, wie die Differenz zwischen Soll- und Ist-Kapitalausstattung zustande kommt. Dazu wird von einem idealisierten, minimalen Rückversicherungsunternehmen ausgegangen, das einen Schadenexzedentenvertrag zum Zeitpunkt $t = 0$ zeichnet. Der Betrachtungszeitraum des Modells ist die Periode der Schadenabwicklung und -auszahlung über T Jahre. Des Weiteren wird davon ausgegangen, dass das Unternehmen die Risikoreserve anhand des Value at Risk (VaR) zum Konfidenzniveau $1 - \alpha$ der Verlustgröße L bemisst.[289] Dann stellt das Risikokapital sicher, dass ein Verlust in Höhe des VaR durch die finanziellen Mittel des Unternehmens getragen werden kann. Unter Anwendung des bei KORYCIORZ als versicherungstechnisches Standardmodell bezeichneten

[287] Vgl. ALBRECHT (2003), S. 8 und S. 27ff. zur Konzeption von Risikomaßen, die Risiko als notwendiges Kapital definieren. Erkennt man an, dass bei einer unterschätzten Schadeninflation das notwendige Kapital größer wird, impliziert dies ein vergrößertes Risiko.

[288] Vgl. Abschnitt 2.4.1.2.

[289] Vgl. z. B. KORYCIORZ (2004), S. 67f. sowie zur Würdigung des Value at Risk als Bemessungsgröße für das Risikokapital HARTUNG (2007), S. 112f. Zur detaillierten Auseinandersetzung mit dem Value at Risk und weiteren Risikomaßen wird auf ALBRECHT (2003) sowie ACERBI/TASCHE (2002) verwiesen.

Vorgehens ergibt sich die Verlustgröße L zu

$$L = S - P, \tag{2-53}$$

wobei die Kosten für den Versicherungsbetrieb unberücksichtigt bleiben.[290] Der Verlust ergibt sich aus der Differenz der beiden Ergebnisgrößen Prämieneinnahmen P und Gesamtschaden S. Während der Gesamtschaden S eine zufallsabhängige Größe darstellt, ist die Prämie P vorab bekannt. Daraus folgt für das Risikokapital R:[291]

$$\begin{aligned} R &= \mathrm{VaR}_\alpha (L) \\ &= \mathrm{VaR}_\alpha (S) - P. \end{aligned} \tag{2-54}$$

Um das Inflationsrisiko isoliert von anderen Risikoeinflüssen zu untersuchen, werden im Folgenden das Irrtumsrisiko und das Zufallsrisiko in der Betrachtung außen vor gelassen. Dies gelingt, indem

- zum einen die Diagnose der Schadenverteilung zum Zeitpunkt $t = 0$ als zutreffend angenommen wird. Das heißt, dass die Zusammenhänge des Schadenursachensystems zunächst richtig erfasst werden.
- Zum anderen wird davon ausgegangen, dass sich als Schadenlast der Erwartungswert der Schadenverteilung realisiert. Es gibt insofern keine zufallsbedingte Abweichung von der erwarteten Schadenlast. Folglich resultiert das Prognoserisiko alleine aus der Verschätzung der Schadeninflation.
- Zum Tarifierungszeitpunkt existiert nur die erwartete Schadenverteilung S_E. Die tatsächliche Schadenverteilung S_z realisiert sich erst ex post.

Das Modell baut des Weiteren auf den folgenden Annahmen auf:

- Abwicklung und Auszahlung aller Layerschäden vollziehen sich entlang desselben Auszahlungsmusters $p(i)$ mit $\sum_{t=1}^{T} p(i) = 1$.[292]
- Alle Zahlungen erfolgen einmal jährlich zum Jahresende. Die Prämie wird in $t = 0$ bezahlt.

---

[290] Vgl. KORYCIORZ (2004), S. 67.
[291] Vgl. KORYCIORZ (2004), S. 68.
[292] Vgl. SCHMIDT (2004b), S. 15ff.

- Sowohl die Diskontierung als auch die Kapitalanlage erfolgt risikofrei zum Zinssatz r, sodass keine zusätzlichen Kapitalanlagerisiken in die Betrachtung integriert werden.

- Außerdem wird die Prämie ohne Sicherheitszuschlag betrachtet, da dieser gemäß ALBRECHT auch im Risikokapital berücksichtigt werden kann.[293] Somit entspricht die Prämie P dem Erwartungswert der Gesamtschadenverteilung.

- Zur Prämienermittlung wird der Schadenerwartungswert entlang des Auszahlungsmusters diskontiert. Die Prämieneinnahme zu Vertragsbeginn P_D beträgt daher

$$P_D = \mathrm{E}(S_E) \sum_{i=1}^{T} p(i)(1+r)^{-i}, \tag{2-55}$$

  wobei der Diskontierungsfaktor D_P sich über

$$P_D = \frac{P}{D_P} \tag{2-56}$$

  ermittelt.

- Das Risikokapital muss erst zum Zeitpunkt T in vollem Umfang vorhanden sein und wird ebenfalls diskontiert zu

$$R_D = R(1+r)^{-T} \tag{2-57}$$

  bereitgestellt.

Das mit R_T bezeichnete *Ist-Kapital* zum Zeitpunkt T wird ermittelt, indem die in $t = 0$ eingenommenen und bereitgestellten Mittel um die Zinserträge über den Abwicklungszeitraum erhöht und um die Schadenzahlungen im selben

[293] Vgl. ALBRECHT (1982), S. 531.

Zeitraum reduziert werden:[294]

$$
\begin{aligned}
R_T &= (P_D + R_D)(1+r)^T - \mathrm{E}(S_z)\sum_{i=1}^{T} p(i)(1+r)^{T-i} \\
&= R + (\mathrm{E}(S_E) - \mathrm{E}(S_z))\sum_{i=1}^{T} p(i)(1+r)^{T-i}\,.
\end{aligned}
\tag{2-58}
$$

Bei Inflationsunterschätzung steigt der Erwartungswert der Schadenverteilung, sodass $\mathrm{E}(S_E) < \mathrm{E}(S_z)$ gilt. Damit folgt aus Gleichung 2-58 unmittelbar $R_T < R$. Das heißt, die in T vorhandene Risikoreserve fällt geringer aus als geplant, da jede Schadenzahlung um die verschätzte Inflation erhöht wird. Infolgedessen sind die Schadenauszahlungen höher als erwartet und der Zinsertrag wird reduziert, da das Kapital nicht mehr so lange zum Zinssatz r angelegt werden kann wie ursprünglich eingeplant.

Das *Soll-Kapital* als Vergleichsgröße bezieht sich auf die Verlustfunktion zum Zeitpunkt T. Es beträgt

$$
\mathrm{VaR}_\alpha(L_z) = \mathrm{VaR}_\alpha(S_z) - \mathrm{E}(S_E)\,. \tag{2-59}
$$

Dann lässt sich der Einfluss der Inflationsunterschätzung analysieren, indem die resultierende relative Unterkapitalisierung anhand des Zusammenhangs

$$
\begin{aligned}
UK &= \frac{\mathrm{VaR}_\alpha(L_z)}{R_T} \\
&= \frac{\mathrm{VaR}_\alpha(S_z) - \mathrm{E}(S_E)}{R + (\mathrm{E}(S_E) - \mathrm{E}(S_z))\sum_{i=1}^{T} p(i)(1+r)^{T-i}}
\end{aligned}
\tag{2-60}
$$

294 Der Gleichungszusammenhang lässt sich wie folgt herleiten: Es wird Kapital in Höhe von K_0 über einen Zeitraum von T Jahren angelegt. Es erfolgen jährliche Auszahlungen in Höhe von $Z(i) = p(i)\cdot \mathrm{E}(S)$. Das Kapital in T beträgt also

$$
\begin{aligned}
K_T &= (((K_0(1+r) - Z_1)(1+r) - Z_2)(1+r) - \ldots - Z_{T-1})(1+r) - Z_T \\
&= K_0(1+r)^T - \mathrm{E}(S)\sum_{i=1}^{T} p(i)(1+r)^{T-i}\,.
\end{aligned}
$$

betrachtet wird. An der Gleichung lassen sich im Falle einer Inflationsunterschätzung zwei nachteilige Effekte ablesen. Zum einen wird das Risikokapital planmäßig zu niedrig angesetzt, da die Momente der Schadenverteilung unterschätzt werden. Darüber hinaus ist das vorhandene Risikokapital kleiner als geplant, weil die planmäßigen Zinsen wegen der durch die Inflation beschleunigten Schadenauszahlung nicht erwirtschaftet werden können. Die Geldmittel des Rückversicherungsunternehmens reichen in diesem Fall nicht aus, um die angestrebte Soll-Kapitalausstattung sicherzustellen. Eine Unterschätzung der Schadeninflation wirkt sich somit auf die Gesamtrisikosituation des Versicherungsunternehmens aus.

Definiert man einen Inflationsprognosefehler e_z mit

$$e_z = \frac{\mathrm{E}\left(S_z\right)}{\mathrm{E}\left(S_E\right)}, \qquad (2\text{-}61)$$

der die Differenz zwischen erwarteter und tatsächlicher Schadenverteilung erklärt, tritt eine Abhängigkeit der Unterkapitalisierung des Unternehmens vom Inflationsprognosefehler zutage. Somit beschreibt die Funktion UK die Zielabweichungsfunktion des Inflationsrisikos. Sie ist für das Verständnis des Schadeninflationsrisikos von besonderer Relevanz. Durch die Inflationsunterschätzung wird einerseits die Verpflichtung zur Risikoreservebildung erhöht, während andererseits mit dem geringeren Zinsertrag eine Verringerung des planmäßig vorhandenen Kapitals einhergeht. Damit reicht das Inflationsrisiko über den Bereich des klassischen versicherungstechnischen Risikos hinaus. Es ist insofern nicht mit dem versicherungstechnischen Änderungsrisiko gleichzusetzen, offenbart die Modellbeschreibung doch eine Schnittmenge mit dem Kapitalanlagerisiko.

Das *Schadeninflationsrisiko* kann demnach definiert werden als das Risiko, dass infolge einer unterschätzten Schadeninflation die Prämieneinnahmen und das vorhandene Risikokapital zu gering bemessen sind, um die Schäden der Versicherungsperiode plangemäß zu bedecken. Wie aus der Gegenüberstellung in Abbildung 2-13 ersichtlich ist die Definition umfassender als bei HELTEN oder FARNY. Risikotheoretisch kann das *Inflationsrisiko* demnach als Kombination des *Änderungsrisikos* nach FARNY und (einem Teil) des *Investment Risk* nach BAKER eingeordnet werden.

Zusammenfassend gilt für die Zielabweichungsdimension des Inflationsrisikos: Je deutlicher die Unterschätzung der Inflation ausfällt, desto größer ist die

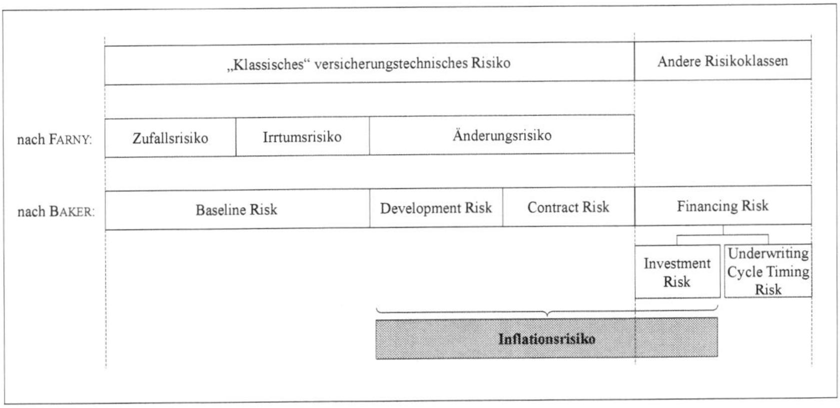

Abbildung 2-13: Risikotheoretische Einordnung des Inflationsrisikos

resultierende Unterkapitalisierung. Die konkrete Abhängigkeitsstruktur ist das Ergebnis des Zusammenspiels einer Reihe von Faktoren. Beispielhaft seien hier das Auszahlungsmuster und die Gestalt der Schadenverteilung genannt. Nun kann mit dieser Beschreibung das Inflationsrisiko zwar erklärt und die Auswirkungen einer Inflationsverschätzung verdeutlicht werden, jedoch fehlt eine Aussage darüber, wie (un)gewiss ein hoher bzw. niedriger Inflationsprognosefehler auftritt. Doch erst die gemeinsame Betrachtung inflationsbedingter Unterkapitalisierung und der Frage, wie unsicher eine Zielerreichung bzw. Zielabweichung ist, erlaubt ein Verständnis des mit der Schadeninflation verbundenen Risikos.

Die Diskussion der Unsicherheitskomponente in Bezug auf die Inflationsschätzung erfolgt in zwei Schritten. Zunächst wird der Forschungsstand zur Modellierung der Schadeninflation präsentiert und dabei der Frage nach der Quantifizierbarkeit des Inflationsrisikos nachgegangen. Danach wird gezeigt, dass das Inflationsrisiko in zwei Dimensionen zu betrachten ist. Zu diesem Zweck wird zunächst auf die Dimension der Zielabweichung eingegangen. Eine Bewertung der Dimension des Informationsdefizits wird in Kapitel 4 vorgenommen.

2.4.2.2 Quantifizierbarkeit

Die Quantifizierung des Risikos erfolgt in diesem Fall mit dem Ziel, eine ausreichende Bemessung an Sicherheitsmitteln sicherzustellen. Dabei verfügt ein Versicherungsunternehmen über eine gewisse Flexibilität, denn abgesehen von der regulatorisch vorgegebenen Mindestkapitalausstattung kann die Höhe einer risikopolitisch begründeten Eigenkapitalausstattung vom Unternehmen frei entschieden werden.[295] Allgemein richtet sich diese nach den Erkenntnissen der Risikomodellierung, mit der die Risikolage des Versicherungsunternehmens versucht wird abzubilden.[296]

Es ist denkbar, diesen Ansatz auf das Inflationsrisiko auszuweiten, um es als Teil des Gesamtrisikos im Risikokapital zu berücksichtigen. Dazu bedarf es eines Modells, mit dem sich die Unsicherheit bezüglich der Inflationsschätzung in einen Kapitalbedarf übersetzen lässt.[297] Dann würde ein Teil des Risikokapitals dafür bereitgestellt, eine Unterschätzung der Schadeninflation aufzufangen. Bei einer Risikosteuerung mittels Eigenkapitalunterlegung muss in der Modellierung die zugrunde liegende Gesetzmäßigkeit adäquat abgebildet werden.[298] Gelänge es, eine statistische Aussage über die Streuung der Schadeninflation um ihre Schätzung zu ermitteln, ließe sich die Inflation beispielsweise als stochastischer Prozess beschreiben und quantitative Aussagen über die Unsicherheit der Inflationsschätzung wären möglich.

Während für die allgemeine Inflationsrate Modelle zur stochastischen Abbildung verwendet werden,[299] merken RAVIN/FOWLDS an, dass derzeit kein Modell geeignet sei, die Schadeninflation adäquat abzubilden.[300] Dennoch finden sich in der einschlägigen Literatur Ansätze zur Abbildung der Schadeninflation über eine stochastische Modellierung.[301] Dabei greifen die Autoren auf Modellierungsansätze für die allgemeine Inflationsrate zurück und verwenden die dort unterstellten stochastischen Eigenschaften für die Bewertung des Risikos der Schadeninflation. Für die Kalibrierung seines autoregressiven Inflationsmodells verwendet CLARK die historisch zu beobachtende Gesundheitskostenkomponente des Inflationsindexes. JOHN ET AL. sowie BOHNERT

[295] Vgl. FARNY (2011), S. 569. Ein Risikomaß kann jedoch nur ein Teil eines Entscheidungsmodells sein (vgl. HARTUNG (2007), S. 96).
[296] Vgl. HARTUNG (2007), S. 89.
[297] Vgl. RAVIN/FOWLDS (2010), S. 42.
[298] Vgl. HARTUNG (2007), S. 122ff.
[299] Vgl. z. B. WILKIE (1984) und (1995); CLARKSON (1991); WHITTEN/THOMAS (1999).
[300] Vgl. RAVIN/FOWLDS (2010), S. 44.
[301] Vgl. CLARK (2006), S. 64ff.; JOHN ET AL. (2013), S. 58ff.; BOHNERT ET AL. (2015), S. 7ff.

ET AL. ermitteln die „stochastische Auswirkung auf die [...] Reserven".[302] Die Autoren diskutieren zwei Wege der Modellierung. Zum einen wird das Inflationsmodell aus offiziell veröffentlichten historischen Inflationsindizes abgeleitet,[303] zum anderen die Schadeninflation aus den historischen Schadendaten gewonnen und dieser eine stochastisch erklärbare Gesetzmäßigkeit unterstellt.[304]

Zur Evaluation dieser Modellierungsvorschläge sind diverse Fragen zu adressieren, denn bildet das Modell zur Bewertung des Inflationsrisikos das Risiko nicht adäquat ab, würde die stochastische Modellierung de facto zu einer Risikoumschichtung im Sinne eines steigenden Modellrisikos führen.[305] Insofern stellt sich die Frage, ob ein Modellierungsansatz für die Schadeninflation passend ist und die Schadenteuerung tatsächlich berücksichtigt wird. Immerhin argumentiert die Mehrzahl der Publikationen zu diesem Thema, dass sich mindestens die Superimposed Inflation kaum im Modell abbilden lässt und insofern die Modellierung der Schadeninflation nicht adäquat gelingt.[306] Ein Abwägen der Modellleistung in Bezug auf eine Quantifizierbarkeit geschieht anhand der nachfolgend besprochenen drei Aspekte.

Zuerst geht es in Bezug auf das Inflationsrisiko darum, die Differenz zwischen tatsächlicher und erwarteter Inflation zu modellieren,[307] also die Gesetzmäßigkeit des Prognosefehlers stochastisch zu erklären. Die Entwicklung eines adäquaten Modells bringt eine Reihe von Herausforderungen und einen hohen Komplexitätsgrad mit sich.[308] So ist zum einen zu klären, ob eine Abhängigkeit der Schadeninflation des Folgejahrs von der des aktuellen Jahrs, wie von den verwendeten Zeitreihenmodellen unterstellt, überhaupt gegeben ist. Ferner stellt sich die Frage, ob die Schadeninflation der jüngsten Jahre überhaupt bekannt ist. Diese kann schließlich nur retrospektiv unter größerem Aufwand ermittelt werden, während Prämienermittlung und Risikokapitalbemessung für das Folgejahr bereits im noch nicht abgelaufenen Vorjahr stattfinden.

---

302 JOHN ET AL. (2013), S. 67.

303 Vgl. JOHN ET AL. (2013), S. 63ff.; BOHNERT ET AL. (2015), S. 9.

304 Vgl. JOHN ET AL. (2013), S. 57ff. und S. 68; BOHNERT ET AL. (2015), S. 7f.

305 Vgl. HARTUNG (2005), S. 192.

306 Vgl. beispielsweise die Darstellungen von RAVIN/FOWLDS (2010), S. 42ff.; BRICKMAN ET AL. (2005), S. 31; PEARSON/ BEYNON (2007), S. 1.

307 Vgl. RAVIN/FOWLDS (2010), S. 42.

308 Vgl. im Folgenden ebd.

Da sich die vorgeschlagenen Modellierungsansätze vor allem auf die Preisinflation in einem gesamtwirtschaftlichen Kontext beziehen, ist zu klären, wie die Superimposed Inflation in diesen Modellen abgebildet wird.[309] Es finden sich dazu überwiegend kritische Kommentare in der Literatur dahingehend, dass die Superimposed Inflation kaum bis gar nicht in einem Inflationsmodell erfasst werde.[310] Diese kritische Haltung begründet sich durch das breit gefächerte Spektrum der Einflussfaktoren der Schadenteuerung. Schwierigkeiten bei der Modellierung bereiten weniger die Einflussfaktoren der Kosteninflation sondern vor allem die Änderungsinflation. Genau wie die Superimposed Inflation folgt diese keinem erklärbaren Verhalten, sondern offenbart sich als erratisch.[311] Oft bringt sie plötzliche und extreme Veränderungen mit sich und ist als externer Schock in der Modellwelt zu interpretieren. Diese Auffassung teilen auch DAYKIN ET AL., die die Nichtquantifizierbarkeit des Risikos inflationärer Schocks und des Rechtsänderungsrisikos hervorheben.[312] KARL ET AL. argumentieren ähnlich, indem sie herausstellen, dass die Zeitreihenmodelle zur Beschreibung der Konsumentenpreisinflation nicht auf die Schadenteuerung zu passen scheinen.[313]

Darüber hinaus wird in den Inflationsmodellen die Entwicklung der Schadenhäufigkeit qua Konzeption insofern nicht berücksichtigt, als die Kosteninflation lediglich die Entwicklung der Schadenhöhe erklärt. Es ist daher nachvollziehbar, dass RAVIN/FOWLDS anmerken, es sei kein Modell zur Abbildung der Schadeninflation bekannt.[314]

Zweitens zeigen KARL ET AL. über einen Zeitraum von 25 Jahren, dass die Entwicklung der makroökonomischen Kennzahlen Inflation, Lohnentwicklung und Wachstum der Gesundheitskosten die Schadenteuerung nur

309 Vgl. RAVIN/FOWLDS (2010), S. 11 und S. 42.

310 Vgl. RAVIN/FOWLDS (2010), S. 42ff.; BRICKMAN ET AL. (2005), S. 31; PEARSON/BEYNON (2007), S. 1.

311 Vgl. PEARSON/BEYNON (2007), S. 3.

312 Vgl. DAYKIN ET AL. (1996), S. 389f. Siehe dazu auch JANNOTT (1976), S. 419.

313 Vgl. KARL ET AL. (2010), S. 6f. sowie S. 11f.

314 Vgl. RAVIN/FOWLDS (2010), S. 44 und genauso PEARSON/BEYNON (2007), S. 2. Bei der Bewertung der Modelladäquanz ist des Weiteren zu adressieren, inwiefern die verwendeten Daten eine Unterscheidung zwischen erwarteter und unerwarteter Inflation zulassen, sodass eine Abschätzung der Gesetzmäßigkeit gelingt. Überdies stellt sich die Frage, ob und wie Kalenderjahr- und/oder Anfalljahreffekte modelliert werden.

unzureichend erklärt.[315] Dies führt zu der Schlussfolgerung, dass sich der Einfluss unabhängiger Zentralbanken und inflationsorientierter Geldpolitik zwar auf makroökonomischer Ebene niederschlägt, die Entwicklung der Haftpflichtschäden jedoch nur begrenzt davon abhängt.[316] Grundsätzlich gibt es eine positive Korrelation zwischen Versicherungsschäden und allgemeiner Kostenentwicklung. Schließlich hängt das Element der Kosteninflation von der Entwicklung der Preise für Güter und Dienstleistungen ab. Jedoch wird der durch die Änderungsinflation beschriebene Teil der Schadeninflation gerade nicht durch gesamtwirtschaftliche Konjunkturindikatoren abgebildet, sondern hat seinen Ursprung im komplexen Zusammenspiel der Einflussfaktoren anderer Schadenursachenbereiche.[317]

Als dritter Aspekt der Modellevaluation ist die potenziell lange Schadenabwicklungsdauer der Haftpflichtversicherung zu berücksichtigen. Für die Validität quantitativ gewonnener Zukunftsaussagen gilt, dass, je weiter der Betrachtungshorizont in die Zukunft reicht, die Aussagekraft quantitativer Methoden umso geringer ist und umso bedeutender die Betrachtung mittels qualitativer Methoden wird (Abbildung 2-14).[318] Zum Zeitpunkt der Tarifierung muss die Schadeninflation über den gesamten Abwicklungszeitraum geschätzt werden. Führt man sich die mögliche Länge dieses Prognosezeitraums vor Augen, so erscheint die Aussagekraft quantitativer Modelle zur Modellierung der Schadeninflation diskussionswürdig.

---

315 Vgl. KARL ET AL. (2010), S. 11f.

316 Vgl. KARL ET AL. (2010), S. 12. Besonders gravierend stellt sich dies für die Märkte USA und Kanada dar. Für die Versicherungsmärkte Deutschland, Frankreich und Japan ist die Korrelation stärker ausgeprägt.

317 Vgl. PEARSON/BEYNON (2007), S. 1. Die Zweifel an der Quantifizierbarkeit werden außerdem durch die bei KARL ET AL. beschriebenen Unterschiede zwischen den einzelnen Versicherungsmärkten erhärtet. Vor allem in den USA kann die Rechtsprechung großen Einfluss auf die Regulierung von Versicherungsschäden ausüben und allgemein von signifikanten Unwägbarkeiten geprägt sein. Das Rechtssystem sowie das Schadenersatzrecht gelten als sehr dynamisch, sodass die dortigen Entwicklungen einen größeren Einfluss auf die Schadenhöhe ausüben als in anderen Ländern. Die künftige Schadenauszahlung hängt eben nicht nur von der Teuerungsrate ab, sondern genauso von den Entwicklungen des Haftungsrechts (vgl. BAKER (2011), S. 529). Damit wird der Verdacht des Einflusses anderer Ursachenbereiche als der Kosteninflation auf die Entwicklung der Schadenteuerung erhärtet

318 Vgl. PILLKAHN (2007), S. 136f.

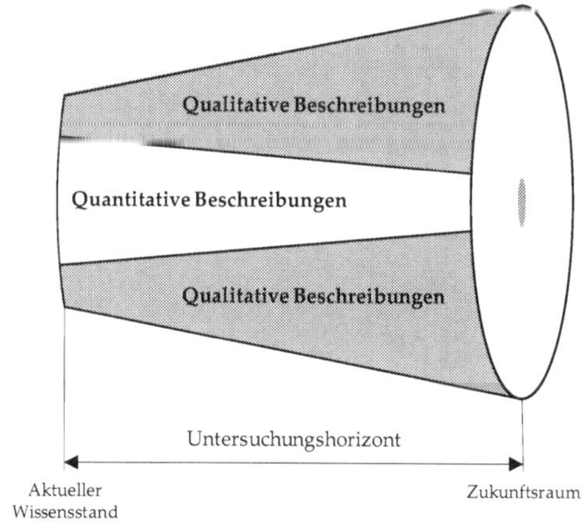

Abbildung 2-14: Zeitabhängige Betrachtung quantitativer und qualitativer Analysen[319]

Zudem wird bei der Modellkalibrierung den Beobachtungen der Vergangenheit eine Zeitstabilität unterstellt, mit der im Gegenzug die zukünftige Instabilität des Schadenursachensystems modelliert werden soll. Insofern ist zu hinterfragen, wie aufschlussreich die Vergangenheit hinsichtlich der zukünftigen Schadenteuerung sein kann.[320]

Vor diesem Hintergrund liegt die Vermutung nahe, dass eine Quantifizierung mittels stochastischer Modellierung eher eine subjektive Verfeinerung als eine adäquate Abbildung des Zusammenhangs darstellt. Es wäre eine Risikoumschichtung im Sinne eines steigenden Modellrisikos zu erwarten,[321] sodass eine Eigenkapitalunterlegung alleine wohl keine ausreichende Risikosteuerung bewirkt.

Das Abwägen der in der Literatur vertretenen Positionen führt daher zur Schlussfolgerung, dass eine Quantifizierung des Inflationsrisikos zur Eigenkapitalabdeckung eine Reihe von Problemen mit sich bringt. Gerade die Nichtabbildung der Änderungsinflation kann sich als gravierendes Defizit

[319] Darstellung in Anlehnung an PILLKAHN (2007), S. 137.
[320] Vgl. FELDBLUM (1988), S. 19.
[321] Vgl. HARTUNG (2005), S. 192.

der Modellleistung auswirken. Außerdem scheint eine Kalibrierung der Modellparameter schwierig, sodass die verfügbaren Modelle das Risiko einer unterschätzen Schadeninflation nur unzureichend abzubilden scheinen. Die These einer Nichtquantifizierbarkeit des Schadeninflationsrisikos wirkt daher plausibel und bildet die Grundlage für die weiteren Überlegungen vorliegender Arbeit. Aufgrund dieser Erkenntnisse muss ein alternativer Ansatz zur Risikosteuerung gefunden werden, der auf der qualitativen Klassifizierung des Informationsdefizits basiert.[322]

2.4.3 Analyse des Inflationsrisikos in zwei Dimensionen

2.4.3.1 Qualitative Betrachtung der Dimension des Informationsdefizits

Die Schwierigkeit einer Quantifizierung des Inflationsrisikos stellt kein Hindernis dar, das Risiko grundsätzlich zu beurteilen. Um das der Inflationsschätzung zugrunde liegende Informationsdefizit zu verstehen, ist das Augenmerk auf die Ungewissheit bezüglich der externen Umwelt zu lenken.[323]

Kein Wirtschaftssubjekt kann den Zusammenhang der es umgebenden Umwelt vollständig erfassen und die vorherrschenden Ursache-Wirkungs-Beziehungen in Gesamtheit identifizieren.[324] Dieses Wissensdefizit bezüglich aktueller oder zukünftiger Umweltsituationen wird allgemein mit dem Begriff der Unsicherheit bezeichnet.[325] Mit steigender Unsicherheit der Makroumwelt reduzieren sich die Möglichkeiten für ein Unternehmen, den Zusammenhang von Ursache und Wirkung zu identifizieren.[326] Entsprechend gestaltet es sich für ein Versicherungsunternehmen mit zunehmender Umweltunsicherheit schwieriger, das zukünftige Schadenursachensystem zu prognostizieren. Wie noch zu

322 Das soll allerdings nicht bedeuten, auf den Versuch einer Modellierung von vornherein zu verzichten. Allerdings sollte man sich der möglicherweise signifikanten Divergenz zwischen Modellwelt und tatsächlichem Verhalten der Schadeninflation bewusst sein und sich daher ebenso auf andere risikopolitische Instrumente konzentrieren.

323 Vgl. CARBONARA/CAIAZZA (2010), S. 38.

324 Vgl. FARNY (1992), S. 25.

325 Vgl. KREISER/MARINO (2002), S. 897; CARBONARA/CAIAZZA (2010), S. 38 sowie die dort angegebene Literatur. Vgl. zudem HELTEN (1991), S. 130 für die im deutschen Sprachgebrauch vorgeschlagene Abgrenzung zwischen den Begriffen Ungewissheit und Unsicherheit und darüber hinaus FARNY (1992), S. 25 über den Zusammenhang von Umwelt und Risiko.

326 Vgl. DUNCAN (1972), S. 318f.

zeigen ist, hängt das mit dem Inflationsrisiko verbundene Informationsdefizit maßgeblich von der Unsicherheit der Entschädigungsumwelt ab. Die Analyse der Risikodimension des Informationsdefizits wird in Kapitel 4 aufgegriffen und herausgearbeitet, wie die Informationen über die Unsicherheit der Umwelt zur Steuerung des Inflationsrisikos genutzt werden können.

2.4.3.2 Konkretisierung der Zielabweichung für die weitere Analyse

Die Risikodimension der Zielabweichung wird durch die Unterkapitalisierung abgebildet. Als Zielabweichungsfunktion erklärt UK die Abhängigkeit der Unterkapitalisierung von der Inflationsverschätzung. Wie Abbildung 2-15 illustriert, steigt die Unterkapitalisierung mit zunehmender Unterschätzung der Schadeninflation. Eine Inflationsunterschätzung erodiert insofern die Kapitalposition des Rückversicherers und kann zum technischen Ruin des Unternehmens führen. Diese Abhängigkeit wird durch den Einsatz risikopolitischer Instrumente verändert. Um im Weiteren zu untersuchen, wie das Inflationsrisiko reduziert werden kann, ist die Kenntnis der Zielabweichungsfunktion notwendig. Dafür bedarf es der Konkretisierung der Gesamtschadenverteilung. Wenngleich die Momente der Gesamtschadenverteilung des Rückversicherers verhältnismäßig leicht zu bestimmen sind, kann die Gestalt der Verteilung analytisch nicht ermittelt werden.[327]

Dennoch ist für die Diskussion über den zielgerichteten Einsatz der risikopolitischen Instrumente zur Reduktion des Inflationsrisikos das konkrete Verteilungsmodell nicht entscheidend. Deswegen wird im Folgenden ein normalverteilter Gesamtschaden unterstellt,[328] dessen Gestalt durch die bereits ermittelten Momente der Verteilung S^{RV} definiert wird.[329] Dann beträgt das

[327] Vgl. MACK (2002), S. 110.

[328] Vgl. HARDY (2004), S. 2. Die unterstellte Normalverteilung lässt sich theoretisch mit der Anwendung des zentralen Grenzwertsatzes begründen, denn bei steigendem $\mathrm{E}(N)$ konvergiert bei einer poissonverteilten Schadenzahl die Gesamtschadenverteilung gegen eine Normalverteilung (vgl. MACK (2002), S. 111). Einschränkend ist anzumerken, dass in der praktischen Umsetzung die Normalverteilung nicht umfänglich für die Modellierung eines Schadenexzedenten geeignet scheint.

[329] Zur Methode siehe auch SCHIRMACHER ET AL. (2005), S. 327.

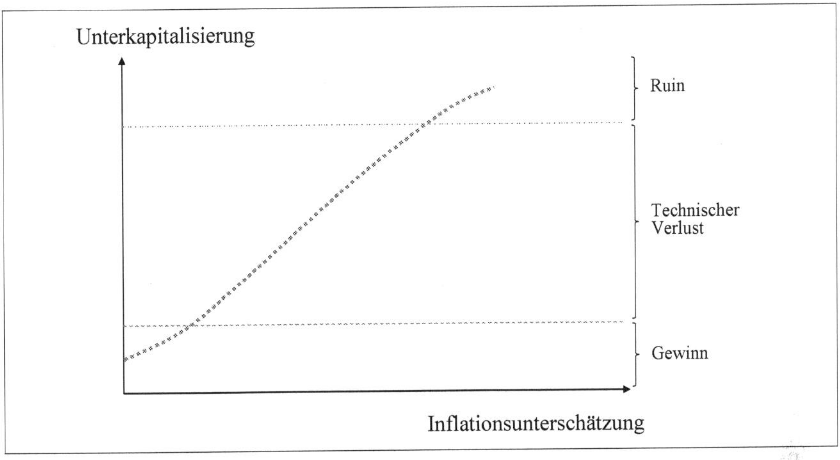

Abbildung 2-15: Zielabweichungsfunktion des Inflationsrisikos

Risikokapital allgemein

$$\begin{aligned} R &= \mathrm{VaR}_{\alpha}(S) - P \\ &= \mathrm{E}(S) + \sigma(S) \cdot Z_{1-\alpha} - \mathrm{E}(S) \\ &= \sigma(S) \cdot Z_{1-\alpha}, \end{aligned} \tag{2-62}$$

wobei $Z_{1-\alpha}$ das $(1-\alpha)$-Quantil der Standardnormalverteilung angibt.[330] Für das Soll-Kapital zum Zeitpunkt T folgt demnach:

$$R_z = \left(\mathrm{E}\left(S_z^{\mathrm{RV}}\right) - \mathrm{E}\left(S_E^{\mathrm{RV}}\right)\right) + \sigma\left(S_z^{\mathrm{RV}}\right) \cdot Z_{1-\alpha}. \tag{2-63}$$

Bei der Betrachtung des Inflationsprognosefehlers des Rückversicherers e_z^{RV} zeigt sich, dass sich dieser genau wie Inflation und Gesamtschaden in die zwei Dimensionen Schadenhöhe und Schadenzahl aufspalten und in einen Prognosefehler der Schadenhäufigkeitsinflation e_N und in einen Prognosefehler der

[330] Vgl. ALBRECHT (2003), S. 30.

Schadenhöheninflation e_X aufteilen lässt:

$$\begin{aligned} e_z^{\mathrm{RV}} &= \frac{\operatorname{infl}\left(S_z^{\mathrm{RV}}\right)}{\operatorname{infl}\left(S_E^{\mathrm{RV}}\right)} \\ &= \frac{\operatorname{infl}\left(N_z\right) \cdot \left(\operatorname{infl}\left(X_z\right)\right)^k}{\operatorname{infl}\left(N_E\right) \cdot \left(\operatorname{infl}\left(X_E\right)\right)^k} \\ &= e_N \left(e_X\right)^k . \end{aligned} \tag{2-64}$$

Außerdem ergeben sich die hilfreichen Umformungen

$$\mathrm{E}\left(S_z^{\mathrm{RV}}\right) = e_z^{\mathrm{RV}} \cdot \mathrm{E}\left(S_E^{\mathrm{RV}}\right) \tag{2-65}$$

$$\mathrm{E}\left(N_z\right) = e_N \cdot \mathrm{E}\left(N_E\right) \tag{2-66}$$

$$\mathrm{E}\left(X_z\right) = e_X \cdot \mathrm{E}\left(X_E\right) . \tag{2-67}$$

Gemäß Abschnitt 2.3.2.3 kann die Standardabweichung der inflationierten Schadenverteilung als

$$\sigma\left(S_E^{\mathrm{RV}}\right) = \sqrt{\mathrm{E}\left(N_E\right) \mathrm{E}\left(\left(X_E^{\mathrm{RV}}\right)^2\right)} \tag{2-68}$$

$$= \sqrt{\operatorname{infl}\left(S_E^{\mathrm{RV}}\right)} \sigma\left(S_0\right) \tag{2-69}$$

beschrieben werden, sodass sich der Zusammenhang zwischen tatsächlicher und erwarteter Standardabweichung mithilfe des Inflationsprognosefehlers erklären lässt zu

$$\sigma\left(S_z\right) = \sqrt{e_z^{\mathrm{RV}}} \sigma\left(S_E\right) . \tag{2-70}$$

Beschreibt man mit $\mathrm{Vko}\left(S\right)$ den Variationskoeffizienten der Gesamtschadenverteilung S, so gilt außerdem:

$$\sigma\left(S_E^{\mathrm{RV}}\right) = \mathrm{Vko}\left(S_E^{\mathrm{RV}}\right) \cdot \mathrm{E}\left(S_E^{\mathrm{RV}}\right) . \tag{2-71}$$

Final lässt sich mit diesen Umformungen die aus dem Vergleich von Soll- und Ist-Kapital resultierende *inflationsbedingte*[331] *Unterkapitalisierung* ermitteln:

---

[331] Präziser müsste von inflationsunterschätzungsabhängiger Unterkapitalisierung gesprochen werden. Aus offensichtlichen Gründen wird darauf im Folgenden verzichtet und der Be-

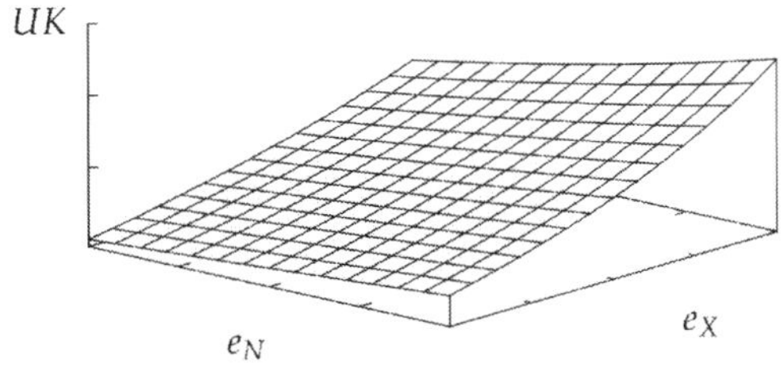

Abbildung 2-16: Darstellung der Unterkapitalisierung UK in Abhängigkeit der Prognosefehler e_X und e_N

$$UK = \frac{\left(e_z^{\text{RV}} - 1\right) + \text{Vko}\left(S_E^{\text{RV}}\right) \cdot Z_{1-\alpha} \cdot \sqrt{e_z^{\text{RV}}}}{\text{Vko}\left(S_E^{\text{RV}}\right) \cdot Z_{1-\alpha} + \left(1 - e_z^{\text{RV}}\right) \sum_{i=1}^{T} p(i)\,(1+r)^{T-i}}. \qquad \text{(2-72)}$$

Aufgrund der in Gleichung 2-64 vollzogenen Aufspaltung des Prognosefehlers e_z^{RV} lässt sich dieser Zusammenhang zusätzlich in Form von

$$UK = \frac{\left(e_N\,(e_X)^k - 1\right) + \text{Vko}\left(S_E^{\text{RV}}\right) \cdot Z_{1-\alpha} \cdot \sqrt{e_N\,(e_X)^k}}{\text{Vko}\left(S_E^{\text{RV}}\right) \cdot Z_{1-\alpha} + \left(1 - e_N\,(e_X)^k\right) \sum_{i=1}^{T} p(i)\,(1+r)^{T-i}} \qquad \text{(2-73)}$$

ausdrücken und es zeigt sich, dass die Unterkapitalisierung von zwei Prognosefehlern – dem Prognosefehler der Schadenhäufigkeitsinflation und dem Prognosefehler der Schadenhöheninflation – abhängt. Wie in Abbildung 2-16 illustriert beeinflussen die Prognosefehler die inflationsbedingte Unterkapitalisierung unterschiedlich stark. Dabei übt die Verschätzung der Schadenhöheninflation einen stärkeren Einfluss auf die Kapitalposition des Rückversicherers aus als eine Verschätzung der Schadenhäufigkeitsinflation. Dies liegt daran, dass Erstversicherer und Rückversicherer zwar die gleiche Anzahl an Schäden

griff der inflationsbedingten Unterkapitalisierung zur Beschreibung des Zusammenhangs verwendet.

teilen,[332] Veränderungen der Schadenhöhenverteilung jedoch überproportional zulasten des Rückversicherers gehen.

Außerdem folgt aus Gleichung 2-73, dass der Kapitalanlageertrag ebenfalls vom Inflationsprognosefehler negativ beeinflusst wird. Eine Erklärung für diese Abhängigkeit ergibt sich aus der Überlegung, dass jede Schadenzahlung $p(i)$ aus einem um die verschätzte Inflation e_z^{RV} erhöhten Erwartungswert resultiert. In der Konsequenz fallen die jährlichen Auszahlungsbeträge höher als erwartet aus und im Erwartungswert reduziert sich der Kapitalertrag, da die Geldmittel nicht so lange zum Zinssatz r angelegt werden können wie ursprünglich eingeplant.

2.4.4 Interpretation und kritische Würdigung des Modells für das Inflationsrisiko

2.4.4.1 Begründung der Notwendigkeit eines spezifischen Ansatzes zur Risikobewältigung

Wie im bisherigen Argumentationsverlauf hervorgehoben ist das Risiko einer unterschätzten Schadeninflation ein Phänomen, das sich hauptsächlich auf die Haftpflichtversicherung bezieht. Anders als von manchen Autoren angedeutet, führt jedoch nicht die Schadeninflation selbst zu unerwünschten Ergebnissen in der Versicherung. Vielmehr offenbart sich das Inflationsrisiko erst im Falle einer Inflationsunterschätzung.

Während einem Erstversicherer mit der nichtproportionalen Rückversicherung ein Mittel zur Verfügung steht, dieses Risiko zumindest teilweise auf einen Rückversicherer zu übertragen, konzentriert sich die Exposition gegenüber der Inflationsunterschätzung beim Rückversicherer, dessen Schadeninflation aufgrund der nichtproportionalen Risikoteilung höher ausfällt als die Schadeninflation des Originalschadens. Aus diesem Grund ergibt sich für den Rückversicherer die Notwendigkeit, die Schadeninflation bei der Tarifierung möglichst genau einzuschätzen.[333] Allerdings ist Schadeninflation grundsätzlich ein Ergebnis von Veränderungen des Schadenursachensystems. Auf der

[332] Beim Rückversicherer kann die Schadenhöhe allerdings null betragen (vgl. Abschnitt 2.3.2.1).

[333] Vgl. BALL/STAUDT (2011), S. 1f.

einen Seite sind diese Veränderung vom Rückversicherer möglichst vorherzusehen. Auf der anderen Seite darf er sich gerade nicht auf eine Zeitstabilität des zugrunde liegenden Schadenursachensystems verlassen. Aus Sicht der Risikosteuerung ist zu akzeptieren, dass eine Fehleinschätzung der Schadeninflation möglich ist und in vielen Fällen eintreten wird. Daher muss ein Rückversicherer Strategien entwickeln, das Risiko einer unterschätzten Schadeninflation handhabbar zu machen.

Wie nachfolgend erläutert wird, hängt das Ausmaß der Unterkapitalisierung bei gegebener Inflationsunterschätzung besonders stark von der vom Variationskoeffizienten Vko $\left(S_E^{\mathrm{RV}}\right)$ beschriebenen erwarteten relativen Volatilität der Gesamtschadenverteilung ab. Zusätzlich ist der Variationskoeffizient eine Vergleichsgröße für das Zufallsrisiko. Ein hoher Variationskoeffizient signalisiert ein relativ hohes Zufallsrisiko, während eine geringe Volatilität ein geringes Zufallsrisiko impliziert. Bei einem geringen Variationskoeffizienten wäre man daher möglicherweise geneigt, intuitiv von einer höheren Sicherheit in Bezug auf das Prognoserisiko auszugehen. Unter Berücksichtigung des bisher Diskutierten ist jedoch davon auszugehen, dass in der schwankungsbasierten Risikokapitalbemessung das Prognoserisiko unzureichend abgebildet wird. Vielmehr erhält das Zufallsrisiko mit der Berücksichtigung des Inflationsrisikos eine dynamische Komponente, sodass von einer *Dynamisierung des Zufallsrisikos* gesprochen werden könnte. Dies wird erst im Falle einer Inflationsunterschätzung wirksam, allerdings nicht unbedingt sichtbar. Aufgrund der Schadeninflation kann demnach eine versteckte Unterkapitalisierung eintreten, sodass die Ruinwahrscheinlichkeit des Unternehmens höher ausfällt als geplant. Daher liegt die Folgerung nahe, dass eine vermeintlich höhere Sicherheit in Bezug auf das durch die Schwankung ausgedrückte versicherungstechnische Risiko gleichzeitig ein höheres Inflationsrisiko mit sich bringt.

Letztlich konzentrieren sich quantitative Risikomanagementansätze in Bezug auf das versicherungstechnische Risiko vornehmlich auf die Steuerung des Zufallsrisikos.[334] Das Inflationsrisiko existiert jedoch zusätzlich zum Zufallsrisiko. Um es im Risikomanagement entsprechend berücksichtigen zu können, ist daher zu bestimmen, wie es isoliert von anderen Risikoeinflüs-

[334] Vgl. DULDINGER (2004), S. 36 und S. 38f.

sen beherrscht und gesteuert werden kann. Die Entwicklung eines eigenen Risikomanagementansatzes ist der erste Schritt in diesem Prozess.

2.4.4.2 Zusammenfassung und kritische Würdigung des Modells

Anhand des vorgestellten Modells lässt sich untersuchen, wie sich eine Inflationsverschätzung auf die Kapitalposition des Rückversicherers auswirkt. Hervorzuheben ist, dass die Schadeninflation des Rückversicherers höher ausfällt als die Inflation des originären Schadens. Konkret ist der Schadenhöhenparameter k die entscheidende Einflussgröße für den Gearing-Effekt der Schadeninflation. Der Inflationsprognosefehler für den Rückversicherer beträgt $e_z^{\mathrm{RV}} = e_N \left(e_X\right)^k$.[335] Das heißt, eine Fehlprognose der Schadenhöheninflation wirkt sich um den Faktor $k-1$ stärker aus als die Originalschadeninflation. Darüber hinaus zeigt sich die Abhängigkeit der Kapitalposition des Rückversicherers von zwei Auszahlungsreihen, nämlich vom originären Auszahlungsmuster $c\left(i\right)$, das für die Schadenhöheninflation maßgeblich ist, und vom Zahlungsmuster des Rückversicherungsvertrags $p\left(i\right)$, das die Wirkung auf den Kapitalertrag erklärt. Ferner wird deutlich, dass der Variationskoeffizient der beeinflussende Parameter der Zielabweichungsfunktion ist. Anhand von

$$\mathrm{Vko}\left(S_E^{\mathrm{RV}}\right) = \sqrt{\frac{2u^{2-k}\left(k-1\right)^2\left(\frac{1-\left(\frac{u}{u+h}\right)^{k-2}}{k-2} - \frac{1-\left(\frac{u}{u+h}\right)^{k-1}}{k-1}\right)}{\mathrm{E}\left(N\right)\cdot \mathrm{infl}\left(N_E\right)\left(\mathrm{infl}\left(X_E\right)\right)^k \cdot d^k\left(u^{1-k}-\left(u+h\right)^{1-k}\right)^2}} \tag{2-74}$$

werden die Einflussgrößen deutlich, die vor allem für die Risikoselektion von Interesse sind. Die Lage des Rückversicherungslayers h xs u geht in Verbindung mit der durch d und k bestimmten Schadenhöhenverteilung ein. Darüber hinaus spielen die erwartete Inflation infl $\left(S_E^{\mathrm{RV}}\right)$ und die erwartete Anzahl der Schäden $\mathrm{E}\left(N\right)$ eine Rolle.[336] Auf diesen Zusammenhang wird die Diskussion der Risikoselektion in Abschnitt 3.5.1 eingehen.

---

[335] Siehe Gleichung 2-64.

[336] Es wird sich auf die Anzahl der Schäden oberhalb der Schadengrenze d bezogen.

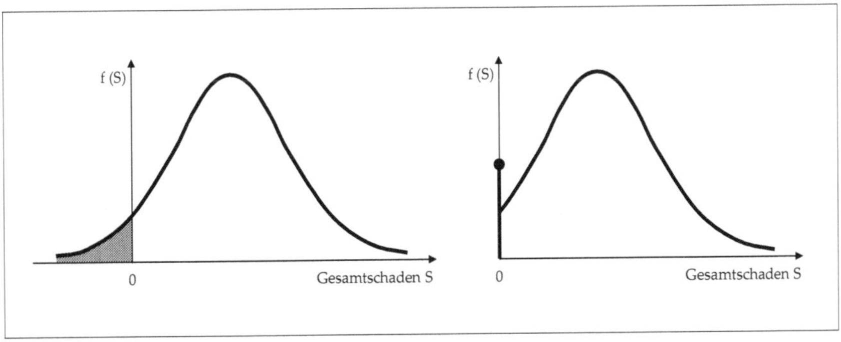

Abbildung 2-17: Gegenüberstellung unzensierter (links) und zensierter (rechts) Gesamtschadenverteilung des Schadenexzedenten

Des Weiteren darf im Rahmen einer kritischen Würdigung nicht unberücksichtigt bleiben, dass die Modellwelt immer ein vereinfachtes Abbild der Wirklichkeit ist. Das minimale Rückversicherungsunternehmen, das nur eine Rückversicherungsdeckung in einem Jahr zeichnet und dem es danach nur noch um die Schadenabwicklung geht, ist in der Praxis nicht zu finden. Genauso wird ein normalverteilter Layergesamtschaden in der Praxis kaum zu bestätigen sein.[337] Gleichwohl bietet die vereinfachte Modellwelt den großen Vorteil der einfachen analytischen Handhabbarkeit. Es ist kein weiter Schritt, die Untersuchung dieser Arbeit simulativ mit in realiter beobachteten Schadenverteilungen zu testen. Bei der gewählten Verteilung handelt es sich lediglich um eine technische Anpassung, nicht jedoch um eine Kernaussage des Modells. Im Folgenden wiegt die grundsätzliche Auseinandersetzung mit der Wirkung des Inflationsrisikos jedoch stärker als eine konkret berechnete Gesamtschadenverteilung. Immerhin basiert der Risikosteuerungsansatz gerade auf der Tatsache, dass mit der Zielabweichung nur eine Dimension des Inflationsrisikos quantitativ abbildbar ist. Die Dimension des Informationsdefizits wird mit anderen Methoden untersucht.

Aus diesem Grund wird für die analytische Behandlung die Normalverteilung bevorzugt. Dass dabei implizit negative Schadengrößen im Modell zugelassen werden, ließe sich durch Stutzung der Verteilung am und Konzentration der Wahrscheinlichkeitsmasse im Nullpunkt beheben. Dann hätte das Ereignis

[337] Vgl. HARDY (2004), S. 5.

„Gesamtschaden ist null" eine positive Wahrscheinlichkeit und die resultierende Verteilung wäre lediglich über die positiven reellen Zahlen definiert (Abbildung 2-17).[338] Mit einer solchen Anpassung wird aber der größte Vorteil der Normalverteilungsannahme aufgegeben, ihre einfache Handhabbarkeit.[339] Da diese aber für die folgenden Untersuchungen wichtig ist, wird sich beholfen, indem ein negativer Gesamtschaden S als Fehlbetrag bis zum Eintritt einer Rückversicherungsleistung unter dem Schadenexzedenten interpretiert wird.[340] Aufgrund der getrennten Betrachtung von Schadenhöhe und Schadenzahl im jeweils positiven Definitionsbereich ist sichergestellt, dass der Erwartungswert der Normalverteilung stets größer null ist, sodass das Modell mit den Inflationsannahmen kompatibel ist.

Auf Basis der bisherigen Ausführungen wird im weiteren Verlauf der Ausarbeitung ein Risikosteuerungsansatz für das Inflationsrisiko entwickelt. Zur Gestaltung stehen dem Rückversicherer im Rahmen des versicherungstechnischen Risikomanagements verschiedene risikopolitische Instrumente zur Verfügung. Es wird untersucht, wie diese zur Reduktion des Inflationsrisikos eingesetzt werden können. Eine zusammenfassende Übersicht des im folgenden Kapitel zu untersuchenden Modells gewährt Abbildung 2-18.

---

338 Vgl. GREENE (2003), S. 761f.

339 Vgl. ähnlich SCHRÖTER (1995), S. 71f. für daraus resultierende Schwierigkeiten.

340 Mit den negativen Ausprägungen des Gesamtschadens werden die Ereignisse dargestellt, die zwar mit $X^{RV} = 0$ im Modell bewertet werden, aber de facto aufgrund $X - u$ einen „negativen" Abstand zur Priorität des Layers haben.

$$UK = \frac{\left(e_N (e_X)^k - 1\right) + \sqrt{e_N (e_X)^k} \cdot Z_{1-\alpha} \cdot \text{Vko}\left(S_E^{\text{RV}}\right)}{Z_{1-\alpha} \cdot \text{Vko}\left(S_E^{\text{RV}}\right) + \left(1 - e_N (e_X)^k\right) \cdot \sum_{i=1}^{T} p(i) \cdot (1+r)^{T-i}}$$

e_N	Prognosefehler der Schadenhäufigkeitsinflation
e_X	Prognosefehler der Schadenhöheninflation
k	Schadenhöhenparameter der Paretoverteilung
$Z_{1-\alpha}$	$(1-\alpha)$-Quantil der Standardnormalverteilung
$\text{Vko}\left(S_E^{\text{RV}}\right)$	erwarteter Variationskoeffizient der Schadenverteilung des Rückversicherers
r	risikoloser Kapitalanlagezinssatz
$p(i)$	Zahlungsmuster des Rückversicherers
T	Abwicklungszeitraum

$$\text{Vko}\left(S_E^{\text{RV}}\right) = \sqrt{\frac{2u^{2-k}(k-1)^2 \left(\frac{1-\left(\frac{u}{u+h}\right)^{k-2}}{k-2} - \frac{1-\left(\frac{u}{u+h}\right)^{k-1}}{k-1}\right)}{\text{E}(N) \cdot \text{infl}(N_E)\left(\text{infl}(X_E)\right)^k \cdot d^k \left(u^{1-k} - (u+h)^{1-k}\right)^2}}$$

$d,\ k$	Parameter der Paretoverteilung
u	Prioriät des Rückversicherungslayers
h	Haftstrecke des Rückversicherungslayers
$\text{infl}(N_E)$	erwartete Schadenhäufigkeitsinflation des Rückversicherers
$\text{infl}(X_E)^k$	erwartete Schadenhöheninflation des Rückversicherers

$$e_X = \frac{\sum_{i=1}^{T} c(i) \cdot \frac{w(i)}{w(0)}}{\sum_{i=1}^{T} c(i) \cdot \frac{w_E(i)}{w_E(0)}}$$

$c(i)$	Abwicklungsmuster des Originalschadens
$w(i)$	Wert des Schadeninflationsindexes zum Zeitpunkt i
$w_E(i)$	Wert des erwarteten Schadeninflationsindexes zum Zeitpunkt i

Abbildung 2-18: Übersicht über das Erklärungsmodell des Inflationsrisikos in der nichtproportionalen Rückversicherung

3 Risikopolitische Instrumente des Rückversicherers zur Begrenzung des Inflationsrisikos

3.1 Versicherungstechnische Risikopolitik

Kapitel 3 widmet sich der Frage, welche Handlungsoptionen einem Rückversicherungsunternehmen zur Steuerung bzw. Reduktion des Inflationsrisikos zur Verfügung stehen. Dazu gliedert sich das Kapitel in fünf Abschnitte. Zu Beginn werden die Besonderheiten der versicherungstechnischen Risikopolitik erläutert. Während unter dem Oberbegriff der Risikopolitik[341] allgemein alle Maßnahmen zur nutzensteigernden Veränderung der Risikosituation zusammengefasst werden,[342] bezieht sich die versicherungstechnische Risikopolitik nur auf die Entscheidungen im Rahmen der Versicherungsproduktion.[343] Für ein Versicherungsunternehmen spielen vor allem Kontrolle und Steuerung des versicherungstechnischen Risikos besondere Rollen.[344] Die in Bezug auf das Inflationsrisiko zur Verfügung stehenden risikopolitischen Instrumente werden in den Kategorien

- Prämienpolitik,
- Kapitalanlagepolitik,
- Schadenpolitik und
- Bestandspolitik

---

341 Synonym dazu wird der Begriff „Risikomanagement" verwendet (vgl. z. B. ROMEIKE/MÜLLER-REICHART (2005), S. 47ff. oder MÖBIUS/PALLENBERG (2011)). Für die umfängliche Forschung zu diesem Themengebiet sei beispielsweise auf die bei LIEBWEIN (2009), S. 29ff. angegebene Literatur verwiesen.

342 Vgl. HEILMANN /KARTEN (1988), S. 661. Dabei geht es immer darum, eine Abweichung von den Unternehmenszielen zu verhindern, bzw. im engeren Sinne den Fortbestand des Unternehmens zu sichern (vgl. ROMEIKE/MÜLLER-REICHART (2005), S. 70).

343 Vgl. HEILMANN/KARTEN (1988), S. 659. Hiermit ist der Teil des Versicherungsgeschäfts gemeint, den FARNY als Risikogeschäft bezeichnet (vgl. FARNY (2011), S. 22).

344 Vgl. HEILMANN/KARTEN (1988), S. 659.

abgegrenzt und nachfolgend näher untersucht.[345]

Innerhalb dieser Kategorien lassen sich die Handlungsoptionen eines Rückversicherers danach bewerten, wie die Zielabweichung und/oder das Informationsdefizit verändert wird.[346] Die Mehrzahl der risikopolitischen Maßnahmen setzt an der Risikodimension der Zielabweichung an. Da – wie noch zu zeigen ist – mit ihnen die Abhängigkeit der Unterkapitalisierung vom Inflationsprognosefehler verändert werden kann, lässt sich für viele risikopolitische Instrumente die Wirkung auf das Inflationsrisiko direkt an der Veränderung der Zielabweichungsfunktion ablesen. Die Reduktion des Informationsdefizits ist nicht so einfach zu zeigen, da sich die Effekte vor allem qualitativ oder im Sinne einer subjektiven Unsicherheitsreduktion auswirken.[347]

Zunächst wird die Kategorie der *Prämienpolitik* untersucht. Darunter werden alle Maßnahmen gezählt, die auf die technische Ausgestaltung der Prämie abzielen.[348] Die Schadenverteilung bleibt unverändert, stattdessen wird anhand der Prämiengestaltung die Ergebnisverteilung angepasst. Insbesondere werden in Unterkapitel 3.2 die Bemessung des Sicherheitszuschlags und die Vereinbarung einer variablen, vom Schadenverlauf abhängigen Prämie untersucht. Danach werden Anpassungsklauseln als ein Instrument der Prämiengestaltung vorgestellt sowie im Anschluss die Form der Tarifierungsgrundlage und die Diskontierungsmethodik diskutiert. Kostenrechnerische Aspekte sowie

---

345 Vgl. FARNY (2011), S. 442ff. FARNY grenzt außerdem die Maßnahmen der Sicherheitmittelpolitik und der Rückversicherungspolitik ab. Diese Maßnahmen des Risikotransfers an einen Rückversicherer sind jedoch für die vorliegende Analyse nicht relevant, da die Position des Rückversicherers evaluiert wird. Bei HEILMANN/KARTEN findet sich die Abgrenzung in den Kategorien Informationsbeschaffung, Rückversicherungs-, Prämien-, Sicherheitsmittel-, Bestandsrisikomaßnahmen (vgl. HEILMANN/KARTEN (1988), S. 661). ZWEIFEL/EISEN führen außerdem den Begriff der Risikozeichnungspolitik ein, der aber inhaltlich kongruent zur Bestandspolitik nach FARNY verwendet wird (vgl. ZWEIFEL/EISEN (2003), S. 197ff.). Die Kategorie der Kapitalanlagepolitik wird bei keinem der aufgeführten Autoren als Maßnahme der versicherungstechnischen Risikopolitik betrachtet. Wie nachfolgend ausgeführt wird, erscheint dies im Hinblick auf die Definition des Inflationsrisikos als zielführend und notwendig.

346 Vgl. HELTEN ET AL. (2000), S. 172.

347 Die abschließende Zusammenführung der Erkenntnisse zu einem Risikosteuerungsansatz erfolgt in Kapitel 4.

348 Vgl. HEILMANN/KARTEN (1988), S. 663.

Entscheidungen der Preispolitik bleiben außen vor. Sie zählen nicht zur Risikopolitik und sind damit kein Bestandteil der Prämienpolitik.[349]

Anschließend wird thematisiert, wie das Inflationsrisiko im Rahmen der *Kapitalanlagepolitik* reduziert werden kann. Obwohl die Kapitalanlage im eigentlichen Sinne nicht als Maßnahme der versicherungstechnischen Risikopolitik gilt, ist sie für das Risikomanagement des Inflationsrisikos von Interesse, da dieses über das versicherungstechnische Risiko hinausgeht und per definitionem Elemente des Kapitalanlagerisikos umfasst. Um diese zu beherrschen wird die Möglichkeit des Hedgings der Schadeninflation untersucht.

Die in Unterkapitel 3.4 diskutierte *Schadenpolitik* umfasst diejenigen Maßnahmen, mit denen die versicherten Schäden gestaltet werden können, was aufgrund der vertraglichen Leistungspflicht des Rückversicherungsunternehmens jedoch nur begrenzt möglich ist.[350] In diesem Zusammenhang wird besonders auf die Schadenreserveablösung eingegangen, die trotz nicht abgeschlossener Schadenabwicklung die Haftung unter dem Rückversicherungsvertrag beendet.

Unter den Maßnahmen der *Bestandspolitik* werden danach alle Entscheidungen der sogenannten Zeichnungspolitik zusammengefasst. Darunter fällt sowohl die Produktgestaltung als auch die als Risikoselektion bezeichnete Entscheidung über die Annahme bzw. Ablehnung einer versicherungstechnischen Einheit.[351] Die Analyse in 3.5 arbeitet relevante Kriterien für die Risikoselektion heraus. Zusätzlich wird die Frage beantwortet, durch welche vertraglichen Gestaltungselemente das Inflationsrisiko eines Schadenexzedentenvertrags reduziert werden kann.

3.2 Maßnahmen der Prämienpolitik

3.2.1 Sicherheitszuschlag

Für die Ausgestaltung des Sicherheitszuschlags kann auf eine Reihe risikotheoretisch begründeter Vorschläge zurückgegriffen werden, die als Prämi-

349 Vgl. HEILMANN/KARTEN (1988), S. 663.
350 Vgl. FARNY (2011), S. 446f.
351 Vgl. HEILMANN/KARTEN (1988), S. 661.

enprinzipien bezeichnet werden.[352] Obgleich die Notwendigkeit des Sicherheitszuschlags vor allem ruintheoretisch mit dem Ausgleich im Kollektiv begründet wird,[353] nützt er ebenfalls der Begrenzung des Inflationsrisikos,[354] da er im Grunde ein „Deckungsbeitrag für die [...] Überschaden der Versicherungsperiode“ ist.[355] Es spielt dabei keine Rolle, ob die Überschäden zufallsbedingt entstehen oder aus der inflationsbedingten Verschiebung der Schadenverteilung resultieren. Der Sicherheitszuschlag wird dann statt zur Steuerung des Zufallsrisikos zur Steuerung des Inflationsrisikos verwendet.[356]

Die bisherige Betrachtung bezog sich auf die Risikoprämie, auch Nettorisikoprämie oder Schadenbedarfsprämie, die der erwarteten Schadenlast $\mathrm{E}\left(S_E^{\mathrm{RV}}\right)$ entspricht.[357] Die Summe aus reiner Risikoprämie und Sicherheitszuschlag wird als Bruttorisikoprämie mit $H\left(S_E^{\mathrm{RV}}\right)$ bezeichnet.[358] Um die Auswirkungen des Sicherheitszuschlags auf die Kapitalausstattung des Rückversicherungsunternehmens zu überprüfen, wird der Sicherheitszuschlag als Zuschlagsfaktor s ausgedrückt und fließt als

$$s = \frac{H\left(S_E^{\mathrm{RV}}\right)}{\mathrm{E}\left(S_E^{\mathrm{RV}}\right)} \tag{3-1}$$

in die Modellbetrachtung ein.[359] Die (undiskontierte) Prämie, die sich bisher nur am Schadenbedarf des Rückversicherers bemisst, verändert sich zu

$$\begin{aligned} P^s &= H\left(S_E^{\mathrm{RV}}\right) \\ &= s \cdot \mathrm{E}\left(S_E^{\mathrm{RV}}\right) \end{aligned} \tag{3-2}$$

---

352 Vgl. FARNY (2011), S. 61; LIPPE (1983), S. 133ff.; SCHOTT (1990), S. 561ff.; NELL (1998), S. 403ff.

353 Vgl. z. B. ALBRECHT (1982), S. 525; FARNY (2011), S. 61.

354 Ein ähnlicher Vorschlag findet sich bei REHNERT (1988), S. 292f.

355 FARNY (2011), S. 61. Siehe ähnlich bei HEILMANN/KARTEN (1988), S. 663.

356 Vgl. auch KARTEN (1993), S. 38. Der Sicherheitszuschlag wird nicht zur Kostendeckung erhoben, sondern dient der Risikotragung und verbleibt im Erwartungswert als Gewinn beim Versicherer.

357 Vgl. FARNY (2011), S. 61. FARNY bezeichnet diese daher als den „Deckungsbeitrag für den Erwartungswert der Schäden“.

358 Vgl. ebd.

359 Da es sich um einen Zuschlag handelt, ist $H(S) - \mathrm{E}(S) > 0$ sowie daraus resultierend $s > 1$. Siehe Gleichung 3-1.

bzw. beträgt unter Berücksichtigung der Diskontierung

$$P_D^s = s \cdot \mathrm{E}\left(S_E^{\mathrm{RV}}\right) \cdot \sum_{i=1}^{T} p\left(i\right)\left(1+r\right)^{-i}. \tag{3-3}$$

Beim Sicherheitszuschlag handelt es sich demnach um einen Puffer auf das erwartete Prämieneinkommen, mit dem der Unsicherheit bezüglich der zukünftigen Schadenauszahlungen begegnet werden kann.[360] Die Zielabweichungsfunktion verändert sich zu UK^s, da durch die höhere Prämieneinnahme die Kapitalposition des Rückversicherers verbessert wird:

$$UK^s = \frac{\left(e_z - 1\right) + \sqrt{e_z^{\mathrm{RV}}} Z_{1-\alpha} \mathrm{Vko}\left(S_E^{\mathrm{RV}}\right)}{Z_{1-\alpha} \mathrm{Vko}\left(S_E^{\mathrm{RV}}\right) + \left(s - e_z^{\mathrm{RV}}\right) \sum_{i=1}^{T} p\left(i\right)\left(1+r\right)^{T-i}}. \tag{3-4}$$

An Gleichungszusammenhang 3-4 lässt sich ablesen, dass der unterschätzten Inflation eine um s erhöhte Prämie entgegengestellt wird, sodass der Inflationsprognosefehler e_z^{RV} bis zu einem gewissen Ausmaß aufgefangen wird. Die zusätzlichen Mittel bilden einen Puffer, falls die vorhandenen Gelder aufgrund der unterschätzten Schadeninflation schneller ausbezahlt werden als anvisiert. Im Vergleich zur Situation ohne Sicherheitszuschlag verbessert sich die Kapitalsituation. Die Zielabweichung fällt im Falle einer Inflationsunterschätzung geringer aus, da der Nenner der Gleichung aufgrund von $s > 1$ größer wird. Demnach reduziert der Sicherheitszuschlag das Inflationsrisiko.

Nach ALBRECHT kann der Sicherheitszuschlag statt als Prämienzuschlag genauso in der Bemessung des Risikokapitals abgebildet werden, sodass Risikokapital und Sicherheitszuschlag eine gemeinsame risikotechnische Wirkung haben.[361] Da der in Gleichung 3-4 beschriebene Zusammenhang definitionsgemäß unterstellt, dass die Risikoneigung bereits im Risikokapital berücksichtigt ist, ist dieser Effekt für das Inflationsrisiko nutzbar. Der Sicherheitszuschlag ist somit als zusätzlicher Deckungsbeitrag zu verstehen.[362]

---

360 Vgl. GERATHEWOHL (1976), S. 351. Damit wirkt der Sicherheitszuschlag redundant mit dem Risikokapital.

361 Vgl. ALBRECHT (1982), S. 532f.

362 Vgl. REHNERT (1988), S. 293; FARNY (2011), S. 61.

Um die Inflationsverschätzung e_z^{RV} allerdings vollständig zu kompensieren, müsste der Rückversicherer den Sicherheitszuschlag zu

$$s = e_z^{\text{RV}} + \frac{\left(e_z^{\text{RV}} - 1\right) + \left(\sqrt{e_z^{\text{RV}}} - 1\right) Z_{1-\alpha} \text{Vko}\left(S_E^{\text{RV}}\right)}{\sum_{i=1}^{T} p\left(i\right)\left(1+r\right)^{T-i}} \tag{3-5}$$

bemessen. Der Sicherheitszuschlag müsste demnach in einer Größenordnung von $s > e_z^{\text{RV}}$ liegen. Durch einen möglichst hohen Sicherheitszuschlag kann folglich eine Reserve aufgebaut werden, die zum Abfangen einer hohen Inflationsverschätzung ausreicht. Allerdings wirkt dies nachteilig auf die Marktsituation des anbietenden Rückversicherungsunternehmens, denn bei besonders hohen Prämien wird der Einkauf von Rückversicherung für einen Erstversicherer unattraktiv.[363]

3.2.2 Entgeltart des Rückversicherungsvertrags

Unabhängig von einem Prämienzuschlag kann bereits die Form der Schadenexzedentenprämie ein risikopolitisches Instrument in Bezug auf das Inflationsrisiko darstellen. Mögliche Ausgestaltungsformen sind Flat Premium, Festentgelt und die Vereinbarung eines Staffelentgelts.[364]

Unter der sogenannten *Flat Premium* wird ein festes und definitives Entgelt ohne nachträgliche Anpassungen verstanden.[365] Im Gegensatz dazu bestimmt das *Festentgelt* den Rückversicherungspreis durch einen Entgeltsatz q. Dieser gibt die Schadenexzedentenprämie relativ zum geschützten Beitragsvolumen des Erstversicherers an und es wird unterstellt, dass sich die Schadenlast des Rückversicherungsvertrags relativ zum Beitragsvolumen oder einem anderen Expositionsmaß ausdrücken lässt.[366] Die Prämie errechnet sich dann als das Produkt der Rate q und der Originalbeiträge U des Erstversicherers und

363 Vgl. HEILMANN/KARTEN (1988), S. 663. Das Geschäftsziel des Rückversicherers ist schließlich nicht die Risikomeidung.

364 Vgl. LIEBWEIN (2009), S. 236ff.

365 Vgl. LIEBWEIN (2009), S. 236.

366 Vgl. LIEBWEIN (2009), S. 237.

entspricht dem diskontierten erwarteten Nettoschaden:

$$P_D = q \cdot U = \mathrm{E}\left(S_E^{\mathrm{RV}}\right) \sum_{i=1}^{T} p\left(i\right)\left(1+r\right)^{-i}. \tag{3-6}$$

Im Fall des festen Entgeltsatzes ist die dem Originalgeschäft des Erstversicherers zugrunde liegende Tarifierungsbasis in Bezug auf das Inflationsrisiko von Interesse, da eine geringere Exposition gegenüber der Inflationsverschätzung dann erreichbar ist, wenn die Tarifierungsgrundlage selbst inflationsabhängig ist. So kann beispielsweise der Versicherungsbeitrag, den ein Krankenhaus für seine Haftpflichtversicherung bezahlt, abhängig von der Anzahl der Betten tarifiert oder die Prämie auf Umsatzbasis ermittelt werden.[367] Bemisst sich die Prämie am Umsatz des Krankenhauses, erfolgt am Ende der Versicherungsperiode ein Anpassung der Prämie. Diese berücksichtigt den tatsächlichen Umsatz, der im Falle einer Inflation größer wird.[368] In letzterem Fall bezieht sich der Entgeltsatz des Schadenexzedenten q somit auf eine Prämienbasis, in der bereits die Umsatzinflation enthalten ist. Dies wird als inflationssensitive Tarifierungsgrundlage bezeichnet.[369]

Am Laufzeitende wird das Rückversicherungsentgelt abhängig von der tatsächlichen Realisation der Tarifierungsgröße U final festgesetzt. Die erwartete Ausprägung der Tarifierungsgrundlage wird mit U_E bezeichnet und U_z steht für ihre tatsächliche Realisation. Zu Beginn der Vertragslaufzeit wird eine Schadenexzedentenprämie in Höhe von

$$P_D = q \cdot U_E \tag{3-7}$$

fällig. Zum Laufzeitende erfolgt eine Anpassung in Höhe von

$$\begin{aligned} P_1 &= q \cdot U_z - P_D \\ &= \left(e_U - 1\right) \cdot P_D, \end{aligned} \tag{3-8}$$

[367] Vgl. HELLBERG/LONSING (2012), S. 964.
[368] Vgl. ebd.
[369] Vgl. BIONDI ET AL. (1981), S. 11f.

wobei der Quotient

$$e_U = \frac{U_z}{U_E} \tag{3-9}$$

angibt, wie sich die tatsächliche von der erwarteten Tarifierungsgrundlage unterscheidet.

Im Folgenden wird davon ausgegangen, dass jegliche Änderungen im geschützten Basisvolumen ihren Ursprung in einer von der ursprünglichen Schätzung abweichenden Inflation der Tarifierungsgrundlage haben. Andere Faktoren bleiben unberücksichtigt, da sie für die Betrachtung des Inflationsrisikos irrelevant sind. Dann gibt e_U den Prognosefehler der Inflation der Tarifierungsgrundlage an. Da die Nachzahlung ein Jahr nach der Tarifierung erfolgt und insofern weniger Zinsen erwirtschaftet, beträgt die geänderte Zielabweichungsfunktion bei einer inflationssensitiven Tarifierungsgrundlage U demnach

$$UK^U = \frac{\left(e_z^{\mathrm{RV}} - 1\right) + \sqrt{e_z^{\mathrm{RV}}} \cdot Z_{1-\alpha} \cdot \mathrm{Vko}\left(S_E^{\mathrm{RV}}\right)}{Z_{1-\alpha} \cdot \mathrm{Vko}\left(S_E^{\mathrm{RV}}\right) + \left(\frac{e_u + r}{1+r} - e_z^{\mathrm{RV}}\right) \cdot \sum_{i=1}^{T} p\left(i\right)\left(1+r\right)^{T-i}}. \tag{3-10}$$

Sie verdeutlicht, dass ein Festentgelt verbunden mit einer inflationssensitiven Tarifierungsgrundlage ähnlich der Wirkung des Sicherheitszuschlags im vorangegangenen Abschnitt einen Teil des Inflationsprognosefehlers abfangen kann. Für die Tarifierungsgrundlage existiert nämlich ein eigener Prognosefehler e_U, der dem Schadeninflationsprognosefehler e_z^{RV} entgegengestellt ist, sodass das Inflationsrisiko reduziert wird. Man kann dies als einen von der Inflation der Tarifierungsgrundlage U abhängigen Sicherheitszuschlag interpretieren. Natürlich muss man sich über den begrenzten Einfluss dieses Mediums im Klaren sein, da nur die Inflation des ersten Jahrs und nur die den Umsatz beeinflussenden Inflationstreiber aufgegriffen werden. Außerdem erwirtschaftet die Nachzahlung im ersten Jahr keine Zinsen. Dies ändert jedoch nichts an der grundsätzlich Erkenntnis, dass die Tarifierungsgrundlage einen Beitrag zur Reduktion des Inflationsrisikos leisten kann.

Die dritte Entgeltart, das *Staffelentgelt*, wird nachfolgend untersucht. Im Gegensatz zum Festentgelt ist der Entgeltsatz q beim Staffelentgelt variabel.[370]

---

[370] Vgl. LIEBWEIN (2009), S. 238.

Im Sinne der Prämienpolitik ist das Staffelentgelt daher als verlaufsabhängige Prämie zu interpretieren.

3.2.3 Verlaufsabhängige Prämien

3.2.3.1 Staffelentgelt

Bei einem Schadenexzedenten gibt es verschiedene Möglichkeiten, die effektive Prämienhöhe als vom tatsächlichen Schadenverlauf abhängig zu gestalten.[371] Geht es um die Reduktion des Inflationsrisikos, sind zwei Optionen hervorzuheben, bei denen die Prämie im Sinne einer sekundären Prämiendifferenzierung rückwirkend erhöht wird:[372] Zum einen geschieht dies durch die Vereinbarung eines gestaffelten Entgelts und zum anderen wird durch sogenannte bezahlte Wiederauffüllungen die erneute Bereitstellung der verbrauchten Haftstrecke des Schadenexzedenten mit einer Zusatzprämie versehen.[373] In diesem Abschnitt wird zunächst die Funktion des gestaffelten Entgelts beschrieben und die Auswirkungen einer derartigen verlaufsabhängigen Prämie auf das Inflationsrisiko untersucht. Anschließend wird in 3.2.3.2 die Wirkung einer Wiederauffüllungsprämie diskutiert.

Durch ein Staffelentgelt wird die Schadenexzedentenprämie verlaufsabhängig.[374] Zu Vertragsbeginn wird ein vorläufiges Entgelt bezahlt und die finale Prämie wird retrospektiv anhand der unter dem Schadenexzedenten tatsächlich realisierten Schadenlast ermittelt.[375] Als gleitendes Entgelt gleicht ein Staffelentgelt damit die Abweichungen der tatsächlichen von der statistisch zu

---

371 Für einen Überblick über die verschiedenen Möglichkeiten siehe FLOWER ET AL. (2006), S. 39.

372 Vgl. LIEBWEIN (2009), S. 238. Andere Varianten beziehen sich auf einen positiven Verlauf, wie z. B. eine Gewinnbeteiligung des Erstversicherers am versicherungstechnischen Ergebnis des Schadenexzedenten. Ein Extrembeispiel einer solchen Beteiligung ist der No-Claims-Bonus, der bei Schadenfreiheit des Vertrags vom Rückversicherer an den Erstversicherer gezahlt wird. Dieser wird bei FLOWER ET AL. und bei PFEIFFER als eigene Prämienvariante erklärt (vgl. PFEIFFER (1999), S. 67; FLOWER ET AL. (2006), S. 39).

373 Vgl. MACK (2002), S. 370.

374 Vgl. GERATHEWOHL (1976), S. 318 und 361 sowie LIEBWEIN (2009), S. 238 und die dort angegebene Literatur.

375 Vgl. LIEBWEIN (2009), S. 238f.

erwartenden Schadenlast aus,[376] wobei die Anpassung durch einen Mindest- und einen Höchstsatz begrenzt ist.[377] Bei niedrigen Schadenaufwendungen ist ein geringes Entgelt zu zahlen, bei hohem Schadenaufkommen wird ein höherer Satz fällig. Der Rückversicherer wird auf diese Weise vor den Folgen einer unerwarteten Schadenteuerung geschützt,[378] sodass sich nach GERATHEWOHL ein Staffelentgelt grundsätzlich eignen würde, der Schadeninflation zu begegnen.[379] Das von der Realisation der Gesamtschadenvariable S_z^{RV} abhängige Netto-Staffelentgelt beträgt[380]

$$P\left(S_z^{RV}\right) = \min\left(P_{\max},\ \max\left(P_{\min},\ \mathrm{E}\left(S_z^{RV}\right)\right)\right) \qquad (3\text{-}11)$$

und liegt somit innerhalb der durch $P_{\min}$ bis $P_{\max}$ bzw. durch die Entgeltsätze $q_{\min}$ und $q_{\max}$ begrenzten Staffel. Für die Staffelgrenzen gilt $0 < P_{\min} < \mathrm{E}\left(S_E^{RV}\right) < P_{\max}$.[381] Dazwischen entspricht die Nettoprämie der realisierten Schadenlast.

Bei der Betrachtung der versicherungstechnischen Wirkung des Staffelentgelts fällt auf, dass der Rückversicherer im Falle einer unterschätzten Schadeninflation mehr Prämie erhält als ursprünglich erwartet. Grafik 3-1 verdeutlicht diesen Zusammenhang und zeigt, wie aufgrund der inflationsbedingten Verschiebung der Schadenverteilung die Wahrscheinlichkeit steigt, eine Prämie in Höhe von $P_{\max}$ zu erhalten. Genau wie der Erwartungswert des Layerschadens steigt, nimmt der Rückversicherer im Erwartungswert eine höhere Prämie ein.

Intuitiv könnte man nun geneigt sein, aus dieser Aussage einen positiven Einfluss auf das Inflationsrisiko abzuleiten. Doch lediglich aufgrund einer unter

[376] Vgl. GERATHEWOHL (1976), S. 318. Damit wird das Zufallsrisiko reduziert.

[377] Sonst gäbe es keinen Risikotransfer zwischen Erstversicherer und Rückversicherer (vgl. GERATHEWOHL (1976), S. 363).

[378] Vgl. GERATHEWOHL (1976), S. 318.

[379] Vgl. GERATHEWOHL (1976), S. 319f. Mit Verweis auf BÖSS schränkt GERATHEWOHL allerdings ein, dass ein Staffelentgelt nicht das ausschließliche Mittel gegen die Schadeninflation sein kann (vgl. BÖSS (1969), S. 92, zitiert nach GERATHEWOHL (1976), S. 320).

[380] Vgl. MACK (2002), S. 370. Dieses muss aber noch um vorher vereinbarte Zuschläge für Schwankung, Kosten, Gewinn etc. erhöht werden (vgl. GERATHEWOHL (1976), S. 361).

[381] Andernfalls würde der Rückversicherer entweder im Fall von $P_{\min} > \mathrm{E}\left(S_E^{RV}\right)$ eine zu hohe Nettoprämie vom Erstversicherer verlangen oder der Schadenexzedent wäre untertarifiert, da die obere Schranke $P_{\max}$ verhindert, dass eine risikoadäquate Prämie bezahlt wird (vgl. MACK (2002), S. 370).

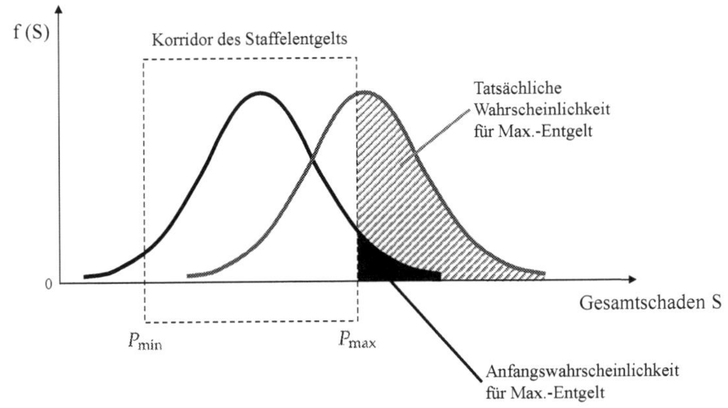

Abbildung 3-1: Wirkung der Inflation auf das Staffelentgelt

Inflation erhöhten erwarteten Prämie reduziert sich nicht zwangsläufig das Inflationsrisiko. Vielmehr ist die gesamte Kapitalposition des Rückversicherers zu betrachten.

Zu Beginn der Versicherungsperiode wird vorläufig die Prämie P_{min} bezahlt. Analog zum Fall ohne variable Prämie gilt weiterhin:

$$R = \text{VaR}_\alpha (L) , \tag{3-12}$$

wenngleich sich die Verlustfunktion des Rückversicherers bei Staffelentgelt zu L^{SE} wie folgt ändert:

$$L^{\text{SE}} = \begin{cases} S^{\text{RV}} - P_{\text{min}} & \text{wenn } S^{\text{RV}} < P_{\text{min}} \\ 0 & \text{wenn } P_{\text{min}} \leq S^{\text{RV}} \leq P_{\text{max}} \\ S^{\text{RV}} - P_{\text{max}} & \text{wenn } S^{\text{RV}} > P_{\text{max}} \end{cases} . \tag{3-13}$$

Durch die variable Prämie wird die Volatilität des Ergebnisses reduziert und folglich weniger Risikokapital hinterlegt. Für die Risikokapitalermittlung interessiert die Verteilung lediglich im Bereich $S^{RV} > P_{max}$.[382] Somit beträgt der für die Risikokapitalermittlung interessierende Ausschnitt der Verlustfunktion

$$L^{SE} = S^{RV} - P_{max}. \tag{3-14}$$

Für das Risikokapital bei Staffelentgelt R^{SE} folgt:

$$\begin{aligned} R^{SE} &= \text{VaR}_{\alpha}\left(S^{RV}\right) - P_{max} \\ &= \text{E}\left(S_E^{RV}\right) + Z_{1-\alpha}\sigma\left(S_E^{RV}\right) - P_{max}. \end{aligned} \tag{3-15}$$

Für den Vergleich des Soll-Kapitals R_z^{SE} mit dem in T tatsächlich vorhandenen Kapital R_T^{SE}, sind die zusätzlichen Prämienzahlungen der Staffelentgeltanpassungen $M(i)$ zu berücksichtigen. Das Ist-Kapital beträgt

$$R_T^{SE} = \left(P_{min} + R_D^{SE}\right)(1+r)^T + \sum_{i=1}^{T}\left(M(i) - \text{E}(S_z)\,p(i)\right)(1+r)^{T-i}. \tag{3-16}$$

Somit ändern sich im Vergleich zum Schadenexzedenten mit verlaufsunabhängiger Prämie einige Einflussfaktoren. Sofern die Schadensumme innerhalb der Staffel liegt, löst jede Schadenauszahlung des Rückversicherers zusätzliche Prämienzahlungen aus. Auf diese Weise werden dem Rückversicherer seine Schadenzahlungen an den Erstversicherer zurückvergütet. Dies wird genauso in der Verlustfunktion dargestellt, denn solange die Höhe der Schadenleistungen zwischen P_{min} und P_{max} liegt, gleicht die Vertragskonstruktion einem Nullsummenspiel ohne Risikotransfer.[383] Um dies in der Zielabweichungsfunktion abzubilden, wird die Funktion $M(i)$ in Gleichung 3-16 neu eingeführt. Sie beschreibt den Verlauf der Prämienanpassungen in der rekursi-

[382] Außerdem gilt $P_{max} < \text{VaR}_{\alpha}\left(S_E^{RV}\right)$, da sonst kein Risikotransfer im Sinne dieser Ausarbeitung stattfände.

[383] Der Besonderheit der langen Abwicklungsdauer kann bei der Ausgestaltung der Staffelentgeltvereinbarung zusätzlich Rechnung getragen werden, indem neben dem tatsächlichen Schadenaufwand IBNR-Faktoren in die Berechnung des Staffelentgelts eingehen (vgl. GERATHEWOHL (1976), S. 361 sowie FLOWER ET AL. (2006), S. 39).

ven Form

$$M(i) = \sum_{j=1}^{i} M(j) - \sum_{j=1}^{i-1} M(j) \tag{3-17}$$

mit

$$\sum_{j=1}^{i} M(j) = \begin{cases} 0 & \text{wenn } \sum_{j=1}^{i} \mathrm{E}(S)\,p(j) \le P_{\min} \\ \sum_{j=1}^{i} \mathrm{E}(S)\,p(i) - P_{\min} & \text{wenn } P_{\min} < \sum_{j=1}^{i} \mathrm{E}(S)\,p(j) \le P_{\max} \\ P_{\max} - P_{\min} & \text{wenn } \sum_{j=1}^{i} \mathrm{E}(S)\,p(j) > P_{\max} \end{cases} . \tag{3-18}$$

Auch hier lässt sich zwischen den von der erwarteten Schadenvariable S_E^{RV} abhängigen Zahlungen $M_E(i)$ sowie den tatsächlich zu leistenden Nachzahlungen $M_z(i)$ unterscheiden.

Ein weiterer Unterschied zur Ausgangssituation besteht darin, dass nur das Risikokapital diskontiert bereitgestellt wird. Als Prämie wird zu Beginn der Laufzeit die nominell festgelegte Mindestprämie $P_{\min}$ bezahlt. Dadurch entstehen für den Rückversicherer insofern vorteilhafte Verzinsungseffekte, als die Prämiennachzahlungen der nominellen unter dem Schadenexzedenten angefallenen Schadenlast folgen. Diese aus der Zahlung von $M_E(i)$ erwarteten zusätzlichen Zinseffekte werden bei der Bemessung des Risikokapitals zum Zeitpunkt $i = 0$ ebenfalls berücksichtigt. Aus Gründen der Übersichtlichkeit werden Herleitung und Evaluation von R_T^{SE} in Anhang A.1 diskutiert. Letztendlich ergibt sich die inflationsbedingte Unterkapitalisierung bei Staffelentgelt zu

$$UK^{\mathrm{SE}} = \frac{e_z^{\mathrm{RV}} \mathrm{E}\left(S_E^{\mathrm{RV}}\right) + \sqrt{e_z^{\mathrm{RV}}} Z_{1-\alpha} \sigma \left(S_E^{\mathrm{RV}}\right) - P_{\max}}{\left[\begin{array}{l} \mathrm{E}\left(S_E^{\mathrm{RV}}\right) + Z_{1-\alpha}\sigma\left(S_E^{\mathrm{RV}}\right) - P_{\max} \\ \quad + \sum_{i=1}^{T} \left[\left(1 - e_z^{\mathrm{RV}}\right) \mathrm{E}\left(S_E^{\mathrm{RV}}\right) p(i) + \left(M_z(i) - M_E(i)\right)\right] [1+r]^{T-i} \end{array}\right]} . \tag{3-19}$$

Im Vergleich zum Fall ohne Staffelentgelt wird weniger Kapital benötigt, da die erwartete Volatilität geringer ausfällt. Darüber hinaus ist die Verzinsung aufgrund der nominal bezahlten Anfangsprämie vorteilhaft und der Rückversicherer kann das Risikokapital um die erwarteten durch die variable Entgeltzahlung ausgelösten Zinseffekte reduzieren. Es lässt sich nachweisen, dass im Vergleich zur Ausgangssituation mit fixer Prämie das Staffelentgelt eine Reduktion des Inflationsrisikos bewirkt, sofern die Bedingung

$$P_{\max} < \mathrm{E}\left(S_E^{RV}\right) + \frac{R_z \cdot \sum_{i=1}^{T} \left(M_z\left(i\right) - M_D\left(i\right)\right)\left(1+r\right)^{T-i}}{R_z - R_T} \tag{3-20}$$

erfüllt ist.[384] Wird das obere Ende der Staffel nicht zu hoch gewählt, reduziert das Staffelentgelt das Inflationsrisiko über eine Anpassung der Zielabweichungsfunktion.

3.2.3.2 Wiederauffüllungsprämie

Als zweite Variante einer mit dem Schadenaufwand steigenden Rückversicherungsprämie werden bezahlte Wiederauffüllungen untersucht. Solange nicht Anderslautendes vereinbart steht dem Erstversicherer die Haftstrecke des Schadenexzedenten unbegrenzt zur Verfügung. Sie wird – anders formuliert – uneingeschränkt wiederaufgefüllt.[385] Der Begriff der „Wiederauffüllung" entstammt der Vorstellung, dass durch einen Schaden die Haftstrecke h ganz oder teilweise „verbraucht" wird.[386] Nach der Wiederauffüllung steht für den nächsten Schaden wieder die gesamte Haftstrecke zur Verfügung, sodass ein Erstversicherer für jeden Schaden den vollen Schutz des Schadenexzedenten genießt.

Wird die Wiederauffüllung mit einem Preisfaktor β versehen, entsteht eine vom Schadenverlauf abhängige Prämie,[387] da jede Schadenzahlung des Rückversicherers an den Erstversicherer eine Prämiennachzahlung auslöst.

Bei einem Schadenexzedenten mit Wiederauffüllungen wird zu Vertragsbeginn das Basisentgelt in Höhe von P_{bas} fällig. Im Falle eines Schadens X_n leistet der Rückversicherer wie gewohnt seinen Anteil in Höhe von

$$X_n^{RV} = \min\left(\max\left(X_n - u,\ 0\right),\ h\right) \tag{3-21}$$

384 Dies findet sich in Anhang A.1 erläutert.
385 Vgl. PFEIFFER (1999), S. 58.
386 Vgl. LIEBWEIN (2009), S. 245.
387 Vgl. MACK (2002), S. 370.

und das Wiederauffüllungsentgelt P_n^{WA} wird unmittelbar anteilig zur verbrauchten Haftstrecke fällig. Es beträgt[388]

$$P_n^{\mathrm{WA}} = \beta \cdot \frac{X_n^{RV}}{h} \cdot P_{\mathrm{bas}}. \qquad (3\text{-}22)$$

Dabei lässt die Gestaltung des Preisfaktors β eine Reihe preispolitischer Spielräume zu,[389] bis hin zu einem individuellen Preisfaktor für jede Wiederauffüllung.[390] Unter die versicherungstechnischen Maßnahmen der Prämienpolitik fallen jedoch nur solche Ausgestaltungsformen, die die Art des Rückversicherungsentgelts beeinflussen. Kostenlose Wiederauffüllungen sind in diesem Sinne kein Instrument der versicherungstechnischen Prämienpolitik, da sie de facto die Ausgangssituation eines Schadenexzedenten mit vorab festgelegtem Entgelt widerspiegeln.

Im Folgenden wird von einem konstanten Preisfaktor $\beta > 0$ ausgegangen. Die Prämieneinnahme des Rückversicherers ist damit abhängig von der Realisation der Gesamtschadenvariable S^{RV} und beträgt[391]

$$P\left(S^{\mathrm{RV}}\right) = P_{\mathrm{bas}} \cdot \left(1 + \frac{\beta}{h} S^{\mathrm{RV}}\right). \qquad (3\text{-}23)$$

Aufgrund der Zufallsabhängigkeit des Entgelts muss sichergestellt sein, dass der Erwartungswert der Rückversicherungsprämie dem Schadenerwartungswert $\mathrm{E}\left(S_E^{\mathrm{RV}}\right)$ entspricht. Deswegen wird das Basisentgelt so bemessen, dass

$$\mathrm{E}\left(P\left(S^{\mathrm{RV}}\right)\right) = \mathrm{E}\left(S_E^{\mathrm{RV}}\right). \qquad (3\text{-}24)$$

388 Vgl. MACK (2002), S. 370.

389 Vgl. LIEBWEIN (2009), S. 261. Die in der Literatur suggerierte Begrenzung des Preisfaktors auf das Intervall $[0, 1]$ (vgl. LIEBWEIN (2009), S. 261 sowie MACK (2002), S. 370) findet sich allerdings in der Praxis nicht erfüllt, da dem Verfasser diverse Fälle mit $\beta > 1$ bekannt sind.

390 Siehe hierzu z. B. LIEBWEIN (2009), S. 261 und FLOWER ET AL. (2006), S. 40. Außerdem kann die Anzahl der Wiederauffüllungen begrenzt werden, sodass die Gesamthaftung des Rückversicherers unter dem Schadenexzedenten limitiert wird. Wie z. B. MACK ausführt, stellt die Vereinbarung einer begrenzten Anzahl kostenloser Wiederauffüllungen einen Sonderfall eines Jahreshaftungslimits und ist daher nicht als Prämienpolitik zu verstehen (vgl. MACK (2002), S. 370).

391 Vgl. HÜRLIMANN (2011a), S. 214. Hier wird die Notation S^{RV} verwendet, da es nicht um eine Unterscheidung zwischen S_E und S_z geht, sondern um die allgemeine Darstellung.

erfüllt ist. Unter Berücksichtigung der Diskontierung ergibt sich

$$P_{\text{bas}} = \frac{\mathrm{E}\left(S_E^{\text{RV}}\right) \cdot \sum_{i=1}^{T} p\left(i\right)\left(1+r\right)^{-i}}{1 + \frac{\beta}{h} \cdot \mathrm{E}\left(S_E^{\text{RV}}\right) \cdot \sum_{i=1}^{T} p\left(i\right)\left(1+r\right)^{-i}}.^{392} \tag{3-25}$$

Und die für die Risikokapitalbestimmung entscheidende Verlustfunktion bei Wiederauffüllung L^{WA} lautet:

$$\begin{aligned} L^{\text{WA}} &= S^{\text{RV}} - P\left(S^{\text{RV}}\right) \\ &= S^{\text{RV}}\left(1 - \frac{\beta}{h}P_{\text{bas}}\right) - P_{\text{bas}}. \end{aligned} \tag{3-26}$$

Wegen $1 - \frac{\beta}{h}P_{\text{bas}} > 0$ folgt für die Risikokapitalausstattung R^{WA} des Rückversicherungsunternehmens:[393]

$$\begin{aligned} R^{\text{WA}} &= \mathrm{VaR}_\alpha\left(L^{\text{WA}}\right) \\ &= \left(1 - \frac{\beta}{h}P_{\text{bas}}\right) \cdot \mathrm{VaR}_\alpha\left(S^{\text{RV}}\right) - P_{\text{bas}}. \end{aligned} \tag{3-27}$$

Die Ist-Kapital-Ausstattung R_T^{WA}, anhand derer die Auswirkungen einer unterschätzten Schadeninflation abgebildet werden, beträgt im Falle unbegrenzter, bezahlter Wiederauffüllungen

$$R_T^{\text{WA}} = \left(R_D + P_{\text{bas}}\right)\left(1+r\right)^T - \mathrm{E}\left(S_z^{\text{RV}}\right)\left(1 - \frac{\beta}{h}P_{\text{bas}}\right)\sum_{i=1}^{T} p\left(i\right)\left(1+r\right)^{T-i}. \tag{3-28}$$

Im abschließenden Schritt wird die Unterkapitalisierung infolge der Unterschätzung der Schadeninflation beschrieben. Anhand der Zielabweichungsfunktion lässt sich die Wirkung der Wiederauffüllung in Bezug auf das Inflati-

392 Dies lässt sich durch $\mathrm{E}\left(P\left(S^{\text{RV}}\right)\right) = \mathrm{E}\left(\frac{\mathrm{E}\left(S_E^{\text{RV}}\right)}{1+\frac{\beta}{h}\mathrm{E}\left(S_E^{\text{RV}}\right)}\left(1 + \frac{\beta}{h}S^{\text{RV}}\right)\right) = \mathrm{E}\left(S_E^{\text{RV}}\right)$ zeigen.

393 Vgl. HANISCH (2005), S. 80. Die Umformung gilt in dieser Form für $1 - \frac{\beta}{h}P_{bas} > 0$. Dies kann hier als gegeben vorausgesetzt werden, denn ansonsten würde der nur theoretisch denkbare Fall eintreten, dass der Erstversicherer bei jedem Schaden mehr Prämie zahlt, als er an Erstattungsleistung erhält.

onsrisiko analysieren. Durch

$$UK^{\text{WA}} = \frac{\left(1 - \frac{\beta}{h} P_{\text{bas}}\right) \cdot \text{VaR}_{\alpha}\left(S_z^{\text{RV}}\right) - P_{\text{bas}}}{\left(R_D^{\text{WA}} + P_{\text{bas}}\right)(1+r)^T - \text{E}\left(S_z^{\text{RV}}\right)\left(1 - \frac{\beta}{h} P_{\text{bas}}\right) \sum_{i=1}^{T} p(i)(1+r)^{T-i}}$$

$$= \frac{e_z^{\text{RV}} + \sqrt{e_z^{\text{RV}}} Z_{1-\alpha} \text{Vko}\left(S_E^{\text{RV}}\right) - \sum_{i=1}^{T} p(i)(1+r)^{-i}}{\left[\begin{array}{l} Z_{1-\alpha} \text{Vko}\left(S_E^{\text{RV}}\right) + \left(1 - e_z^{\text{RV}}\right) \sum_{i=1}^{T} p(i)(1+r)^{T-i} \\ \qquad + \left(1 - \sum_{i=1}^{T} p(i)(1+r)^{-i}\right) \end{array}\right]} \quad (3\text{-}29)$$

zeigt sich, dass im Fall $r > 0$ der Einfluss einer unterschätzten Schadeninflation auf die Kapitalausstattung des Rückversicherers durch die Wiederauffüllungsvereinbarung reduziert wird. Mittels bezahlter Wiederauffüllungen lässt sich demnach das Inflationsrisiko senken, wenngleich der Einfluss eher gering ausfällt und vor allem von der Höhe des Zinssatzes abhängt. Der entsprechende Nachweis findet sich in Anhang A.2.

3.2.4 Prämienanpassungsklauseln

Gemäß FARNY dienen Prämienanpassungsklauseln der Begrenzung des Änderungsrisikos, indem sie eine „Anpassung der (Risiko-)Prämienzahlungen an steigende [...] Erwartungswerte der Schäden bewirken“.[394] In der Erstversicherung gelten Prämienanpassungsklauseln deswegen als wichtige risikopolitische Maßnahme, um die Prämie an unvorhergesehene Änderungen im Schadenursachensystem anzupassen.[395]

Wenn Rückversicherungsverträge sogenannte „Change in Law“-Vereinbarungen enthalten, handelt es sich um eine spezielle Form der Prämienanpassungsklausel.[396] Die Parteien vereinbaren, über eine Anpassung der Vertragsbedingungen in Verhandlung zu treten, sofern sich ein unvorhergesehener,

---

394 FARNY (2011), S. 446.

395 Vgl. HELTEN (1992b), S. 165; FARNY (2011), S. 563. Dies bezieht sich insbesondere auf die Kranken- und Lebensversicherung, da dort das Kündigungsrecht des Versicherers oftmals ausgeschlossen ist.

396 Vgl. CARTER (2000), S. 349.

vertraglich definierter „Change in Law“ ereignet.[397] Darunter wird wie unten ausgeführt allgemein eine Änderung des rechtlichen Umfelds verstanden. Da in den meisten Fällen die Prämie angepasst wird, wird die Klausel hier als Prämienanpassungsklausel vorgestellt. Bleibt eine Nachverhandlung ergebnislos, wird der Rückversicherungsvertrag so angewendet, als wäre die Änderung des rechtlichen Umfelds nicht eingetreten.

Der Rückversicherer verfolgt damit das Ziel, die Ungewissheit bezüglich zukünftiger Veränderungen des Entschädigungsumfelds zu reduzieren, die sich sonst in einer unerwarteten Erhöhung der Legalkosteninflation niederschlagen. Um welche Veränderungen es konkret geht, wird im Rückversicherungsvertrag festgelegt.[398] Ist letztlich definiert, welche Legalentscheidungen den Change in Law begründen, kann daraus abgeleitet werden, wie die Klausel auf die Schadeninflation wirkt. In den Fokus der Betrachtung rückt dabei die Legalkosteninflation, da sich die Anpassungsklausel auf direkt auf das Handeln von Legalinstitutionen zurückzuführende Veränderungen bezieht.

Um die Wirkung einer Prämienanpassungsklausel auf das Inflationsrisiko zu überprüfen, wird im Folgenden davon ausgegangen, dass die „Change in Law“-Definition genau die Verteuerung des Schadenbedarfs erfasst, die in der Legalkosteninflation z_{legal} bestimmt ist. Die Nachtarifierung ermöglicht dem Rückversicherer, den aus der geänderten Rechtslage resultierenden Prognosefehler e_z^{RV} nachträglich zu korrigieren.[399] Dies kann durch eine Prämiennacherhebung erfolgen. Akzeptiert der Erstversicherer die Prämienanpassung nicht, operiert der Rückversicherungsvertrag so, als wäre die Veränderung

[397] Vgl. CARTER (2000), S. 349 sowie WADDELL (2008), S. 113. An dieser Stelle wird bewusst auf die Übersetzung des Begriffs verzichtet, um zu verdeutlichen, dass das eine Prämienanpassung auslösende Ereignis zu definieren ist.

[398] Wird sich lediglich auf Gesetzesänderungen berufen, dann fielen Änderungen in der Rechtsprechung nicht in den Definitionsumfang. Doch beeinflussen Änderungen in der Rechtsprechungspraxis vor allem in Common-Law-Staaten als Präzedenzfälle bzw. Fallrecht die Rechtsprechung ähnlich gelagerter Fälle.

[399] Gerade bei rückwirkenden Gesetzesänderungen können die offenen Schäden vieler Anfalljahre betroffen sein. In einem solchen Fall ist es unter Umständen erforderlich, die Prämie mehr als nur einer Vertragsperiode anzupassen. Da in der vorliegenden Ausarbeitung jedoch nur auf den Ruinzeitraum eines Vertragsjahrs geachtet wird, ist dieses Detail nicht relevant.

des Rechtsumfelds nicht passiert.[400] Diese beiden Fälle werden im Folgenden untersucht.

Wird die Prämie nachträglich angepasst, erhebt der Rückversicherer den Fehlbetrag in Bezug auf die Legalkosteninflation nach. Davon ausgehend, dass dies zinsneutral erfolgt, würde der Erstversicherer eine angepasste Prämie P^{AK} in Höhe von

$$P^{\mathrm{AK}} = \mathrm{E}\left(S_E^{\mathrm{RV}}\right) e_{\mathrm{legal}}^{\mathrm{RV}} \tag{3-30}$$

erhalten. Mit $e_{\mathrm{legal}}^{\mathrm{RV}}$ wird dabei die Differenz zur bereits in der Prämienkalkulation enthaltenen Schätzung der Legalkosteninflation bezeichnet,[401] die sich aus dem Vergleich a priori geschätzter und tatsächlicher Legalkosteninflation ergibt. Die Prämiennachzahlung verändert die als Unterkapitalisierung ausgedrückte Zielabweichung zu

$$UK^{\mathrm{AK}} = \frac{\left(e_z^{\mathrm{RV}} - e_{\mathrm{legal}}^{\mathrm{RV}}\right) + \sqrt{e_z^{\mathrm{RV}}} \cdot Z_{1-\alpha} \cdot \mathrm{Vko}\left(S_E^{\mathrm{RV}}\right)}{Z_{1-\alpha} \cdot \mathrm{Vko}\left(S_E^{\mathrm{RV}}\right) + \left(e_{\mathrm{legal}}^{\mathrm{RV}} - e_z^{\mathrm{RV}}\right) \cdot \sum_{i=1}^{T} p\left(i\right)\left(1+r\right)^{T-i}}. \tag{3-31}$$

Insofern ist ein positiver Effekt auf die Gestalt der Zielabweichungsfunktion festzustellen. Die Abhängigkeit der Unterkapitalisierung von der Inflationsunterschätzung wird reduziert, denn aufgrund der Prämiennachzahlung steht auf der einen Seite eine erhöhte Risikoreserve zur Verfügung. Auf der anderen Seite wird die Anforderung an das Soll-Kapital reduziert, da wegen der zusätzlichen Prämie weniger Risikokapital bereitgestellt werden muss.

Falls es nicht zu einer Prämiennachzahlung kommt, greift die zweite Option der Anpassungsklausel. Die Schäden werden vom Rückversicherer so entschädigt, als ob es die Änderung des rechtlichen Umfelds nicht gegeben hätte. In diesem Fall erfolgt eine Änderung der Schadenverteilung dahingehend, dass an die Stelle der tatsächlichen Schadenverteilung S_z eine Entschädigung

[400] Vgl. CARTER (2000), S. 349; WADDELL (2008), S. 113.

[401] Dies müsste ein Rückversicherer dem Erstversicherer natürlich nicht offenlegen, sodass die Idee der Anpassung in der Theorie sicher attraktiv erscheint, ihre Umsetzung in der Praxis aber womöglich an diversen Aspekten scheitern könnte.

$S_{z-\text{legal}}$ mit

$$\mathrm{E}\left(S_{z-\text{legal}}\right) = \frac{\mathrm{E}\left(S_z\right)}{1 + z_{\text{legal}}} \tag{3-32}$$

tritt. Auf diese Weise wird für den Rückversicherer der Inflationsprognosefehler e_z^{RV} um die Legalkosteninflation reduziert. Für die inflationsbedingte Unterkapitalisierung folgt:

$$UK^{\text{AK}} = \frac{\left(\frac{e_z}{1+z_{\text{legal}}^{\text{RV}}} - 1\right) + \sqrt{\frac{e_z^{\text{RV}}}{1+z_{\text{legal}}^{\text{RV}}}} \cdot Z_{1-\alpha} \cdot \text{Vko}\left(S_E^{\text{RV}}\right)}{Z_{1-\alpha} \cdot \text{Vko}\left(S_E^{\text{RV}}\right) + \left(1 - \frac{e_z^{\text{RV}}}{1+z_{\text{legal}}^{\text{RV}}}\right) \cdot \sum_{i=1}^{T} p\left(i\right)\left(1+r\right)^{T-i}}. \tag{3-33}$$

Dabei beschreibt $1 + z_{\text{legal}}^{\text{RV}}$ die den Rückversicherungsvertrag betreffende , also

$$\left(1 + z_{\text{legal}}^{\text{RV}}\right) = \left(1 + z_{\text{legal}}^{N}\right)\left(1 + z_{\text{legal}}^{X}\right)^{k}. \tag{3-34}$$

Somit wird auch auf diesem Weg die inflationsbedingte Unterkapitalisierung des Rückversicherers reduziert, denn die um $1+z_{\text{legal}}^{\text{RV}}$ reduzierte Schadeninflation führt zu einer Verringerung der Kapitalanforderung und zu einer geringeren Schadenauszahlung als im Fall ohne Anpassungsklausel. Somit wirkt die Vereinbarung im Fall einer Legalkosteninflation positiv für den Rückversicherer.

Zusammenfassend lässt sich demnach festhalten, dass eine solche Anpassungsklausel als probates Mittel erscheint, rechtlichen Änderungsrisiken entgegenzuwirken. Allerdings wird hiermit lediglich der Prognosefehler bezüglich der Legalkosteninflation reduziert. Alle anderen Formen der Schadeninflation werden nicht abgedeckt, sodass es sich bei der Anpassungsklausel um ein sehr spezifisches risikopolitisches Instrument handelt.[402]

[402] Trotz der theoretischen Vorteile stellt sich an dieser Stelle zwangsläufig die Frage, ob ein Transfer in die Praxis möglich wäre. Dazu müsste man die Legalkosteninflation isolieren können. Ist dies nicht der Fall, handelt es sich wohl eher um eine Nachverhandlungssituation als um eine Nachtarifierung. In diesem Sinne kann es geschäftspolitische Erwägungen für den Rückversicherer geben, die Anpassung nicht in dem theoretisch erstrebenswerten Umfang vorzunehmen. Davon bleibt die risikotheoretische Evaluation der Anpassungsklausel jedoch unberührt.

3.2.5 Diskontierung

Da sich die Zahlung der Schäden bis weit in die Zukunft abwickeln kann, wird die in der Tarifierung ermittelte erwartete Schadenlast entsprechend der erwarteten Auszahlungsstruktur diskontiert.[403] Das sich daraus ergebende Entgelt wird vom Erstversicherer zu Beginn der Rückversicherungsperiode an den Rückversicherer geleistet.[404] Anschließend wird die erhaltene Prämie vom Rückversicherer für die Zeit bis zur tatsächlichen Auszahlung zinsbringend angelegt.[405]

Um die Diskontierung als risikopolitisches Instrument der Prämienpolitik zu nutzen, lässt sich die erwartete Schadenlast mit einem reduzierten D_a abzinsen. Aufgrund der geringeren Zinserwartung in D_a muss die Differenz zum ursprünglichen Diskontierungseffekt durch eine um einen Diskontierungszuschlag a erhöhte Prämie aufgefangen werden. Mit[406]

$$D_a = \frac{D_P}{a} \tag{3-35}$$

ergibt sich als angepasste Prämie P_a

$$P_a = \frac{\mathrm{E}\left(S_E^{\mathrm{RV}}\right)}{D_a} = aP_D. \tag{3-36}$$

Die Auswirkungen der Anpassung auf die Kapitalposition des Rückversicherers werden durch

$$UK^a = \frac{\left(e_z^{\mathrm{RV}} - 1\right) + \sqrt{e_z^{\mathrm{RV}}} \cdot Z_{1-\alpha} \cdot \mathrm{Vko}\left(S_E^{\mathrm{RV}}\right)}{Z_{1-\alpha} \cdot \mathrm{Vko}\left(S_E^{\mathrm{RV}}\right) + \left(a - e_z^{\mathrm{RV}}\right) \cdot \sum_{i=1}^{T} p\left(i\right)\left(1+r\right)^{T-i}} \tag{3-37}$$

abgebildet und lassen sich als aus der Diskontierung resultierender Sicherheitszuschlag auf die Prämie interpretieren. Besonders ist hier die explizite Berücksichtigung der Auszahlungsstruktur $p\left(i\right)$ zu betonen, sodass a als ein von der Auszahlungsstruktur abhängiger Sicherheitszuschlag ausgestaltet wird.

---

403 Vgl. LIEBWEIN (2009), S. 232.

404 Vgl. GERATHEWOHL (1976), S. 862; LIEBWEIN (2009), S. 235.

405 Vgl. LIEBWEIN (2009), S. 232 sowie Unterkapitel 3.3.

406 In diesem Fall gilt $a > 0$.

Die Gestaltungsformen eines Diskontierungsabschlags sind vielfältig, wenngleich zwei Grundtypen der Diskontierungsanpassung unterschieden werden können. Zum einen ist eine zeit- bzw. zahlungsreihenabhängige Anpassung des Diskontierungszinses denkbar und zum anderen eine Begrenzung des Diskontierungszeitraums.

Bei einer zeitabhängigen Gestaltung erhält man durch

$$D_a = \left(\sum_{i=1}^{T} p(i) \left(1 + r(i)\right)^{-i} \right)^{-1} \tag{3-38}$$

einen angepassten Diskontierungsfaktor, bei dem ein gegenüber dem eigentlichen Diskontierungssatz r reduzierter Zinssatz für die Abzinsung herangezogen wird. Dies kann durch einen pauschalen Zinsabschlag erfolgen. Um zu berücksichtigen, dass das Entschädigungsumfeld in der nahen Zukunft besser zu prognostizieren ist als in der weiter entfernt liegenden Zukunft,[407] kann ein zeitabhängiger Abschlag integriert werden, der mit steigender Abwicklungsdauer größer wird. Dabei steht die Funktion $g(i)$ mit $0 \leq g(i) \leq 1$ für den Abschlag, mit dem der Zinssatz abhängig vom jeweiligen Abwicklungsjahr reduziert wird. Es resultiert:

$$r(i) = g(i) \cdot r. \tag{3-39}$$

Wird ferner der Auffassung gefolgt, dass sich eine zukünftige Auszahlungsstruktur in ihrem ersten Teil besser abschätzen lässt als in ihrer finalen Phase, dann erscheint es sinnvoll, die Auszahlungsstruktur nur so lange zu berücksichtigen, bis ein gewisser Teil der Schadenabwicklung erreicht ist und der letzte Teil des Abwicklungsmusters keine Diskontierung mehr erhält. Dann entsteht über die Diskontierung ein Prämienzuschlag, der nicht vom Zeitraum der Abwicklung, sondern vom Verlauf des Abwicklungsmusters abhängig ist. Werden nur die ersten $100x\,\%$ der Schadenabwicklung für die Diskontierung

[407] Siehe z. B. CLARK (2006), S. 62. Außerdem sei auf die Überlegungen in den Abschnitten 3.5.3 und 4.2.3 sowie die dort angeführte Literatur verwiesen.

als relevant angesehen, ist Folgendes anzusetzen:

$$r(i) = \begin{cases} r & \text{falls } \sum_{i=1}^{T} p(i) \leq x \\ 0 & \text{sonst.} \end{cases} \tag{3-40}$$

Alternativ lässt sich die höhere Unsicherheit bezüglich späterer Abwicklungszeitpunkte in der Diskontierung abbilden, indem lediglich der Zinsertrag der ersten A Jahre berücksichtigt wird. Zinserträge in späteren Entwicklungsjahren gehen nicht in die Diskontierung ein. Auch dies entspricht dem oben formulierten Prinzip, dass bei der Diskontierung ein gewisser Teil des Auszahlungszeitraums unberücksichtigt bleibt. Es ergibt sich:

$$D_a = \left(\sum_{i=1}^{T} p(i) (1+r)^{-\min(i,A)} \right)^{-1}. \tag{3-41}$$

In diesem Fall entsteht ein Risikozuschlag für Abwicklungszeiträume, die länger als A Jahre dauern.

Über die Diskontierung kann demnach ein spezieller Sicherheitszuschlag konstruiert werden, dessen Berechnung allerdings kein Prämienprinzip im Sinne einer risikotheoretisch begründeten Vorschrift zugrunde liegt, sondern dessen Höhe sich aus dem Zahlungsmuster $p(i)$ ergibt. Der Zuschlag a berechnet sich dann durch den Quotienten

$$a = \frac{D_P}{D_a} \tag{3-42}$$

und die Zielabweichung im Fall einer Inflationsverschätzung wird gemäß Gleichung 3-37 reduziert.

Aus der Anpassung der Diskontierung resultiert eine günstige Veränderung der Zielabweichungsfunktion. Dennoch scheint die Verwendung der Diskontierung zur Konstruktion des Unsicherheitszuschlags der Schadeninflation nicht ideal. Die Diskontierung wird nämlich entlang der Auszahlung des Rückversicherungsschadens $p(i)$ ermittelt. Auf diese Weise wird zwar herausgestellt, dass das Auszahlungsmuster ein wichtiger Einflussfaktor für das Inflationsrisiko ist. Eine Berücksichtigung des für die Schadeninflation maßgeblichen Zahlungsmusters des Originalschadens $c(i)$ erfolgt jedoch nicht.

3.3 Maßnahmen der Kapitalanlagepolitik

3.3.1 Kapitalanlagepolitik

Wie bereits zu Beginn erläutert ist die Kapitalanlagepolitik im eigentlichen Sinne keine Maßnahme zur Begrenzung des versicherungstechnischen Risikos, sondern beschreibt die im Versicherungsunternehmen zu treffenden „Entscheidungen über den Kapitalanlagemix".[408] Ermöglicht wird das Kapitalanlagegeschäft durch das zeitliche Auseinanderfallen von Prämieneinnahme und Schadenauszahlung, sodass sich ein Anlagehorizont für die Risikoreserve bietet.[409] Folglich sind die im Zusammenhang mit der Kapitalanlage getroffenen Entscheidungen nicht als Maßnahmen zur Beeinflussung des versicherungstechnischen Risikos zu verstehen, sondern sie beziehen sich auf das Kapitalanlagerisiko. Dennoch dienen die erwirtschafteten Kapitalerträge gerade der Deckung von Fehlbeträgen im Versicherungsgeschäft.[410] Da sich das Inflationsrisiko in den Bereich der Kapitalanlagerisiken erstreckt, sollte die Kapitalanlage genauso als risikopolitisches Instrument für das Inflationsrisiko herangezogen werden. Für die Untersuchung dieser Option wird im Folgenden eine vereinfachte Kapitalanlage angenommen. Dabei wird unter Vernachlässigung anderer klassischer Kapitalanlagerisiken die Wirkung auf das Inflationsrisiko isoliert untersucht.

Wie bereits ausgeführt entsteht die inflationsbedingte Unterkapitalisierung unter anderem aufgrund der im Falle einer Inflationsunterschätzung geringer ausfallenden Kapitalerträge. Da aber die Rendite von Kapitalanlagen zumindest teilweise inflationskorreliert sein kann,[411] ist es denkbar, dass durch den Einkauf spezieller Kapitalanlageprodukte die Auswirkungen der Schadeninflation auf ein versichertes Portefeuille von Einzelrisiken begrenzt wird. Aus diesem Grund wird nachfolgend betrachtet, mit welchen Anlageprodukten ein Versicherungsunternehmen diese Limitierung bewerkstelligen kann. Am Bei-

[408] Vgl. FARNY (2011), S. 914. Sie ist als eigener Geschäftsbereich in einem Versicherungsunternehmen mit einer eigenen Risikoklasse zu verstehen (vgl. FARNY (2011), S. 892 sowie S. 900).

[409] Vgl. JÄGER (2005), S. 261.

[410] Vgl. FARNY (2011), S. 893.

[411] Vgl. KARL ET AL. (2010), S. 31.

spiel inflationsindexierter Wertpapiere wird anschließend untersucht, wie sich die Nutzung inflationskorrelierter Anlagen auf das Inflationsrisiko auswirkt.[412]

3.3.2 Anlageprodukte für das Inflationshedging

Als eine Entscheidung der Kapitalanlagepolitik muss sich ein Unternehmen mit der Möglichkeit des Hedgings der Inflation auseinandersetzen. Darunter wird die Investition in Anlageformen verstanden, die durch Inflation gerade nicht entwertet werden, da ihre Wertentwicklung mit der Inflation einhergeht.[413] Im Falle eines perfekten Hedgings zahlt die Anlage einen Realzins, der von der Inflation unabhängig ist.[414]

Für das Inflationshedging stehen verschiedene Anlageformen zur Verfügung. Beispielsweise geben Staaten und Unternehmen Anleihen aus, deren Wertentwicklung und Rendite an die Entwicklung eines zugrunde liegenden Indexes gekoppelt sind. Neben diesen Anlageformen können sich Versicherungsunternehmen über Inflationsderivate absichern, bei denen Parteien inflationsgefährdete Zahlungsströme gegen inflationsunabhängige Zahlungen tauschen. Versicherungsunternehmen treten dabei beispielsweise als Käufer von Inflationsswaps und anderen Derivaten auf.[415] Die Gegenposition wird durch staatliche Organe oder Versorgungs- bzw. Infrastrukturunternehmen eingenommen, deren Geschäftsmodelle inflationsabhängige Zahlungsströme generieren.[416] Normalerweise sind sowohl inflationsindexierte Anleihen als auch Inflationsderivate an einen offiziell veröffentlichten Konsumentenpreisindex gebunden,[417] sodass die Rendite dieser Produkte von der Entwicklung des Referenzindexes abhängig ist.

---

412 In der vorliegende Analyse wird von einem einfachen Kapitalanlagemodell ausgegangen, in dem der Rückversicherer die eingenommenen Beiträge festverzinslich zum Zinssatz r anlegt. Von der weiteren Möglichkeit, die Kapitalanlage des Rückversicherungsunternehmens in einen größeren kapitalmarkttheoretischen Ansatz einzugliedern, soll in dieser Arbeit abgesehen werden, denn es sollen lediglich die grundsätzlichen Effekte des Hedgings aufgezeigt werden.

413 Vgl. KARL ET AL. (2010), S. 31; AHLGRIM/D'ARCY (2012), S. 16f. Eine Aufstellung findet sich zum Beispiel bei GREER (2006).

414 Vgl. BRANCH (1974), S. 48; BODIE (1976), S. 460; RÖDEL (2012), S. 2.

415 Vgl. KERKHOF (2005), S. 8; DODGSON/KAINTH (2006), S. 7.

416 Vgl. BRONDOLO (2005), S. 15.

417 Vgl. KARL ET AL. (2010), S. 31. Die Autoren weisen außerdem darauf hin, dass es außerbörslich gehandelte Produkte gibt, die auf einem Lohnindex basieren.

Eine derartige Sicherheit vor der Inflationsentwertung kostet den Käufer jedoch eine Prämie, die sich in Form einer reduzierten Rendite äußert.[418] Um diese Hedgingkosten zu reduzieren, werden weitere Anlageformen attraktiv, die möglicherweise nur ein imperfektes Hedging mit größerem Basisrisiko bieten. Dies kann durch ausgewählte Aktienportfolios bei entsprechend langem Anlagehorizont möglich sein.[419] Außerdem scheinen Rohstoffe und Liegenschaften von Interesse.[420] Futures auf Rohstoffe verhalten sich positiv korreliert zu Inflation, unerwarteter Inflation sowie Veränderungen in der erwarteten Inflation.[421] Ebenso können Immobilien eine geeignete Anlageklasse darstellen, um Inflation zumindest teilweise zu hedgen.[422]

Solche nicht traditionellen Anlageklassen entwickeln ihren Inflationsschutz allerdings nur für langfristige Anlagehorizonte und enthalten in der Regel ein erhöhtes Basisrisiko.[423] Insofern darf die Liquidität nicht kurzfristig benötigt werden. Allen Anlageformen gemein ist jedoch ein Nachteil, der in Bezug auf das Inflationsrisiko besonders kritisch ist. Fast ausnahmslos bezieht sich der Inflationsschutz auf die durch die Konsumentenpreisinflation ausgedrückte allgemeine Inflationsrate.[424] Damit können sie für die Schadenversicherung nur einen teilweisen Inflationsschutz bieten. Gerade in der Haftpflichtversicherung ist die Schadeninflation aber in vielen Fällen – sofern überhaupt anhand eines externen Indexes erklärbar – eher mit der Lohnkosten- bzw. Gesundheitskostenentwicklung korreliert.[425] Für derartige Hedgingprodukte

---

418 Vgl. BODIE (1976), S. 459f.

419 Vgl. ANG ET AL. (2012), S. 39ff. Die Eignung von Aktien als Anlageklasse zum Inflationshedging ist jedoch umstritten (vgl. z. B. FAMA/SCHWERT (1977); GULTEKIN (1983); KAUL (1987); FAMA (1981); BEKAERT/WANG (2010)).

420 Vgl. AMENC et al. (2009), S. 9.

421 Vgl. GORTON/ROUWENHORST (2006) sowie BASSE/FRIEDRICH (2010), S. 658 für weitere Überlegungen.

422 Vgl. AMENC ET AL. (2009), S. 9f. und die dort angegebene Literatur, außerdem BASSE/FRIEDRICH (2010), S. 661.

423 Vgl. ANARI/KOLARI (2002) und WESTERHEIDE (2006), S. 18. Auch wenn sich die folgenden Überlegungen ausschließlich auf das Inflationsrisiko beziehen, muss bei allen Anlageentscheidungen das Ausfallrisiko der Gegenpartei berücksichtigt werden. Wenn ein Hedging des Inflationsrisikos nur mit einem hohen Ausfallrisiko zu erreichen ist, wird das Hedging unattraktiv. Zusätzlich eingegangene Risiken sind schließlich ebenfalls mit Risikokapital zu hinterlegen.

424 Vgl. KARL ET AL. (2010), S. 31.

425 Vgl. WADDELL (2008), S. 109.

scheinen jedoch keine effizienten Märkte zu existieren.[426] Doch selbst in diesem Fall dürfte hauptsächlich die Kosteninflation abgebildet werden. Die Änderungsinflation wird von keinem Index abgebildet, sodass sich unweigerlich der Schluss aufdrängt, dass sich durch die Kapitalanlage maximal die Konsumentenpreisinflation hedgen lässt.[427] Besonders für Personenschäden in der Haftpflichtversicherung, deren Schadenteuerung deutlich über die Konsumentenpreisinflation hinausgeht,[428] scheint daher kein ausreichendes Hedging möglich.

3.3.3 Wirkung des Inflationshedgings auf das Inflationsrisiko des Rückversicherers

3.3.3.1 Inflationshedging mit Inflation Linked Bonds

Aus der breiten Palette der Hedginginstrumente werden im Folgenden nur *Inflation Linked Bonds* (ILBs) analysiert. An diesen wird beispielhaft untersucht, wie sich eine Investition in Hedgingprodukte im Vergleich zur konventionellen festverzinslichen Kapitalanlage auf die inflationsbedingte Unterkapitalisierung des Rückversicherungsunternehmens auswirkt. Die Beschränkung der Untersuchung auf ILBs bietet sich an, da sie konstruktionsbedingt ein idealtypisches Hedgingprodukt darstellen.[429] ILBs zahlen einen inflationsunabhängigen Realzins und entsprechen damit einem annähernd perfekten Hedginginstrument für die Inflation.[430] Außerdem können ILBs aufgrund ihrer einfachen Funktionsweise exemplarisch für andere, komplexere Anlageformen untersucht werden. Darüber hinaus entsprechen sie dem Kapitalanlageappetit von Versicherungsunternehmen und eignen sich sowohl für einen kurzfristigen als auch für einen längerfristigen Anlagehorizont. Dementsprechend werden nachfolgend die Kapitalanlage in nominalverzinste Wertpapiere

---

[426] Vgl. KARL ET AL. (2010), S. 33.

[427] Die Superimposed Inflation findet beim Hedging keine Berücksichtigung.

[428] Vgl. hierzu HELLBERG/LONSING (2010) und (2012).

[429] Im Folgenden wird die Funktionsweise von ILBs idealtypisch dargestellt. Einschränkungen werden in Fußnote 434 thematisiert.

[430] Vgl. KANTOR ET AL. (2012), S. 8; TOWERS WATSON (2011), S. 2.. Die Tatsache, dass dic Absicherung gegen Inflationsrisiken eine „Prämie“ kostet, da der Investor zugunsten der Sicherheit auf Rendite verzichtet, bleibt unberücksichtigt (vgl. z. B. BEKAERT/WANG (2010), S. 782ff. bzw. KANTOR ET AL. (2012), S. 14).

und alternativ in ILBs miteinander verglichen und der Einfluss des Hedgings auf das Inflationsrisiko analysiert.[431]

Im Allgemeinen wird bei ILBs der Nominalwert B an einen Index w_{ILB} gebunden und in konstanten Zeitintervallen an die Entwicklung dieses Indexes angepasst.[432] Bei steigender Inflation wird der Coupon r_C auf den um den Inflationsindex erhöhten Nominalwert gezahlt und es ergibt sich eine an die Inflation angepasste Rendite.[433] Auch wenn an den Märkten verschiedene Formen von ILBs gehandelt werden, so ist das im Folgenden näher untersuchte Kanadische Modell weitgehend als Standardmodell anerkannt.[434] Es zeichnet sich dadurch aus, dass am Ende eines Laufzeitjahrs i das Wertpapier eine Zinszahlung $Z(i)$ in Höhe von

$$Z(i) = B \cdot r_C \cdot \frac{w_{\text{ILB}}(i)}{w_{\text{ILB}}(0)} \tag{3-43}$$

leistet. Am Ende der Gesamtlaufzeit von A Jahren beträgt die Tilgung

$$Z(A) = B \cdot \frac{w_{\text{ILB}}(A)}{w_{\text{ILB}}(0)}.^{435} \tag{3-44}$$

Dabei ist $w_{\text{ILB}}(0)$ der Wert des Inflationsindexes zum Startzeitpunkt, $w_{\text{ILB}}(i)$ der Indexwert zum Zeitpunkt i und $w_{\text{ILB}}(A)$ der Indexwert zum Zeitpunkt der Fälligkeit des ILB. Unter Annahme einer gleichförmigen Wiederanlage des Zinsertrags lässt sich die Nominalverzinsung des ILB, bezeichnet mit r_{ILB},

[431] Siehe in diesem Kontext auch KANTOR ET AL. (2012), S. 14. Obwohl theoretisch eingänglich kann es in der Praxis durchaus herausfordernd sein, zwei in dieser Form vergleichbare Wertpapiere zu finden.

[432] Nachfolgend wird von einer jährlichen Anpassung ausgegangen.

[433] Vgl. KANTOR ET AL. (2012), S. 6.

[434] Vgl. ebd. Um den Einfluss der Investition in ILBs darzustellen, wird neben Arbitragefreiheit im Folgenden angenommen, dass die kontinuierliche Wiederanlage der Ausschüttung zum gleichen Coupon möglich ist. Dadurch werden Laufzeitdifferenzen, Transaktionskosten etc. ignoriert. Außerdem wird im Vergleich zum festverzinslichen Wertpapier angenommen, dass es sich um denselben Emittenten handelt. Ignoriert werden des Weiteren Coupon Lags. Stattdessen wird davon ausgegangen, dass jede Auszahlung bereits den Indexwert zum Zahlungszeitpunkt beinhaltet.

[435] Vgl. KANTOR ET AL. (2012), S. 7.

durch

$$1 + r_{\mathrm{ILB}}(i) = (1 + r_{\mathrm{C}}) \frac{w_{\mathrm{ILB}}(i)}{w_{\mathrm{ILB}}(0)} \tag{3-45}$$

ausdrücken. Vereinfachend wird weiterhin davon ausgegangen, dass sich der Inflationsindex w_{ILB} aus konstanten Zuwächsen der Höhe z^w ergibt.

Anders als bei einem nominalverzinsten Wertpapier zahlen Coupons von ILBs keinen Nominalzins, sondern einen Realzins.[436] Die Zahlungsreihe eines ILB ist somit ex ante unbekannt, da die zukünftige Inflation unbekannt ist.[437] Dennoch ist es möglich, die Renditen von ILBs mit den Renditen nominalverzinster Wertpapiere zu vergleichen, da sich die als risikolos angenommene Nominalpapierverzinsung r in drei Teile aufspalten lässt.[438] Sie setzt sich aus dem Realzins r_R, der erwarteten Inflation z_E^w und einer Risikoprämie für die Inflation zusammen.[439] Letztere ist in der Praxis aber zu vernachlässigen,[440] sodass sich für ein nominal verzinstes Wertpapier

$$(1 + r) = (1 + r_R)\left(1 + z_E^w\right) \tag{3-46}$$

ergibt, womit sich der Zusammenhang zwischen Nominal- und Realzins ausdrücken lässt.[441] Da aufgrund angenommener Arbitragefreiheit die Investoren unter Renditeaspekten indifferent zwischen einem festverzinslichen und einem inflationsindexierten Wertpapier sind, muss der Realzins r_{R} beider Anleihen gleich sein.[442] Es gibt demnach eine Inflationsrate, bei der nominal verzins-

[436] Vgl. Kantor et al. (2012), S. 6.

[437] Vgl. Kantor et al. (2012), S. 7.

[438] Vgl. Kantor et al. (2012), S. 13 sowie Brondolo (2005), S. 5. Die Herleitung ergibt sich aus der in der Fisher-Gleichung formulierten Annahme, dass sich die Nominalverzinsung eines Wertpapiers zusammensetzt aus der realen Zinserwartung r_{R} sowie einer Inflationskomponente z. Der zusätzliche Bestandteil einer Inflationsrisiko- und Liquiditätsprämie kann an dieser Stelle ignoriert werden (vgl. Kantor et al. (2012), S. 14). Im Gegensatz dazu leistet das inflationsindexierte Wertpapier immer den Realzins r_{R}, indem der Coupon-Zins r_C um die Inflation erhöht wird.

[439] Dies erfolgt unter Annahme eines vollkommenen Markts mit entsprechender Transparenz und keinen Transaktionskosten. Auch wenn es sich um eine idealtypische Erkenntnis handelt, sind die Aussagen der Fisher-Gleichung im Bereich inflationsindexierter Produkte anerkannt und werden von dem Marktteilnehmern entsprechend herangezogen (vgl. Kantor et al. (2012), S. 13).

[440] Vgl. Kantor et al. (2012), S. 14.

[441] Vgl. Standard Life Investments (2013), S. 4.

[442] Vgl. Kantor et al. (2012), S. 13.

tes Wertpapier und ILB den gleichen Realzins zahlen. Dieses verbindende Element nennt sich Breakeven-Inflation und erklärt auf effizienten Märkten die Inflationserwartung der Marktteilnehmer.[443] Damit lässt sich genauso die von der Inflation abhängige nominal ausgedrückte Verzinsung des ILB r_{ILB} erklären. Sie beträgt

$$\begin{aligned}(1 + r_{\text{ILB}}) &= (1 + r_R)\,(1 + z^w) \\ &= \frac{(1 + r)}{\left(1 + z_E^w\right)}\,(1 + z^w)\,. \end{aligned} \tag{3-47}$$

Für einen Vergleich der beiden Wertpapierformen wird der hier als risikolos angenommene Nominalzins zunächst um die Inflationserwartung reduziert und anschließend an die tatsächlichen Indexsteigerungen angepasst.[444]

Natürlich können sich die Investoren bezüglich der zukünftigen Inflation irren. Dann weicht die tatsächliche Inflation z^w von der Inflationserwartung ab. Erfasst man diesen Unterschied im Prognosefehler der Marktinflation e_{ILB} als

$$e_{\text{ILB}} = \frac{(1 + z^w)}{\left(1 + z_E^w\right)}, \tag{3-48}$$

lässt sich in der Zielabweichungsfunktion die jährliche nominale Verzinsung eines ILB durch

$$1 + r_{\text{ILB}} = (1 + r) \cdot e_{\text{ILB}} \tag{3-49}$$

beschreiben. Entspricht für alle Jahre die tatsächliche Inflation der Inflationserwartung, erwirtschaftet ein ILB den gleichen Zinsertrag wie ein festverzinsliches Wertpapier. Wird die Inflation überschätzt, ergibt sich aus der Investition in einen ILB ein niedrigerer Zinsertrag als bei der festverzinslichen Anlage. Fällt die Inflation höher als erwartet aus, resultiert ein Investment in einen ILB dafür in einem höheren Zinsertrag.[445]

---

443 Vgl. TOWERS WATSON (2011), S. 2.

444 Vgl. BRONDOLO (2005), S.5.

445 Vgl. TOWERS WATSON (2011), S. 2. Somit entscheiden sich Investoren mit geringen Inflationserwartungen für ein festverzinsliches Wertpapier. Falls die Inflationserwartung über der Breakeven-Inflation liegt, entscheidet sich der Investor für den ILB. Hier wird im Fol-

3.3.3.2 Inflationshedging zur Begrenzung des Inflationsrisikos

Wie sich ein Investment in Hedgingprodukte auf die Zielabweichungsfunktion und die Kapitalposition des Rückversicherers auswirkt, wird durch den im Vergleich zur Ausgangsfunktion UK veränderten Verzinsungsterm $(1+r_{\mathrm{ILB}})$ abgebildet. Dabei bleibt der Diskontierungszins r unberührt, da die ILB-Investition keinen Einfluss auf die Diskontierung hat. Alle anderen Elemente bleiben ebenso unverändert, denn die Kapitalanlage beeinflusst die Versicherungstechnik nicht.

Es wird deutlich, dass im Vergleich zur Kapitalanlage in festverzinsliche Wertpapiere das Kapitalanlageergebnis bei Investition in ILBs eine Korrektur für die möglicherweise unterschätzte Marktinflation enthält. Entsprechend ändert sich die Unterkapitalisierung zu

$$UK^{\mathrm{ILB}} = \frac{(e_{\mathrm{ILB}})^{-T}\left[\left(e_z^{\mathrm{RV}}-1\right)+\sqrt{e_z^{\mathrm{RV}}}Z_{1-\alpha}\cdot \mathrm{Vko}\left(S_E^{\mathrm{RV}}\right)\right]}{Z_{1-\alpha}\cdot \mathrm{Vko}\left(S_E^{\mathrm{RV}}\right)+\sum_{i=1}^{T}p\left(i\right)\left(1+r\right)^{T-i}\left(1-e_z^{\mathrm{RV}}\left(e_{\mathrm{ILB}}\right)^{-i}\right)}. \tag{3-50}$$

Dieser Zusammenhang impliziert, dass bei einer Unterschätzung der Marktinflation die Kapitalanlage in ILBs grundsätzlich einen höheren Ertrag abwirft als die Investition in nominalverzinste Papiere. Insofern scheint sich immer ein positiver Beitrag der Anlage in das Inflationshedgings zu ergeben, sofern die Marktinflation unterschätzt wird und $e_{\mathrm{ILB}} > 0$ resultiert. Allerdings gibt es keine direkte Hedgingwirkung aus dieser Kapitalanlage. Bei näherer Betrachtung des Zusammenhangs tritt zutage, dass e_z^{RV} und e_{ILB} verschieden zu interpretieren sind. Der Verschätzungsfehler der Schadeninflation e_z^{RV} hängt nämlich unter anderem vom Zahlungsmuster des Originalschadens $c\left(i\right)$ ab.[446] Im Gegensatz bezieht sich die Hedgingwirkung der Kapitalanlage maßgeblich auf das Zahlungsmuster des Rückversicherungslayers $p\left(i\right)$. Die Zahlungsreihen von Inflationierung und Kapitalanlage sind demnach nicht direkt voneinander abhängig, was die Entwicklung eines Hedginganssatzes stark erschwert.

---

genden davon ausgegangen dass die Inflationserwartung des Versicherungsunternehmens genau der Breakeven-Inflation entspricht.

[446] Dies gilt zumindest für die Schadenhöheninflation.

Ferner ist zu berücksichtigen, dass sich die Schadeninflation des Rückversicherers aus den Komponenten ökonomische Inflation, Superimposed Inflation sowie Excess Inflation zusammensetzt. Dies erschwert die Verknüpfung von Kapitalanlage und Schadeninflation weiter, denn von den drei Teilkomponenten scheint lediglich die ökonomische Inflation zu hedgen. Weder die Superimposed Inflation noch Excess-Inflation und genausowenig die Schadenhäufigkeitsinflation werden durch die Renditeentwicklung von ILBs abgebildet. Insofern schlussfolgern KARL ET AL., dass keines der verfügbaren Hedginginstrumente „wirksam vor der Verteuerung von Versicherungsschäden" schützt.[447]

Nichtsdestotrotz wird die Kapitalanlagerendite durch die Investition in ILBs zumindest teilweise inflationskorreliert. Somit scheint sich ceteris paribus eine vorteilhafte Option in Bezug auf das Inflationsrisiko zu ergeben, da sich durch inflationskorrelierte Kapitalanlagen zumindest der Einfluss einer Inflationsunterschätzung dämpfen lässt. Dem Verschätzungsfehler der Schadeninflation wird ein Verschätzungsfehler der Indexinflation gegenübergestellt, wobei dem Rückversicherer zugute kommt, dass die Layerzahlungsreihe langsamer läuft als die Zahlungsreihe des Originalschadens.[448] Wird die Marktinflation überschätzt, so kehrt sich dieser Effekt allerdings ins Gegenteil um und diese Anlagestruktur erweist sich für den Rückversicherer als nachteilig. Da nur in Ausnahmefällen Superimposed Inflation und Excess-Inflation zu kompensieren sind, kann eine Investition in ILBs für den Rückversicherer nur Teil einer Gesamtstrategie bezüglich des Inflationsrisikos sein. Besonders vor dem Hintergrund, dass hier sämtliche anderen Ziele der Kapitalanlagepolitik außer Acht gelassen werden und sich isoliert auf die Begrenzung des Inflationsrisikos konzentriert wird, sind im Sinne einer Gesamtrisikostrategie andere, schwerer wiegende Einflussfaktoren der Kapitalanlage zu bedenken.

[447] KARL ET AL. (2010), S. 33.
[448] Vgl. PINTO/GOGOL (1987), S. 236ff.; BALL/STAUDT (2011), S. 9.

3.4 Maßnahmen der Schadenpolitik

3.4.1 Einflussmöglichkeiten des Rückversicherers in der Schadenregulierung

Unter Schadenpolitik werden diejenigen Gestaltungsmaßnahmen der Versicherungstechnik zusammengefasst, mit denen die zu leistenden Schadenzahlungen nach Eintritt des Schadenereignisses reduziert werden können. Die Möglichkeiten dazu sind jedoch begrenzt und ergeben sich insbesondere im Rahmen der Schadenregulierung.[449] Durch eine sorgfältige Regulierungsarbeit kann ein Versicherungsunternehmen die Höhe der erstattungspflichtigen Schäden begrenzen, indem unberechtigte Ansprüche erkannt und Erstattungen nur in Höhe der berechtigten Ansprüche passieren.[450] Die Möglichkeit, im Nachhinein die Schadenleistungen zu beeinflussen, erscheint gerade in Bezug auf das Inflationsrisiko als Option der Risikominderung. Deswegen werden in diesem Abschnitt zwei Maßnahmen der Schadenpolitik betrachtet und ihre Wirksamkeit zur Reduktion des Inflationsrisikos untersucht. Zunächst stellt sich die Frage, wie der Rückversicherer in die Schadenregulierung eingebunden werden und somit auf die Höhe der erstattungspflichtigen Schadenleistungen Einfluss nehmen kann. Danach wird ausgeführt, welcher Einfluss auf das Inflationsrisiko zu erwarten ist, wenn der Rückversicherer die in Zukunft voraussichtlich zu leistenden Schadenzahlungen ablöst und sich dadurch von der zukünftigen Leistungspflicht befreit.

Trotz Risikoteilung reguliert grundsätzlich der Erstversicherer im Rahmen seines Geschäftsführungsrechts die unter den Originalpolicen angefallenen Schäden.[451] Seine Entscheidungen sind für den Rückversicherer bindend.[452] Selbst wenn diese Schäden der Höhe nach in den Deckungsumfang des Rückversicherungsvertrags fallen, ist der Rückversicherer nicht automatisch in die Regulierung eingebunden, obwohl er ein grundsätzliches Interesse hat, daran beteiligt zu sein.[453] Schließlich beginnt die Leistungspflicht des Rückversicherers, sobald die Schadenhöhe die Priorität überschreitet. Sofern die weitere

---

449 Vgl. FARNY (2011), S. 447.

450 Vgl. ebd. Die Ersparnisse bei der Schadenauszahlung sind allerdings gegen höhere Schadenregulierungskosten abzuwägen.

451 Vgl. GERATHEWOHL (1976), S. 521ff. und S. 802.

452 Vgl. GERATHEWOHL (1976), S. 525 und S. 794.

453 Vgl. LIEBWEIN (2009), S. 266.

Entwicklung der Schadenhöhe innerhalb der Haftstrecke des rückversicherten Layers bleibt, geht diese vollständig zulasten des Rückversicherers.[454] Der Erstversicherer könnte dann aus Marketing- oder Effizienzgründen eine weitere Verteuerung des Schadens zulassen.[455] Schließlich verursacht die Regulierungsarbeit zwar Kosten, aber die effektive Schadenlast wird nicht mehr reduziert, da sie von der Priorität gedeckelt ist. In diesem Fall verliert der Erstversicherer sein wirtschaftliches Interesse an der Schadenregulierung,[456] was zu einer schwächeren Abwehr unberechtigter Ansprüche oder zu einer zeitlichen Verschleppung der Schadenregulierung führen kann.[457]

Die Begründung für eine daraus resultierende Schadenteuerung ist hierbei allerdings nicht in den Schadenursachenbereichen zu suchen, sondern in operativen Defiziten der Schadenregulierung und Vertragsgestaltung. Eine solche Erhöhung der Schadenkosten kann zwar in den Schadendaten wie Schadeninflation aussehen, sodass dieser Sachverhalt als unechte Schadeninflation bezeichnet werden könnte. Dennoch handelt es sich letztlich um ein Problem des moralischen Risikos, zu dessen Bewältigung die Interessen von Erstversicherer und Rückversicherer angeglichen werden müssen.[458] Die Instrumente, die dem Rückversicherer größere Transparenz und Einflussmöglichkeiten auf die Schadenregulierung gewähren, werden als Mitwirkungsrechte bzw. Schadenassistenzrechte bezeichnet.[459] Abhängig von der genauen Ausgestaltung reichen die Rechte und Pflichten des Rückversicherers bei der Schadenregulierung dabei von bloßen internen Beratungsrechten bis hin zur Komplettübernahme der Schadenregulierung.[460] Außerdem besteht die Möglichkeit eines proportionalen Selbstbehalts des Erstversicherers an der Rückversicherungshaftstrecke,[461] durch den dieser ein erhöhtes finanzielles Eigeninteresse an der

---

454 Vgl. GERATHEWOHL (1976), S. 214. Erst bei Überschreiten des Plafonds entfällt wieder ein Teil des Schadens auf den Erstversicherer.

455 Vgl. LIEBWEIN (2009), S. 157.

456 Vgl. GERATHEWOHL (1976), S. 241.

457 Vgl. KILN (1991), S. 19f. bzw. LIEBWEIN (2009), S. 266.

458 Vgl. BENDER/RICHTER (2002), S. 2. Für eine weitere Auseinandersetzung mit dem moralischen Risiko unter Rückversicherungsverträgen siehe beispielsweise BENDER (2002), S. 182ff. und die dort angegebene Literatur.

459 Vgl. BENDER (2002), S. 223; LIEBWEIN (2009), S. 157.

460 Vgl. BENDER (2002), S. 224.

461 Neben der durch die Priorität festgelegten absoluten Abzugsfranchise wird in diesem Fall zusätzlich eine relative Abzugsfranchise in das Produkt integriert (vgl. FARNY (2011), S. 402).

Regulierung der Schäden erhält. Eine Schlechterabwicklung würde in diesem Fall zulasten beider Risikoträger gehen. Infolge des Interessenausgleichs ist eine konsequentere Regulierung der Schäden zu erwarten.

Wird durch eine weniger beharrliche Schadenregulierung das Abwicklungsverhalten der Schäden systematisch verlängert, so würde die Kalenderjahrinflation über einen verlängerten Zeitraum auflaufen und sich die zu entschädigenden Versicherungsleistungen verteuern. Damit würde die Schadeninflation zusätzlich erhöht. Aus diesem Grund sind aus der Reduktion des moralischen Risikos grundsätzlich positive Effekte im Hinblick auf die zu erstattenden Schadenleistungen zu erwarten. In Bezug auf das Inflationsrisiko ist eine bessere Steuerung des Auszahlungsverhaltens jedoch schwer im Modell abzubilden, da die Schadenabwicklung $c(i)$ als gegeben angenommen wird. Außerdem stellt sich die Frage nach der Quantifizierung des Einflusses dieses risikopolitischen Instruments, da sich üblicherweise kein Vergleich zwischen gewünschter, effizienter Schadenregulierung und unerwünschter, ineffizienter Regulierung anstellen lässt.

Man kann daher davon ausgehen, dass die Reduktion des moralischen Risikos mindestens das Informationsdefizit bezüglich der Schadeninflation reduziert und somit die Möglichkeit einer Zielabweichung verringert. Der Einfluss lässt sich jedoch nicht konkretisieren, sodass von der Untersuchung der Wirkung von Schadenassistenzrechten im Weiteren abgesehen wird. Stattdessen wird sich im nächsten Absatz mit der Möglichkeit der Ablösung von Schadenreserven beschäftigt, deren Einfluss auf die Zielabweichung modellierbar ist.

3.4.2 Schadenreserveablösung

Wie WADDELL hervorhebt, wird mit der nichtproportionalen Rückversicherung ein Großteil der Unsicherheit bezüglich der Schadeninflation vom Erstversicherer auf den Rückversicherer übertragen.[462] Für den Rückversicherer begründet sich darin die Notwendigkeit, die Schadeninflation über den gesamten Abwicklungszeitraum möglichst zutreffend einzuschätzen.[463] Gerade

[462] Vgl. WADDELL (2008), S. 112.

[463] Vgl. hierzu insbesondere die Ausführungen in Abschnitt 2.2.1 sowie SIJBRANDIJ (2007), S. 36.

vor dem Hintergrund, dass sich die Schadenabwicklung bei schweren Personenschäden unter Umständen über Jahrzehnte ausdehnen kann,[464] geht das Rückversicherungsunternehmen bei Vertragsabschluss langfristige Verpflichtungen ein. Als Gegenmaßnahme kann der Rückversicherer im Rahmen der Schadenpolitik vereinbaren, die gesamte Schadenreserve abzulösen und an den Erstversicherer zu überweisen. Dieser wickelt die Schäden dann auf eigene Rechnung und Gefahr ab.[465] War die Reserve zu hoch angesetzt, profitiert der Erstversicherer vom Abwicklungsgewinn. Bei zu niedrigem Reservestand gehen die Abwicklungsverluste zu seinen Lasten.

Einigen sich die Vertragsparteien auf die Schadenreserveablösung, wird der Rückversicherer von seiner zukünftigen Leistungspflicht befreit, obwohl die erstattungspflichtigen Schäden noch nicht vollständig abgewickelt sind.[466] Der Erstversicherer erhält den Betrag, der nach gemeinsamer Übereinkunft wohl in Zukunft vom Rückversicherer zu leisten wäre. Aufgrund der vorzeitigen Bezahlung zukünftig erwarteter Leistungen wird der Betrag diskontiert.[467]

Da die Schadenreserveablösung haftungsbefreiend wirkt, wird die Gefahr einer Unterschätzung der weiter in der Zukunft liegenden Schadeninflation wieder auf den Erstversicherer retransferiert.[468] Daher wird die Reserveablösung auch aus Inflationsrisikoaspekten interessant. So stellt sich in Bezug auf das Inflationsrisiko zum einen die Frage, wie die Zielabweichung durch die Schadenreserveablösung beeinflusst wird. Des Weiteren kann die Rücküberwälzung des Schlechterabwicklungsrisikos als Reduktion des Informationsdefizits interpretiert werden.

Zum Ablösezeitpunkt wird die Zukunftsinflation erneut geschätzt.[469] Dabei kann sich die aktualisierte Schätzung der Schadeninflation infl $\left(S_C^{RV}\right)$

---

[464] Vgl. BECK/FILZMAIER (2007), S. 56.

[465] Vgl. GERATHEWOHL (1976), S. 226.

[466] Vgl. GERATHEWOHL (1976), S. 325.

[467] Vgl. GERATHEWOHL (1976), S. 226.

[468] Aus versicherungstechnischer Sicht bietet der Schadenexzedent somit immer einen grundsätzlichen Schutz des Erstversicherers gegen Großschäden (vgl. LIEBWEIN (2009), S. 172 bzw. genauso GERATHEWOHL (1976), S. 86), aber keine Übernahme des (langfristigen) Inflationsrisikos mehr, da eine mögliche inflationsbedingte Schlechterabwicklung ab dem Ablösezeitpunkt wieder auf den Erstversicherer zurückfällt.

[469] Auch die Abwicklungsstruktur wird neu eingeschätzt und kann sich signifikant von der in die Prämienberechnung eingegangenen Ursprungsschätzung unterscheiden. Ein eventueller Schadenmehraufwand bzw. eine daraus resultierende zusätzliche Schadeninflation

signifikant von den in die Prämienberechnung eingegangenen Schätzwerten unterscheiden. Die neu geschätzte Schadenverteilung wird mit S_C bezeichnet. Im ersten Schritt wird betrachtet, wie der Vergleich der Werte von Soll-Kapital und Ist-Kapital zum Zeitpunkt der Schadenablösung – Ablösezeitpunkt T_C – ausfällt. Zu diesem Zeitpunkt wird mit der Zahlung der inklusive IBNR ausstehenden Schadenreserven die Leistungsverpflichtung des Rückversicherers beendet.

Dem Erstversicherer werden vom Rückversicherer die zukünftigen im Zeitraum zwischen T_C bis T erwarteten Schadenzahlungen erstattet. Diese Summe $Z(T_C)$ beträgt dann

$$Z(T_C) = \sum_{i=T_C+1}^{T} \mathrm{E}\left(S_C^{\mathrm{RV}}\right) p(i) (1+r)^{T_C-i}. \tag{3-51}$$

Somit beträgt die zum Ablösezeitpunkt T_C vorhandene Risikoreserve des Rückversicherers

$$\begin{aligned} R_{T_C} = {} & Z_{1-\alpha}\sigma\left(S_E^{\mathrm{RV}}\right)(1+r)^{T_C-T} \\ & + \mathrm{E}\left(S_E^{\mathrm{RV}}\right)\sum_{i=1}^{T_C} p(i)(1+r)^{T_C-i} - \mathrm{E}\left(S_z^{\mathrm{RV}}\right)\sum_{i=1}^{T_C} p(i)(1+r)^{T_C-i} \\ & + \mathrm{E}\left(S_E^{\mathrm{RV}}\right)\sum_{i=T_C+1}^{T} p(i)(1+r)^{T_C-i} - \mathrm{E}\left(S_C^{\mathrm{RV}}\right)\sum_{i=T_C+1}^{T} p(i)(1+r)^{T_C-i}. \end{aligned} \tag{3-52}$$

Diese Gleichung lässt sich wie folgt interpretieren: Das diskontierte Risikokapital und die diskontierte Prämie werden nur noch T_C Jahre verzinst. Die Schadenzahlungen machen sich über denselben Zeitraum in Höhe von $\mathrm{E}(S_z)\sum_i^{T_C} p(i)$ bemerkbar. Zusätzlich wird zum Zeitpunkt T_C der Restbetrag des Schadens, wie im letzten Term in Gleichung 3-52 gezeigt, diskontiert ausgezahlt.

bleibt hier aber unberücksichtigt, da es sich um das mit der Schätzung des Abwicklungsmusters verbundene Diagnoserisiko handelt, das nicht in der Inflationsrisikodefinition enthalten ist.

Das dann verbleibende Kapital ist mit dem Soll-Kapital zum Zeitpunkt T_C zu vergleichen. Letzteres ergibt sich zu

$$R_{T_C} = \left(\mathrm{E}\left(S_E^{\mathrm{RV}}\right)\left(e_z^{\mathrm{RV}} - 1\right) + Z_{1-\alpha}\sigma\left(S_z^{\mathrm{RV}}\right)\right)(1+r)^{-(T-T_C)}, \qquad (3\text{-}53)$$

sodass die Unterkapitalisierung im Falle einer Schadenreserveablösung

$$UK^{T_C} = \frac{\sqrt{e_z^{\mathrm{RV}}}\, Z_{1-\alpha}\mathrm{Vko}\left(S_E^{\mathrm{RV}}\right)}{\left[\begin{array}{l} Z_{1-\alpha}\mathrm{Vko}\left(S_E^{\mathrm{RV}}\right) + \left(1 - e_z^{\mathrm{RV}}\right)\sum_{i=1}^{T_C} p(i)(1+r)^{T-i} \\ \qquad + \left(1 - e_C\right)\sum_{i=T_C+1}^{T} p(i)(1+r)^{T-i} \end{array}\right]} \qquad (3\text{-}54)$$

beträgt. Um die versicherungstechnische Wirkung auf die inflationsbedingte Unterkapitalisierung zu erklären, wird der Ausdruck e_C neu eingeführt. Er beschreibt das Verhältnis der zur Ablösung der Schäden neu geschätzten Schadeninflation infl $\left(S_C^{\mathrm{RV}}\right)$ zur ursprünglichen, in die Ermittlung von Prämie und Risikokapital eingegangenen Schätzung infl $\left(S_E^{\mathrm{RV}}\right)$. Es gilt demnach:

$$\mathrm{E}\left(S_C^{\mathrm{RV}}\right) = e_C \cdot \mathrm{E}\left(S_E^{\mathrm{RV}}\right) \qquad (3\text{-}55)$$

mit

$$e_C = \frac{\mathrm{infl}\left(S_C^{\mathrm{RV}}\right)}{\mathrm{infl}\left(S_E^{\mathrm{RV}}\right)}. \qquad (3\text{-}56)$$

Die Wirkung der Schadenablösung als risikopolitisches Instrument wird durch den zum Ausgangsfall veränderten Term $(1 - e_C)\sum_{i=T_C+1}^{T} p(i)(1+r)^{T-i}$ im Nenner der in Gleichung 3-54 dargestellten Zielabweichungsfunktion beschrieben.

Zur Interpretation dieser Anpassung und zum Vergleich mit dem Fall ohne Schadenablösung müssen drei Fälle unterschieden werden, die sich auf die Größenverhältnisse von e_z^{RV} und e_C beziehen:

$e_z^{\mathrm{RV}} > e_C$ In diesem Fall gilt infl $\left(S_C^{\mathrm{RV}}\right) <$ infl $\left(S_z^{\mathrm{RV}}\right)$ und die Schadeninflation, die zur Ermittlung des Ablösebetrags herangezogen wird, fällt geringer aus als die tatsächliche Schadeninflation. Dann leistet die Ablösevereinbarung einen positiven Beitrag, denn die vereinbarten Ablösekonditionen führen zu einer kleineren Auszahlung als aufgrund der Inflationsverschätzung ohnehin zu leisten wäre. Die Zielabweichungsfunktion zeigt, dass die Kapitalausstattung des Rückversicherers günstiger ausfällt als ohne Schadenablösung.

$e_C = e_z^{\text{RV}}$ Wird bei der Schadenreserveablösung die tatsächliche Schadeninflation angesetzt, dann gilt $\text{infl}\left(S_C^{\text{RV}}\right) = \text{infl}\left(S_z^{\text{RV}}\right)$. Es besteht kein Unterschied zum Fall ohne Schadenablösung, da der Rückversicherer den gleichen Betrag zahlt, den er sonst auch hätte zahlen müssen.

$e_C > e_z^{\text{RV}}$ Der dritte Fall entsteht, wenn die im Ablösebetrag enthaltene höher als die tatsächliche Schadeninflation ist. Der Rückversicherer würde mehr zahlen, als er bei vollständiger Schadenabwicklung leisten müsste. In diesem Fall entsteht ein negativer Beitrag durch die Ablösevereinbarung, sodass die Unterkapitalisierung erhöht wird.

Sofern die in den Ablösungsbetrag eingehende Neuschätzung der Schadeninflation $\text{infl}\left(S_C^{\text{RV}}\right)$ geringer ausfällt als die tatsächliche Inflation $\text{infl}\left(S_z^{\text{RV}}\right)$, ergibt sich eine das Inflationsrisiko reduzierende Wirkung des risikopolitischen Instruments der Schadenreserveablösung. Eine Abweichung ist hauptsächlich in Bezug auf die Schadenhöheninflation zu erwarten, da zum Zeitpunkt der Schadenablösung die Anzahl der Schäden zum Großteil bekannt sein müsste. Die Attraktivität der Reserveablösung in Bezug auf das Inflationsrisiko ergibt sich außerdem daraus, dass es bei der Neueinschätzung der Inflation nicht darauf ankommt, wie hoch die Schadeninflation tatsächlich ist. Vielmehr ergibt sich der Ablösebetrag aus der Übereinkunft der beiden Vertragsparteien. Es handelt sich demnach um eine Verhandlungssituation in Bezug auf $\text{infl}\left(S_C^{\text{RV}}\right)$. Abhängig davon wie der Erstversicherer die zukünftige Schadenentwicklung einschätzt, kann der Rückversicherer die Schadenablösung vorteilhaft für sich nutzen, falls die im Ablösebetrag enthaltene Inflationserwartung geringer ausfällt als die tatsächliche Schadenteuerung.[470]

[470] Die für die Situationen mit $\text{infl}\left(S_C^{\text{RV}}\right) < \text{infl}\left(S_z^{\text{RV}}\right)$ vorteilhafte Vereinbarung einer Schadenablösung zum Zeitpunkt T_C kann bereits bei Vertragsschluss festgelegt werden. Dann handelt es sich allerdings streng genommen nicht um ein Instrument der Schadenpolitik, sondern dies geschieht im Rahmen der Bestandspolitik, in der die Gestaltungselemente des Rückversicherungsvertrags vor Versicherungsbeginn festgelegt werden. Die technische Wirkung ist allerdings gleich, sodass von einer weiteren Behandlung dieses Themas im Folgenden abgesehen wird.

Mit der Ablösung von Schadenreserven steht dem Rückversicherer ein risikopolitisches Instrument zur Verfügung, den Leistungszeitraum unter dem Schadenexzedenten zu verkürzen und somit auf das Inflationsrisiko einzugehen. Dies wirkt sich genauso auf das Informationsdefizit aus, wie in 4.3.1.3 ausgeführt wird.

3.5 Maßnahmen der Bestandspolitik

3.5.1 Gestaltungsfaktoren des Inflationsrisikos

Anhand der in diesem Abschnitt untersuchten Entscheidungen der Bestandspolitik beeinflusst ein Versicherungsunternehmen die Zusammensetzung des Versicherungsbestands.[471] Die Annahmepolitik der *Risikoselektion* zielt darauf ab, die Struktur des Versicherungsbestands vor sie ungünstig beeinflussenden Risiken zu schützen und die Annahme von günstigen Risiken zu fördern.[472] Dieser Ansatz ist gleichermaßen auf das Inflationsrisiko anwendbar, denn es lassen sich Einflussfaktoren ermitteln, die ein erhöhtes oder verringertes Inflationsrisiko mit sich bringen.

Dazu wird zuerst die Zielabweichungsfunktion betrachtet. Anhand der aus der Inflationsverschätzung resultierenden Unterkapitalisierung in Höhe von

$$UK = \frac{\left(e_z^{\mathrm{RV}} - 1\right) + \sqrt{e_z^{\mathrm{RV}}} \cdot Z_{1-\alpha} \cdot \mathrm{Vko}\left(S_E^{\mathrm{RV}}\right)}{Z_{1-\alpha} \cdot \mathrm{Vko}\left(S_E^{\mathrm{RV}}\right) + \left(1 - e_z^{\mathrm{RV}}\right) \cdot \sum_{i=1}^{T} p\left(i\right)\left(1+r\right)^{T-i}} \qquad (3\text{-}57)$$

offenbart sich, dass der Einfluss der Inflationsverschätzung auf die Kapitalausstattung des Rückversicherers von mehreren Faktoren abhängt. Dabei ist das Sicherheitsniveau $Z_{1-\alpha}$ im Rahmen der Gesamtrisikopolitik vorgegeben. Der risikolose Zins r ist ebenfalls nicht im Rahmen der Zeichnungspolitik zu beeinflussen. Somit erscheinen vor allem der erwartete Variationskoeffizient $\mathrm{Vko}\left(S_E^{\mathrm{RV}}\right)$ und das Zahlungsmuster $p\left(i\right)$ als im Rahmen der Zeichnungspolitik gestaltbare Einflussfaktoren. Aufgrund von

$$e_z^{\mathrm{RV}} = e_N \left(e_X\right)^k \qquad (3\text{-}58)$$

[471] Vgl. HEILMANN/KARTEN (1988), S. 661.

[472] Vgl. HEILMANN/KARTEN (1988), S. 662 bzw. auf die Rückversicherung bezogen JANNOTT (1988), S. 718.

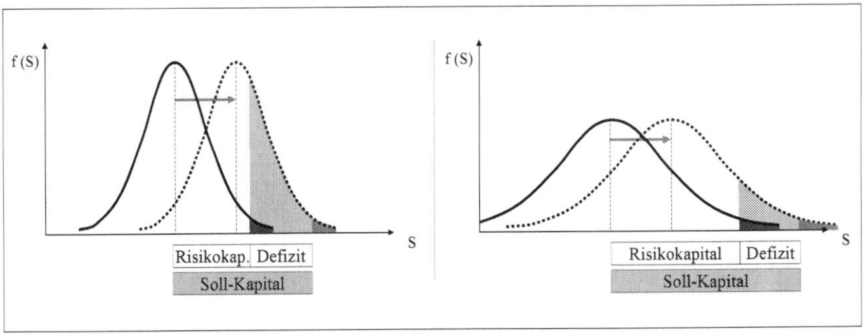

Abbildung 3-2: Abhängigkeit der Unterkapitalisierung vom Variationskoeffizienten

erweist sich ebenfalls der Schadenhöhenparameter k der Paretoverteilung als einflussreich und ist daher in der Risikoselektion gesondert in Betracht zu ziehen. Zunächst wird im Folgenden der Einfluss des Variationskoeffizienten sowie die Rolle des Parameters k in den Blick genommen, bevor das Auszahlungsmuster als Risikoselektionskriterium in Abschnitt 3.5.3 untersucht wird.

3.5.2 Struktur der Rückversicherungsdeckung und Lage des Schadenexzedenten

Anhand von Gleichung 3-57 lässt sich zeigen, dass die Inflationsunterschätzung die relative Unterkapitalisierung umso geringer beeinflusst, je höher der erwartete Variationskoeffizient Vko $\left(S_E^{\mathrm{RV}}\right)$ ausfällt. Je kleiner also Vko$\left(S_E^{\mathrm{RV}}\right)$, desto stärker ist die Rückversicherungsdeckung dem Inflationsrisiko exponiert. Dies ist intuitiv insofern leicht zugänglich, als eine größere Schwankung ein größeres Zufallsrisiko impliziert und insofern mehr Risikokapital unterlegt werden muss. In Abbildung 3-2 sind zwei Schadenverteilungen mit unterschiedlichen Variationskoeffizienten aufgezeigt. Der auf der linken Seite gezeigte Bestand mit kleinerem Variationskoeffizienten benötigt ein geringeres Risikokapital als das rechte Beispiel mit größerer Schwankung. Ist im Falle einer Inflationsunterschätzung mehr Risikokapital vorhanden, werden die Auswirkungen der Verschätzung auf die Unterkapitalisierung gedämpft. Zwar verlangt ein großer Vko $\left(S_E^{\mathrm{RV}}\right)$ aus der Sicht des Zufallsrisikos ein größeres Risikokapital, aus der Perspektive des Inflationsrisikos jedoch baut das Unternehmen einen zusätzlichen Verschätzungspuffer auf. Bei geringerer erwarteter Schwankung hingegen kann das Risikokapital die Inflationsverschätzung nicht so leicht abfangen, sodass die relative Unterkapitalisierung größer ausfällt.

Um diese Erkenntnis in der Risikoselektion zu nutzen, ist eine Betrachtung der diversen Einflussfaktoren des Variationskoeffizienten vonnöten. In die Bemessung dieser Selektionsgröße gehen die Lage des Schadenexzedenten, definiert durch Priorität u und Haftstrecke h, sowie die erwartete Anzahl der Schäden $\mathrm{E}(N)$ und die Schadenhöhenstruktur ein, die durch die Parameter d und k definiert wird. Der Variationskoeffizient ermittelt sich durch

$$\mathrm{Vko}\left(S_E^{\mathrm{RV}}\right) = \sqrt{\frac{2u^{2-k}(k-1)^2\left(\frac{1-\left(\frac{u}{u+h}\right)^{k-2}}{k-2} - \frac{1-\left(\frac{u}{u+h}\right)^{k-1}}{k-1}\right)}{\mathrm{E}(N)\cdot\underbrace{\mathrm{infl}(N_E)\left(\mathrm{infl}(X_E)\right)^k}_{\mathrm{infl}\left(S_E^{\mathrm{RV}}\right)}\cdot d^k\left(u^{1-k}-(u+h)^{1-k}\right)^2}}. \tag{3-59}$$

Eine besondere Rolle spielt dabei die Inflationsschätzung, die ebenfalls die Schadenverteilung und somit die Ausprägung des Variationskoeffizienten beeinflusst. Ihre Rolle wird in Verbindung mit dem Abwicklungsmuster diskutiert.[473]

Der für die Risikoselektion entscheidende Einfluss auf den Variationskoeffizienten erklärt sich anhand der Veränderung von $\mathrm{Vko}\left(S_E^{\mathrm{RV}}\right)$, sobald sich einer der Parameter im Wert verändert. Da ein höherer Variationskoeffizient ein geringeres Inflationsrisiko mit sich bringt, ergibt sich der Zusammenhang zwischen Selektionsparameter und Inflationsrisiko wie in Tabelle 3-1 zusammengefasst.

Man erkennt, dass sich bei höherer Priorität u sowie bei längerer Haftstrecke h die relative Schwankung der Schadenverteilung vergrößert. Dies kann sich ein Rückversicherer zunutze machen, indem die Lage des Layers bei der Entscheidung über die Zeichnung eines Rückversicherungsvertrags berücksichtigt wird. Der Rückversicherer kann durch das Zeichnen von Schadenex-

[473] Vgl. die Ausführungen in Abschnitt 3.5.3.

Einflussfaktor	Veränderung Vko $\left(S_E^{\mathrm{RV}}\right)$ bei steigendem Parameter (ceteris paribus)	Einfluss der Inflationsverschätzung auf Kapitalausstattung bei steigendem Parameter
$\mathrm{E}(N)$	sinkt	steigt
u	steigt	sinkt
h	steigt	sinkt
d	sinkt	steigt
k	unbestimmt	unbestimmt

Tabelle 3-1: Veränderung der Inflationssensitivität der Kapitalausstattung bei geänderter Schadenverteilung und geändertem Rückversicherungslayer

zedenten mit längerer Haftstrecke und größerer Priorität sein Inflationsrisiko mindern.[474]

In Bezug auf die Schadenzahlverteilung gilt, dass, je höher die erwartete Anzahl der Schäden oberhalb der Schadengrenze d ist, die Streuung umso geringer ausfällt. Je mehr Schäden erwartet werden, desto weniger volatil ist die Gesamtschadenverteilung und desto weniger Risikokapital wird für den Schadenexzedentenvertrag benötigt. Das Inflationsrisiko gestaltet sich also umso größer, je höher die erwartete Anzahl der rückversicherten Schäden ist.

Für die Schadenhöhenverteilung folgt, dass, je größer die Schadengrenze d ausfällt, der Variationskoeffizient umso kleiner wird, sodass das Inflationsrisiko im Vergleich erhöht ist. Für den Schadenhöhenparameter k ist die Wirkung allerdings nicht eindeutig bestimmbar, da sein Einfluss abhängig vom Zusammenspiel mit den anderen Faktoren ist.

474 Es lässt sich keine klare Abgrenzung geben, doch existiert eine Art Klassifizierung für die Lage des Layers. So unterscheidet man im Allgemeinen sogenannte Working Layer, Großschadenlayer und Cat Layer (vgl. LABES (1988), S. 706 sowie LIEBWEIN (2009), S. 172 und S. 256). Working Layer zeichnen sich durch eine häufige Penetrierung durch Schäden aus und sind daher mit einer geringen Volatilität bedacht. Großschadenlayer dienen der Glättung seltener, zufälliger Großschadenereignisse, während Cat Layer der Absicherung äußerst seltener Ereignisse dienen und sich daher durch eine hohe Volatilität und große Risikokapitalanforderung auszeichnen. Die exakten Grenzen einer solchen Einteilung verlaufen in der Praxis jedoch fließend und sind von subjektiven Einflüssen geprägt.

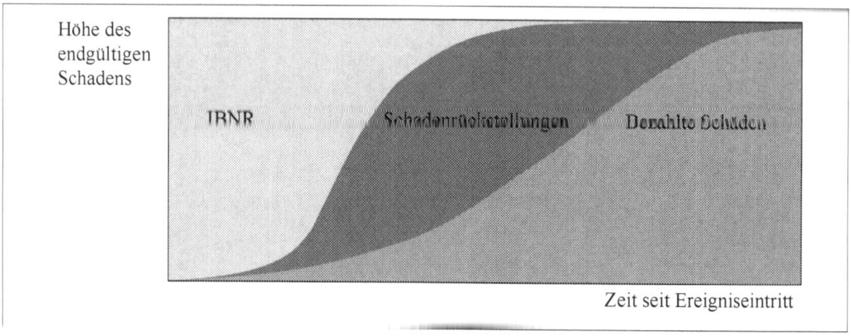

Abbildung 3-3: Zeitlicher Verlauf von Schadenzahlungen und Schadenrückstellungen eines bestimmten Anfalljahrs[475]

Im Rahmen der Risikoselektion geben demnach sowohl Schadenverteilung als auch Layerstruktur eine Indikation für das Inflationsrisiko. Das Inflationsrisiko wird kleiner, je riskanter die Exposition gegenüber dem Zufallsrisiko erscheint. Dies heißt, längere bzw. höher liegende Layer mit weniger erwarteten Schäden sind unter Inflationsrisikoaspekten bevorzugt zu zeichnen. Des Weiteren gilt, dass das Inflationsrisiko umso geringer ist, je weniger Schäden unter dem Layer erwartet werden.

3.5.3 Berücksichtigung des Abwicklungsmusters bei der Risikoselektion

Keiner der bisher betrachteten Einflussfaktoren eignet sich, um das Element des Zeitraumbezugs des Versicherungsprodukts abzubilden. Dieser ist jedoch maßgeblich für die Existenz des Inflationsrisikos in den lange abwickelnden Branchen der Haftpflichtversicherung und daher im Rahmen der Risikoselektion zu berücksichtigen.

Über den gesamten Zeitraum der in Abbildung 3-3 dargestellten Schadenabwicklung, setzt sich jeder Schaden aus drei Teilen zusammen, deren Anteile sich mit der Zeit verändern: Schadenzahlungen, Rückstellungen für gemeldete Schäden und IBNR-Rückstellungen. Der Anteil der Rückstellungen geht mit der Zeit zurück, sodass sich am Ende des Regulierungszeitraums die Schadenhöhe vollständig durch die geleisteten Zahlungen erklärt. In der Abbildung

[475] Darstellung angelehnt an ENZ (2008), S. 8.

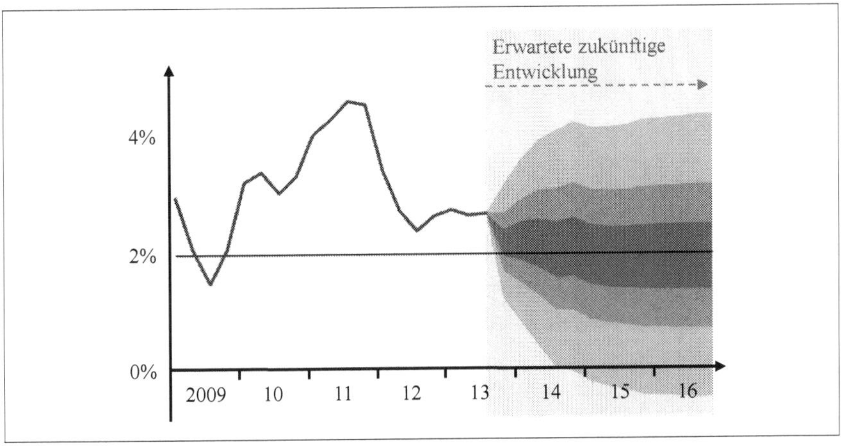

Abbildung 3-4: Unsicherheit einer Inflationsprognose[476]

sind zwei charakteristische Kurven erkennbar, die das Abwicklungsverhalten der gemeldeten Schäden sowie den Verlauf der Schadenzahlungen angeben. Bei der Betrachtung des Inflationsrisikos wird angenommen, dass die Schadenabwicklung zum Tarifierungszeitpunkt zutreffend eingeschätzt werden kann. Es besteht daher keine Unsicherheit über den Verlauf der Abwicklungsmuster. Vielmehr definieren sie die zeitliche Struktur der Schadenabwicklung und müssen insofern bei der Prognose der Schadeninflation berücksichtigt werden.

Wie Abbildung 3-4 beispielhaft illustriert, geht mit der Prognose der zukünftigen Inflation eine Unsicherheit über zukünftige Inflationswerte einher. Je weiter in der Zukunft die zu prognostizierenden Werte liegen, desto größer ist die Unsicherheit. Das Beispiel gibt die von der BANK OF ENGLAND veröffentlichte Inflationsprognose bezüglich der Konsumentenpreisinflation wieder. Bei dieser hat man zumindest eine Vorstellung über eine mögliche Gesetzmäßigkeit, da es sich um ein intensiv bewirtschaftetes Feld ökonomischer Forschung handelt. Die Prognose ist daher nicht als Punktprognose zu verstehen, sondern in der Abbildung ist ein Konfidenzintervall abgetragen. Für die Prognose der Schadeninflation hingegen gibt es nur wenig Erkenntnis-

[476] Darstellung in Anlehnung an BANK OF ENGLAND (2013), S. 37.

se,[477] aus denen auf eine Gesetzmäßigkeit und ein Konfidenzintervall für die Inflationsschätzung zu schließen wäre. Daher wird die Unsicherheit bezüglich der Höhe der zukünftigen Schadeninflation wohl mindestens so groß sein wie bei der Prognose der Konsumentenpreisinflation.[478]

Zusätzlich ist für das Inflationsrisiko nicht alleine der Zeithorizont der Inflationsschätzung zu betrachten. Sondern es geht darüber hinaus auch um die zeitliche Struktur der Inflationswirkung, die durch das Abwicklungsmuster beschrieben wird – insofern ist es im Rahmen der Risikoselektion von besonderem Interesse. Den Zusammenhang zwischen der Struktur des Abwicklungsmusters und der Unsicherheit der Inflationsprognose illustriert Abbildung 3-5. Je weiter die Zahlungen des Abwicklungsmusters in der Zukunft liegen, desto höher fallen die Inflation der Zahlung und damit die Höhe der potenziellen Inflationsunterschätzung aus, die sich über die Jahre aufaddieren kann. Die Prognose bezüglich der zukünftigen Inflation ist generell mit Unsicherheit behaftet und eine lange Abwicklung erhöht das Ausmaß einer Inflationsverschätzung und damit das Inflationsrisiko.

Aus diesen Gründen ist das Abwicklungsmuster als zusätzliches Risikoselektionskriterium zu berücksichtigen. Umso mehr Gewicht des Abwicklungsmusters auf späteren Zahlungszeitpunkten liegt, desto kritischer erscheint die Versicherung dieses Portefeuilles aus der Perspektive des Inflationsrisikos.

Um verschiedene Zahlungsreihen hinsichtlich ihrer Exposition gegenüber dem Inflationsrisiko zu vergleichen, muss daher eine Vergleichsgröße für die Bewertung des Abwicklungsmusters herangezogen werden.[480] Eine derartige Überlegung findet sich beispielsweise beim Durationskonzept der Immunisierung gegen Zinsänderungsrisiken. Mit der Duration wird die durchschnittliche Kapitalbindungsdauer bei der Investition in Wertpapiere ermittelt. Genauso lässt sich für die Inflationsexposition der Zahlungsreihe eine inflationsbezo-

---

[477] Vgl. dazu die Überlegungen zur Schadeninflationsprognose bei JOHN ET AL. (2013), S. 50ff. sowie Abschnitt 2.4.2.2.

[478] Vgl. RAVIN/FOWLDS (2010), S. 42.

[479] Darstellung in Anlehnung an CLARK (2006), S. 62.

[480] Zur grundsätzlichen Überlegungen hinsichtlich der Bewertung von Abwicklungsmustern siehe z. B. BECK/FILZMAIER (2007), S. 58. Dort wird hervorgehoben, dass beide Abwicklungsmuster (gemeldete und bezahlte Schäden) analysiert werden sollten. Allerdings fokussieren sich BECK/FILZMAIER vor allem auf das Diagnoserisiko hinsichtlich der Schätzung des Abwicklungsmusters.

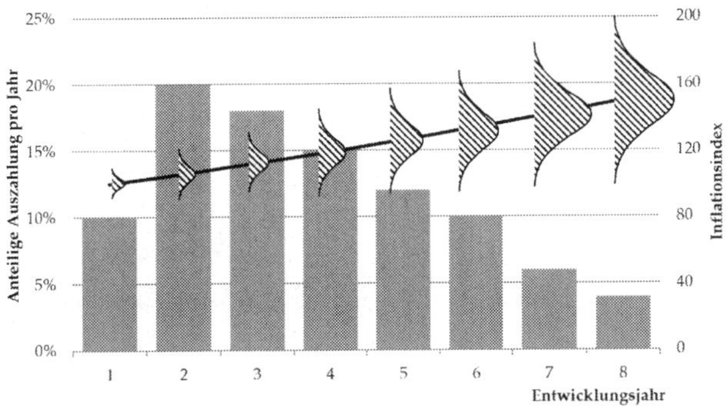

Abbildung 3-5: Unsicherheit über die Schadeninflation einer zukünftigen Schadenzahlung[479]

gene Abwicklungsdauer ermitteln, die im Folgenden als *Inflationsduration* bezeichnet wird. Leitet man den erwarteten Schadenhöheninflationsfaktor[481] infl (X_E) nach $z_{X,E}$ ab, ergibt sich eine Kennzahl δ, die aussagt, wie sich eine Verschätzung der Kalenderjahrinflationsraten z_X über die gesamte Auszahlungsdauer auswirkt. Mit

$$\delta = \sum_{i=1}^{T} i \cdot c(i) \left(1 + z_{X,E}\right)^{i-1} \tag{3-60}$$

lassen sich dann zwei Auszahlungsmuster hinsichtlich des Inflationsrisikos vergleichen. Je größer δ ausfällt, desto schwerer wiegt eine Verschätzung der Schadenhöheninflation, denn bei größerer Inflationsduration führt eine Verschätzung individueller Kalenderjahrinflationsraten zu einem insgesamt größeren Prognosefehler e_X, der wiederum die Unterkapitalisierung steigert.

Des Weiteren werden in der Inflationsduration zwei Aspekte der Inflationsrisikoanalyse vereint. Erstens wird durch die Betrachtung von Auszahlungsmuster und Inflationsschätzung das potenzielle Ausmaß einer Zielabweichung deutlich und dadurch eine vergleichende Abschätzung des Inflationsrisikos

[481] Da die Schadenhäufigkeitsinflation nicht vom Abwicklungsmuster abhängt, braucht sie nicht berücksichtigt werden.

ermöglicht. Zweitens suggeriert eine große Inflationsduration δ ein erhöhtes Informationsdefizit. Je größer der Zahlungsanteil in späteren Abwicklungsjahren ist, umso größeres Gewicht erhält die Unsicherheit der Inflationsprognose in diesen Jahren. Die Unsicherheit in Bezug auf die Inflationsprognose resultiert somit nicht nur aus der reinen Länge der Auszahlungsreihe, sondern auch aus ihrer Struktur $c(i)$.[482]

Insgesamt lässt sich daher schlussfolgern, dass Portefeuilles mit einer kurzen Auszahlungsdauer und damit einhergehenden schnellen Auszahlungsgeschwindigkeit weniger anfällig gegenüber dem Inflationsrisiko sind als Versicherungsbestände, deren Schadenauszahlung nur langsam vonstatten geht.[483] Als Vergleichsgröße indiziert die Inflationsduration die Exposition hinsichtlich des Inflationsrisikos und sollte daher im Rahmen der Risikoselektion berücksichtigt werden.

3.5.4 Steuerung der Schadenabwicklung

3.5.4.1 Zeitliche Zuordnung des Versicherungsfalls

Aufgrund des intensiven Einflusses des Abwicklungsmusters auf das Inflationsrisiko erscheint es naheliegend, durch die Zeichnungspolitik das Abwicklungsmuster derart günstig zu verändern, dass ein geringeres Risiko resultiert. Zu diesem Zweck wird zuerst betrachtet, wie die in der Originalpolice enthaltene *Definition des Versicherungsfalls* sich aus Sicht des Rückversicherers auf das Inflationsrisiko auswirkt. Im Anschluss wird die *Deckungsart des Rückversicherungsvertrags* als Element der Produktgestaltung betrachtet. Als dritte Möglichkeit, in die Schadenabwicklung einzugreifen, wird eine *Begrenzung der Schadenmeldefrist* diskutiert.

Für die Prüfung und anschließende Regulierung eines Schadenereignisses ist es von elementarer Bedeutung, dem Schadenereignis einen Zeitpunkt zuzu-

[482] Anders als das Abwicklungsmuster des Originalschadens hat das Auszahlungsmuster des Rückversicherungsvertrags keinen Einfluss auf die Schadeninflation. Vom Zahlungsmuster $p(i)$ des Rückversicherers hängt der Zinsertrag ab. Je später der Rückversicherer seine Zahlung leisten muss, desto länger kann er Zinsen auf das angelegte Kapital erwirtschaften. Da sich die Zahlungsreihe des Rückversicherers vor allem aus der Höhe der Priorität der Entwicklung der relevanten Einzelschäden des Abwicklungsmusters $c(i)$ ergibt, ist sie selbst eine resultierende Größe und stellt somit kein eigenes Selektionskriterium dar.

[483] Vgl. BECK/FILZMAIER, (2007), S. 58.

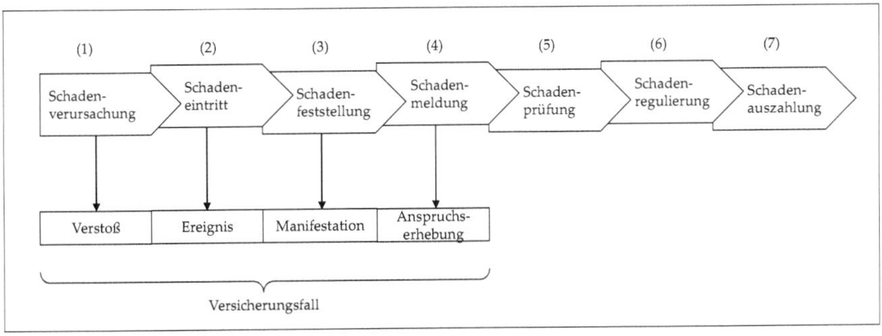

Abbildung 3-6: Die Phasen des Schadenabwicklungsprozesses

ordnen und festzulegen, unter welcher Police der Schaden erstattungspflichtig ist.[484] Im Allgemein gilt, dass der Versicherungsfall während der materiellen Versicherungsdauer eintreten muss.[485] Zur Definition des Versicherungsfalls orientiert man sich an folgenden Phasen des Schadenabwicklungsprozesses (Abbildung 3-6): (1) Schadenverursachung, (2) Schadeneintritt, (3) Schadenfeststellung, (4) Schadenmeldung, (5) Schadenprüfung und Schadenbearbeitung, (6) Schadenregulierung und (7) Schadenauszahlung.[486] Je nachdem auf welche dieser Phasen sich die Versicherungsfalldefinition bezieht, unterscheidet man verschiedene Deckungssysteme einer Police, die festlegen, zu welchem Zeitpunkt der Versicherungsfall als eingetreten gilt.[487] Dazu unterscheidet man im Erstversicherungsverhältnis die vier Deckungssysteme *Verstoßprinzip*, *Ereignisprinzip*, *Manifestationsprinzip* und *Anspruchserhebungsprinzip*, die sich auf die ersten vier Phasen des Schadenabwicklungsprozesses beziehen. Die Stufen (5) bis (7) werden bei der Definition des Versicherungsfalls nicht verwendet.

Bei Versicherungspolicen nach dem *Verstoßprinzip* muss das schadenauslösende Verhalten des Versicherungsnehmers (= der Verstoß) während der (materiellen) Versicherungsdauer erfolgen.[488] Versicherungspolicen nach dem *Ereignisprinzip* zielen auf den Zeitpunkt des Schadenereignisses ab, das sich

484 Vgl. KARTEN (1993), S. 19.
485 Vgl. KARTEN (1993), S. 17ff.
486 Vgl. LIEBWEIN (2009), S. 120. Final gibt es noch (8) die Schadenschließung.
487 Vgl. LIEBWEIN (2009), S. 251.
488 Vgl. WAGNER (2011), S. 737

während der Laufzeit ereignen muss.[489] Nach dem *Manifestationsprinzip* tritt der Versicherungsfall ein, wenn der Schaden das erste Mal nachprüfbar festgestellt wird,[490] und beim *Anspruchserhebungsprinzip* geht es um den Zeitpunkt, zu dem der Geschädigte Schadenersatzansprüche gegen den Versicherungsnehmer erhebt.[491]

Während die Zeitpunkte der Schadenauszahlung von der zeitlichen Dimension des Versicherungsfalls unberührt bleiben, wird der Beginn des Abwicklungszeitraums durch den Eintritt des Versicherungsfalls festgelegt. Aus der Darstellung als Zeitstrahl in Abbildung 3-6 lässt sich demnach ableiten, dass Länge und Struktur des Abwicklungsmusters unter anderem durch die Versicherungsfalldefinition bestimmt werden. Je später im Abwicklungsprozess der Zeitpunkt des Schadenfalls liegt, desto kürzer wird der Abwicklungszeitraum und desto kürzer fällt zwangsläufig die Inflationsduration aus.

Aus der Perspektive des Inflationsrisikos bedeutet dies, dass im Rahmen der Risikoselektion die Definition des Versicherungsfalls der Originalpolice ein weiteres Selektionskriterium darstellt. Vergleich man eine Police nach Verstoßprinzip mit einer Deckung nach dem Anspruchserhebungsprinzip ist bei Letzterer der Zeitraum von Beginn des Versicherungsverhältnisses bis zur finalen Schadenregulierung kürzer.[492] Dadurch wird gleichsam der Zeitraum für die Schadeninflationsprognose verkürzt. Aufgrund des auf diesem Weg reduzierten Informationsdefizits ist eine höhere Prognosesicherheit zu erwarten.[493] Das Inflationsrisiko ist demnach kleiner.

Von der Ausgestaltung der rückversicherten Originalpolice geht folglich ein variables Inflationsrisiko aus. Auch wenn sich dies nicht in der Zielfunktion direkt abbilden lässt, wirkt sich die zeitliche Zuordnung des Versicherungsfalls auf die Länge des Auszahlungsmusters aus.[494]

489 Vgl. WAGNER (2011), S. 192.
490 Vgl. WAGNER (2011), S. 406.
491 Vgl. WAGNER (2011), S. 131.
492 Vgl. SCHUBERT (2003), S. 125.
493 Vgl. ebd.
494 Somit erfolgt die Betrachtung der Versicherungsfalldefinition implizit im Rahmen der Diskussion und Evaluation des Abwicklungsmusters.

3.5.4.2 Deckungsart des Rückversicherungsvertrags

Bei der Gestaltung eines Rückversicherungsvertrags wird unter anderem die Haftung des Rückversicherers abgegrenzt. Neben der Festlegung von Priorität und Haftstrecke bedarf es dabei einer Definition, welche Schäden unter dem Rückversicherungsvertrag gedeckt werden.[495] In vielen Fällen unterscheiden sich die Laufzeiten der Originalpolice und des schützenden Rückversicherungsvertrags, sodass sich die Frage der Zuordnung von Originalpolice zu Rückversicherungsvertrag stellt.[496] Ähnlich wie in der Erstversicherung werden in der Rückversicherung daher diverse Deckungsformen unterschieden, mit denen die zeitliche Abgrenzung der unter dem Schadenexzedenten entschädigungspflichtigen Leistungen erklärt wird. Man spricht in diesem Zusammenhang von der Haftungsgrundlage des Rückversicherungsvertrags.[497]

Klassisch lassen sich zwei Methoden unterscheiden, die Haftung des Rückversicherers abzugrenzen. Unter dem Schadenexzedenten wird der Erstversicherer entweder für alle Schäden entschädigt, die während der Laufzeit des Rückversicherungsvertrags eintreten.[498] Alternativ haftet der Rückversicherer für alle Schäden, die an Policen anfallen, deren materieller Beginn in die Laufzeit des Rückversicherungsvertrags fällt.[499] Die erste Deckungsmethodik nennt sich *Anfalljahr*basis und Letztere *Zeichnungsjahr*deckung.[500] Der Rückversicherungsvertrag folgt somit der Versicherungsfalldefinition der Originalpolice und unterscheidet lediglich, ob der Zeitpunkt des Versicherungsfalls oder der Beginn der Originalpolice für die zeitliche Zuordnung ausschlaggebend ist.[501]

Um die Bedeutung dieser Unterscheidung für das Inflationsrisiko zu klären, ist zu prüfen, inwiefern der Abwicklungszeitraum für den Rückversicherungsschaden verkürzt wird. Denn wie bereits erläutert, scheint ein kürzerer Abwicklungszeitraum unter Inflationsrisikoaspekten vorteilhaft.

495 Vgl. GERATHEWOHL (1976), S. 719ff.

496 Vgl. GERATHEWOHL (1976), S. 726.

497 Vgl. PFEIFFER (1998), S. 99f. und S. 110; des Weiteren GERATHEWOHL (1976), S. 733ff. LIEBWEIN hingegen bezieht sich auf die „Zessionsbasis" des Schadenexzedenten (vgl. LIEBWEIN (2009), S. 246ff.).

498 Vgl. GERATHEWOHL (1976), S. 733.

499 Vgl. GERATHEWOHL (1976), S. 733f.

500 Vgl. LIEBWEIN (2009), S. 247.

501 Vgl. GERATHEWOHL (1976), S. 735.

Grundsätzlich führt eine Deckung auf Zeichnungsjahrbasis zur längsten Abwicklungsdauer.[502] In diesem Fall können Schäden sogar nach dem Ende der Laufzeit des Rückversicherungsvertrags eintreten, sodass die gesamte Schadenabwicklung möglicherweise erst nach dem Vertragsende beginnt.[503] Auf Anfalljahrbasis kann die Spätschadenproblematik prinzipiell verkürzt werden. Dies ist allerdings nur wirkungsvoll, falls die Originalpolicen mehrjährige Laufzeiten haben. Wird – wie in der Praxis häufig der Fall – für die Originalpolicen eine einjährige Laufzeit unterstellt, beträgt der Zeitunterschied zwischen einer Zeichnungsjahrdeckung und einer Deckung auf Anfalljahrbasis maximal ein Jahr.[504] In Anbetracht der Tatsache, dass sich die Schadenabwicklung über Jahrzehnte ausdehnen kann, ist der Einfluss auf das Inflationsrisiko, obwohl vorhanden, minimal. Ob der Rückversicherungsvertrag nach Anfalljahr- oder Zeichnungsjahrdeckung beginnt, ist insofern zu vernachlässigen.

Die Haftung von Rückversicherung und Erstversicherung muss sich aber nicht auf die gleiche Versicherungsfalldefinition beziehen. Auch wenn es von GERATHEWOHL als nachteilig für den Erstversicherer bewertet wird, kann der Rückversicherungsvertrag einer anderen Schadendefinition folgen als die Originalpolice.[505] Vor diesem Hintergrund wird im Folgenden überlegt, wie die Deckungsart des Rückversicherungsvertrags gestaltet werden könnte, um der Steuerung des Inflationsrisikos zu dienen.

Dazu wird die aus dem vorangegangenen Abschnitt bekannte Abbildung des Schadenabwicklungsprozesses um die Perspektive des Rückversicherers ergänzt. In diesem Sinne findet sich in Abbildung 3-7 das Element der *Schadenmeldung beim Rückversicherer* zum Abwicklungsprozess hinzugefügt. Überdies betrachtet man die während des Auszahlungszeitraums zu leistenden Zahlungen detaillierter, getrennt in die Zahlungen des Erstversicherers $c(i)$ und die Zahlungsreihe des Rückversicherers $p(i)$. Dem Grundsatz folgend, dass sich eine kürzere Schadenabwicklung vorteilhaft auf das Inflationsrisiko auswirkt, könnte die Deckung des Rückversicherungsvertrags in späteren

[502] Vgl. LIEBWEIN (2009), S. 253.
[503] Vgl. ebd.
[504] Vgl. ebd.
[505] Vgl. GERATHEWOHL (1976), S. 735. Der Nachteil entsteht daraus, dass der Erstversicherer in den im Folgenden untersuchten Konstellationen möglicherweise keine Sicherheit darüber hat, welcher Rückversicherungsschutz für zukünftig anfallende Schäden zur Verfügung steht.

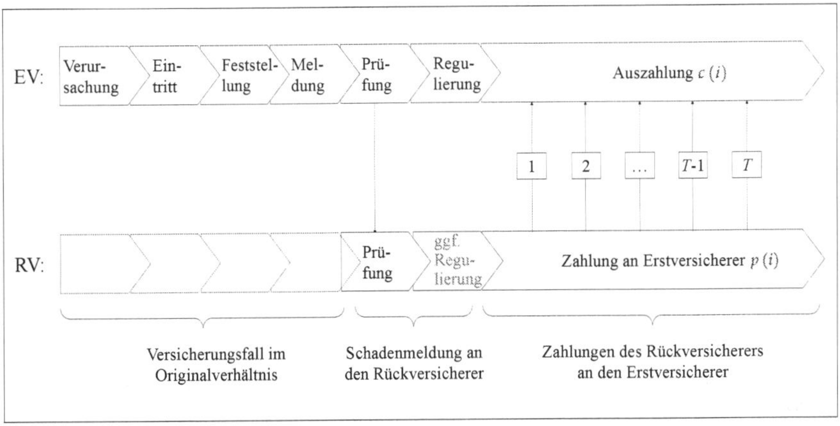

Abbildung 3-7: Der Schadenabwicklungsprozess im Zusammenspiel mit der Rückversicherung

Phasen des Abwicklungsprozesses ansetzen. Dazu sind Möglichkeiten der Haftungsabgrenzung des Rückversicherers zu entwickeln, die unabhängig von der Originalpolice funktionieren.

Dies wird erreicht, wenn im Schadenexzedenten auf Anfalljahrbasis der Schadeneintritt oder die Anspruchserhebung als für die Rückversicherung maßgebliches Schadenereignis definiert wird, obwohl in der Originalpolice eine andere Versicherungsfalldefinition maßgeblich ist. Noch weiter lässt sich der Zeitraum zwischen Schadenereignis und Auszahlung verkürzen, wenn für die Haftung des Schadenexzedenten die Meldung des Schadens beim Rückversicherer oder sogar die Zahlung des Rückversicherers an den Erstversicherer ausschlaggebend ist.

Bezieht sich der Rückversicherungsvertrag demnach auf solche Ansprüche, die der Erstversicherer dem Rückversicherer während der Laufzeit des Rückversicherungsvertrags meldet, könnte man von einer Rückversicherungsdeckung auf *Schadenmeldebasis* sprechen. Eine derartige Deckungsform bezieht sich auf die Schadenmeldung beim Rückversicherer, die später in der Schadenabwicklung passiert als das Schadenereignis der Originalpolice. Noch einen Schritt weiter geht eine Deckung auf *Auszahlungsbasis*, bei der der Rückversicherer nur die Schäden entschädigt, die während der Laufzeit des Rückversicherungsvertrags vom Erstversicherer an den Versicherungsnehmer auszuzahlen sind. Eine solche Deckung bietet den Vorteil, dass der Abwick-

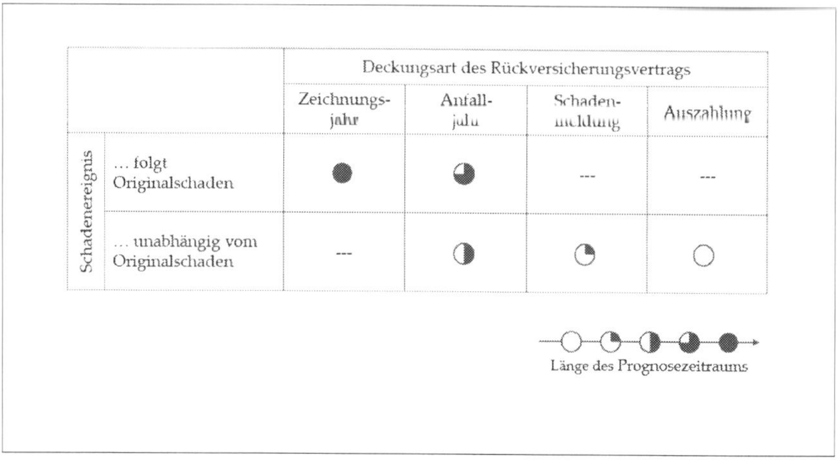

Abbildung 3-8: Deckungsarten der nichtproportionalen Rückversicherung

lungsraum auf ein Jahr verkürzt wird, da der Rückversicherer lediglich für die Zahlungen des Erstversicherers an den Versicherungsnehmer während der Laufzeit des Rückversicherungsvertrags haftet.[506]

Demnach stehen vier Arten der Deckung zur Verfügung (Abbildung 3-8): Deckung auf Zeichnungsjahrbasis, Anfalljahrbasis, Schadenmeldebasis und Auszahlungsbasis.

Dabei lässt sich festhalten, dass eine Verkürzung des Prognosezeitraums erreicht wird, sofern das Schadenereignis der Rückversicherung unabhängig von der Originalpolice definiert wird und der Rückversicherungsvertrag die Schadenabwicklungsdauer T unabhängig von der Originaldeckung verkürzt. Dies geschieht z. B. durch die Deckungsart der Anfalljahrbasis. Falls der Rückversicherungsvertrag auf Schadenmeldebasis deckt, wird der Schadenabwicklungsprozess auf die Zeitspanne von Schadenmeldung beim Rückversicherer bis zur Schadenauszahlung reduziert. Auf den Zeitraum der Laufzeit des Rückversicherungsvertrags verkürzt wird der Betrachtungszeitraum der Schadeninflation durch eine Zession auf Auszahlungsbasis.

[506] In der tatsächlichen Ausgestaltung kann es dabei allerdings zu Schwierigkeiten kommen, denn wenn die Zahlungen zu einem Originalschaden auf mehrere Rückversicherungsverträge aufgeteilt werden, ist die Anwendung von Priorität und Haftstrecke unklar.

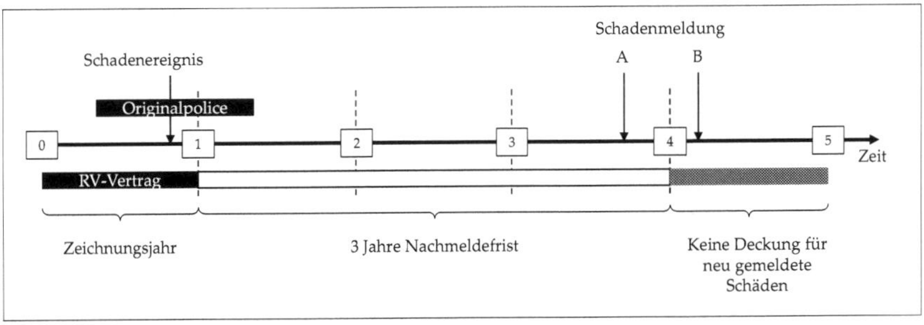

Abbildung 3-9: Darstellung einer Nachmeldefrist von drei Jahren

In Bezug auf das Inflationsrisiko führt eine Verkürzung des zu versichernden Abwicklungszeitraums vor allem zu einer Begrenzung der Prognoseunsicherheit bzw. des Informationsdefizits. Damit wäre unter Inflationsrisikoaspekten eine Deckung auf Auszahlungsbasis ideal, da der Zeitraum zwischen Schadenmeldung und Schadenzahlung bei der Prognose nicht berücksichtigt werden muss und der Prognosehorizont dieser Deckung nur noch ein Jahr beträgt.[507] Damit wird die Prognoseunsicherheit deutlich reduziert und das versicherungstechnische Risiko des Schadenexzedenten resultiert hauptsächlich aus den Diagnose- und Prognosefehlern hinsichtlich des Auszahlungsverhaltens der Schäden.

3.5.4.3 Begrenzung der Schadenmeldefrist

Das Gestaltungselement der Meldefristbegrenzung zielt darauf ab, dass die einen Schadenexzedenten betreffenden Schäden nur gedeckt sind, falls sie innerhalb einer bestimmten Frist gemeldet werden. Schäden, die dem Rückversicherer nach Überschreiten der Frist gemeldet werden, werden unter dem Rückversicherungsvertrag nicht erstattet.[508]

In Abbildung 3-9 wird die Wirkung einer dreijährigen Nachmeldefrist nach Laufzeitende bei einem Rückversicherungsvertrag auf Zeichnungsjahrbasis

[507] Hierbei wird davon ausgegangen, dass die Laufzeit des Rückversicherungsvertrags ein Jahr beträgt. Allgemeiner müsste gesagt werden, dass der Zeithorizont der Laufzeit des Rückversicherungsvertrags entspricht.

[508] Vgl. GERATHEWOHL (1976), S. 225. Denkbar ist auch eine weniger strikte Vereinbarung zu treffen, bei der diese Schäden nur mit Abschlägen erstattet werden.

dargestellt. Neben dem Schadenereignis sind zwei Zeitpunkte für eine Schadenmeldung markiert. Der auf der Originalpolice angefallene Schaden wird im Erstversicherungsverhältnis in beiden Fällen entschädigt. Für die Entschädigung unter dem Schadenexzedenten ist der Zeitpunkt der Schadenmeldung relevant, für die zwei Optionen in der Abbildung aufgezeigt sind. Nur wenn die Meldung zum Zeitpunkt A erfolgt, wird der Schadenaufwand im Rahmen der Vertragsbedingungen erstattet. Eine Meldung zum Zeitpunkt B erfolgt erst nach Ablauf der Meldefrist, sodass der Erstversicherer keine Erstattung des rückversicherten Anteils verlangen kann.

Mit dieser Vereinbarung wird die Intention verfolgt, die Anzahl von Spätschäden unter dem Rückversicherungsvertrag zu begrenzen. Die Schadeninflation des Originalrisikos bleibt dabei unbeeinflusst. Stattdessen wird derart in den Schadenabwicklungsprozess eingegriffen, dass der mögliche Zeitraum zwischen Schadenereignis und Schadenmeldung verkürzt wird. So kann die Anzahl der Schäden dadurch reguliert werden, dass Spätmeldeschäden von der Deckung ausgenommen werden. Folglich bietet die Meldefrist insofern eine Möglichkeit, die Schadenhäufigkeitsinflation besser zu kontrollieren, als sich schleichende Trends in Anspruchsmentalität und Rechtsprechung möglicherweise nicht in vollem Ausmaß auf die Position des Rückversicherers auswirken können. Die Vereinbarung kann daher als risikopolitisches Instrument zur Verringerung des Informationsdefizits bezüglich der Schadenhäufigkeitsinflation verstanden werden. Zum einen besteht eine höhere Sicherheit über die Vollständigkeit der für die Tarifierung verwendeten Schätzdaten und zum anderen wird der Prognosezeitraum in Bezug auf die Schadenhäufigkeit begrenzt.[509]

Ein Effekt auf die Zielabweichungsfunktion ist genauso wenig erkennbar wie ein Effekt auf die Schadenhöheninflation. Es handelt sich insofern um eines der wenigen risikopolitischen Instrumente, die sich auf die Veränderung der Schadenzahl auswirken. Doch erfüllt diese Vereinbarung nur bei solchen Schadenexzedenten ihren Zweck, die Policen nach dem Schadenereignisprinzip oder Verstoßprinzip rückversichern. Bei Deckungen nach dem Anspruchserhebungsprinzip sind Spätmeldeschäden schon originalseitig von der Deckung ausgeschlossen.

[509] Vgl. GERATHEWOHL (1976), S. 225.

3.5.5 Stabilisierung von Priorität und Haftstrecke

3.5.5.1 Funktionsweise der Stabilisierung

Als entscheidendes Element zur Kontrolle der Schadeninflation unter einem Schadenexzedenten findet sich in der einschlägigen Literatur die Stabilisierungsklausel.[510] Eine derartige Vereinbarung dient dem Ziel, die Wertbeständigkeit von Priorität und Haftstrecke zu erhalten.[511] Damit wird der in Abschnitt 2.3.2.2 geschilderten Problematik begegnet, dass die Priorität des Schadenexzedenten durch die Schadenteuerung entwertet wird.

Die Schadeninflation soll keinen Einfluss auf das Aufteilungsverhältnis der Schäden zwischen Rückversicherer und Erstversicherer ausüben.[512] Wird der Schadenaufwand trotz Inflation so geteilt wie ohne Inflationseinfluss vorgesehen,[513] wird die Schadenhöheninflation gleichermaßen auf Erstversicherer und Rückversicherer verteilt – dies ist die Idee der Stabilisierung.[514] Nachfolgend wird die Stabilisierung in drei Gliederungsschritten analysiert. Zuerst wird die grundlegende Funktionsweise betrachtet. Darauf aufbauend wird untersucht, wie die Stabilisierung die Zielabweichungsfunktion beeinflusst, bevor die gesammelten Erkenntnisse in Bezug auf das Inflationsrisiko zusammengefasst werden.

Die angestrebte Inflationsverteilung zwischen den beiden Risikoträgern wird durch eine Veränderung des Layers erreicht, der dafür mit den durch die Inflation gesteigerten Schadenhöhen mitwachsen muss. Auf diese Weise wird die

---

510 Vgl. z. B. FERGUSON (1974); GERATHEWOHL (1976), S. 218ff.; FLEMMING (1979), S. 257f.; GRÜNIG/HALL (2000), S. 22; CARTER (2000), S. 216ff., MILBERG (2005); BECK/FILZMAIER (2007), S. 59; WADDELL (2008), S. 112; LEWIN (2009), S. 2; KARL ET AL. (2010), S. 29f.; SCHIFFER (2011). Diese werden je nach Autor wahlweise auch als Indexklausel, Anpassungsklausel, Inflationsklausel, Stabilitätsklausel oder Indexierungsklausel bezeichnet.

511 Vgl. PFEIFFER (1999), S. 71.

512 Vgl. LIEBWEIN (2009), S. 270; PFEIFFER (1999), S. 71.

513 Vgl. FERGUSON (1974), S. 149; GERATHEWOHL (1976), S. 221; YEUNG (2011), S. 4f.

514 Vgl. FERGUSON (1974), S. 149; MILBERG (2005), S. 4. Wie im weiteren Verlauf dieses Abschnitts unterstrichen wird, bezieht sich die Stabilisierung nur auf die Schadenhöheninflation. Die Schadenhäufigkeitsinflation ist für beide Parteien in dem hier verwendeten Modellierungsansatz gleich groß.

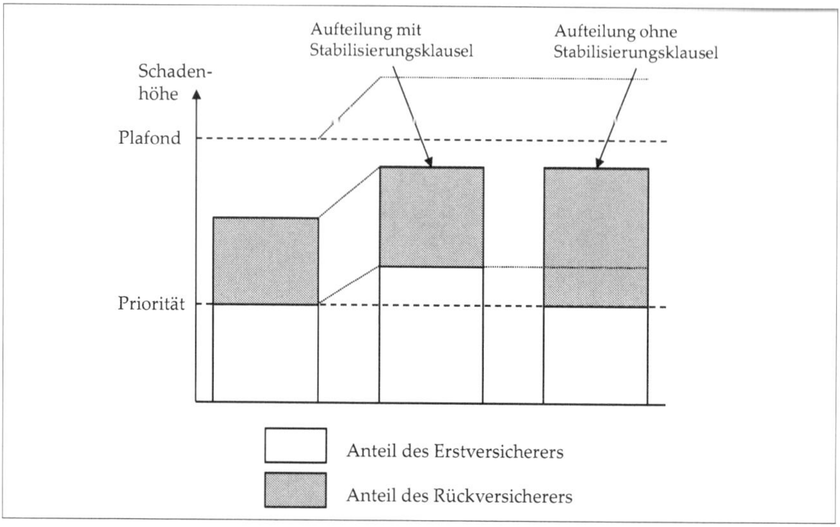

Abbildung 3-10: Aufteilung eines Beispielschadens mit und ohne Stabilisierungsklausel[515]

Lage des Layers relativ zur Schadenhöhenverteilung stabilisiert.[516] Benötigt wird daher ein Vorgehen zur Anpassung der Layergrenzen, sodass sich Rückversicherer und Erstversicherer die Schadeninflation teilen (Abbildung 3-10). Bei der Umsetzung dieser Idee ergibt sich jedoch die Schwierigkeit, dass sich die tatsächliche Inflation während der Schadenregulierung nicht beobachten lässt und daher unbekannt bleibt.[517] Aus diesem Grund kommt ein extern bereitgestellter Index zum Einsatz, sodass die anzuwendende Inflation extern vorgegeben wird.[518]

[515] Darstellung in Anlehnung an STETTLER ET AL. (2005), S. 144 und LIEBWEIN (2009), S. 271.

[516] Genau genommen wird auf diesem Weg die Risikoteilungsfunktion stabilisiert; siehe Gleichung 3-66.

[517] Sie ist nur mit größerem Analyseaufwand retrospektiv zu ermitteln (vgl. BRICKMAN ET AL. (2005), S. 29ff.; JOHN (2013), S. 196).

[518] Allen Stabilisierungsvereinbarungen ist gemein, dass sie sich auf einen externen Index zur Anpassung des Rückversicherungslayers beziehen. Darüber hinaus haben sich mit der Zeit jedoch diverse Varianten der Stabilisierungsklausel entwickelt, auf deren Unterschiede nicht im Detail eingegangen wird (vgl. WALHIN ET AL. (2001), S. 3; MILBERG (2005); LEWIN (2009); LIEBWEIN (2009), S. 272.; YEUNG (2011)).

Im Fall der Stabilisierung einigen sich Erstversicherer und Rückversicherer, Priorität und Limit an die Entwicklung des Klauselindexes w_{stab} zu binden, wodurch die nominal festgelegten Layergrenzen u und h zeit- und inflationsabhängig werden. Die im Klauselindex erfasste Inflation kann der tatsächlichen Schadeninflation entsprechen, wird im Allgemeinen allerdings nicht mit dieser zusammenfallen.[519] Folglich wird nur ein Teil der Schadenteuerung durch die Indexentwicklung von w_{stab} erklärt.[520] Davon zu unterscheiden ist die tatsächliche Schadenhöheninflation, im Folgenden als Index w_X bezeichnet.

Zur Anpassung des Layers wird die Summe der tatsächlichen Auszahlungen $C_n(i)$ eines Schadens X_n mit den um die Klauselinflation bereinigten Schadenzahlungen verglichen.[521] Der so ermittelte Quotient

$$v_n = \frac{\sum_{i=1}^{T} C_n(i)}{\sum_{i=1}^{T} C_n(i) \frac{w_{\text{stab}}(0)}{w_{\text{stab}}(i)}} \tag{3-61}$$

wird als das Anpassungsverhältnis des Schadens X_n bezeichnet.[522] Auf diese Weise wird der Einfluss der Inflation aus den Schadenzahlungen herausgerechnet und für jeden Schaden anhand des Anpassungsverhältnisses v_n die inflationskorrigierten Layergrenzen u_{stab} und h_{stab} ermittelt, indem die Nominalwerte von Priorität und Haftstrecke um das Anpassungsverhältnis erhöht werden.

Da annahmegemäß der Auszahlungsverlauf aller Schäden nach dem gleichen Muster erfolgt, ist auch das Anpassungsverhältnis v für alle Schäden gleich. Allgemein ergibt sich für einen Schadenexzedenten:

$$v = \frac{\text{infl}(X_z)}{\sum_{i=1}^{T} c(i) \frac{w_X(i)}{w_X(0)} \frac{w_{\text{stab}}(0)}{w_{\text{stab}}(i)}}, \tag{3-62}$$

sodass alle Schäden unter dem Schadenexzedenten anhand desselben inflationsangepassten Layers h_{stab} xs u_{stab} mit Priorität

$$u_{\text{stab}} = u \cdot v \tag{3-63}$$

519 Vgl. GERATHEWOHL (1976), S. 222.

520 Vgl. WALHIN ET AL. (2001), S. 4.

521 Vgl. STETTLER ET AL. (2005), S. 144.

522 Vgl. WAHLIN ET AL. (2001), S. 3; CARTER (2000), S. 224.

und Haftstrecke

$$h_{\text{stab}} = h \cdot v \tag{3-64}$$

reguliert werden.[523] Fallen der Klauselindex w_{stab} und der Index der Schadenhöheninflation w_X zusammen, entspricht das Anpassungsverhältnis dem Schadenhöheninflationsfaktor infl (X_z). Dann wird der Layer parallel zur Schadenhöheninflation nach oben verschoben, was die Risikoaufteilung verändert. Unter Berücksichtigung der stabilisierten Layergrenzen h_{stab} xs u_{stab} beträgt der mit $r^{\text{RV}}_{\text{stab}}(h \text{ xs } u)$ gekennzeichnete Anteil des Rückversicherers an der Schadenerwartung dann[524]

$$\begin{aligned} r^{\text{RV}}_{\text{stab}}(h \text{ xs } u) &= r^{\text{RV}}_{z}(h_{\text{stab}} \text{ xs } u_{\text{stab}}) \\ &= r_z(v \cdot (u+h)) - r_z(v \cdot u)\,. \end{aligned} \tag{3-65}$$

Und bei paretoverteilter Schadenhöhe wird der Anteil des Rückversicherers konkret durch den Ausdruck

$$\begin{aligned} r^{\text{RV}}_{\text{stab}}(h \text{ xs } u) &= k^{-1}\left(\left(\frac{v \cdot u}{\text{infl}\,(X_z) \cdot d}\right)^{1-k} - \left(\frac{v \cdot (u+h)}{\text{infl}\,(X_z) \cdot d}\right)^{1-k}\right) \\ &= (v)^{1-k} \cdot r^{\text{RV}}_{z}(h \text{ xs } u) \\ &= \left(\frac{v}{\text{infl}\,(X_z)}\right)^{1-k} \cdot r^{\text{RV}}(h \text{ xs } u) \end{aligned} \tag{3-66}$$

beschrieben. Wenn $v^{1-k} < 1$ ist, wird der Anteil des Rückversicherers am erwarteten Gesamtschaden reduziert. Dies ist aufgrund von $k > 2$ immer dann der Fall, wenn $v > 1$ gilt, sodass, sobald der Klauselindex eine Inflation im positiven Wertebereich abbildet, der Anteil des Rückversicherers im Vergleich zum durch $r^{\text{RV}}_{z}(h \text{ xs } u)$ erklärten Fall ohne Stabilisierung reduziert wird.[525]

---

523 Vgl. WALHIN ET AL. (2001), S. 4. Grundsätzlich ist die tatsächliche Abwicklung jedes Schadens entscheidend für die Ermittlung des Anpassungsverhältnisses unter der Indexklausel. Das hier unterstellte gleichförmige Abwicklungsverhalten aller Schäden entspricht jedoch der gängigen Praxis zur Schätzung der Schadenabwicklung und Indexklauselwirkung (vgl. dazu WALHIN ET AL. (2001), S. 3).

524 Vgl. umgekehrt argumentiert bei MACK (2002), S. 356, der darlegt, dass man bei Anpassung einer Franchise an die Inflation eine konstante Risikoaufteilung zwischen Versicherungsnehmer und Erstversicherer erhält.

525 Genau wie die Klauselinflation muss auch die Schadenhöheninflation positiv sein, wovon in diesem Zusammenhang ausgegangen wird.

Darüber hinaus weist Gleichung 3-66 darauf hin, dass im Fall von $v = \text{infl}\,(X_z)$ die relative Lage des Rückversicherungslayers zur Schadenhöhenverteilung exakt erhalten bleibt, weil die Risikoteilungsfunktion unverändert besteht.[526] Daraus lässt sich unmittelbar schlussfolgern, dass der gewählte Klauselindex die tatsächliche Schadeninflation möglichst gut abbilden soll, da die Stabilisierung dann ihre Wirkung am effektivsten entfaltet.[527]

3.5.5.2 Veränderung der Zielabweichungsfunktion des Inflationsrisikos

Idealerweise wird durch die Stabilisierung die Last der Schadeninflation auf beide Risikoträger aufgeteilt, sodass der überproportionale Anteil, den der Rückversicherer im Ausgangsfall ohne Stabilisierung tragen würde, reduziert wird. Es handelt sich insofern um eine Entlastung des Rückversicherers.[528] Die in der zitierten Literatur suggerierte Schlussfolgerung, dass davon eine ausnahmslos positive Wirkung auf das Inflationsrisiko ausgeht, geht allerdings einen Schritt zu weit, wie im Folgenden gezeigt wird.

Normalerweise bildet der Klauselindex w_{stab} die tatsächliche Schadeninflation nicht ab, da einerseits die Schadenhäufigkeitsinflation unberücksichtigt bleibt und andererseits die Schadenhöheninflation w_X nicht immer durch einen externen Index erklärt wird. Im Wissen um diese Diskrepanz müssen bei der Tarifierung zwei Indexreihen prognostiziert werden. Zusätzlich zur Schätzung der Schadeninflation geht die erwartete Entwicklung des Klauselindexes in die Tarifierung ein, um den durch die erwartete Stabilisierung reduzierten Schadenanteil des Rückversicherers bei der Entgeltermittlung zu berücksichtigen. Dabei wird das erwartete Anpassungsverhältnis v_E auf Basis der erwarteten Indexreihen w^E_{stab} und w^E_X ermittelt. Der für die Rückversicherungsprämie maßgebliche Schadenerwartungswert der erwarteten stabilisierten Schadenverteilung $S_E^{\text{RV, stab}}$ beträgt

$$\mathrm{E}\left(S_E^{\text{RV, stab}}\right) = (v_E)^{1-k} \cdot \mathrm{E}\left(S_E^{\text{RV}}\right). \qquad (3\text{-}67)$$

Im hier angenommenen Fall positiver Klauselinflation gilt $(v_E)^{1-k} < 1$. Ein Schadenexzedent mit Stabilisierungsklausel benötigt demnach eine geringere

---

[526] Vgl. MACK (2002), S. 356.
[527] Vgl. PFEIFFER (1999), S. 71.
[528] Vgl. MACK (2002), S. 342ff.

Risikoprämie als ein Schadenexzedent ohne eine solche Vereinbarung.[529] Des Weiteren resultiert aus der geänderten Risikoteilung eine Standardabweichung in Höhe von $\sigma\left(S_E^{\text{RV, stab}}\right)$. Diese unterscheidet sich ebenfalls zum Fall ohne Stabilisierung und ergibt sich zu[530]

$$\sigma\left(S_E^{\text{RV, stab}}\right) = \sqrt{(v_E)^{2-k}}\sigma\left(S_E^{\text{RV}}\right). \tag{3-68}$$

Der Variationskoeffizient beträgt

$$\begin{aligned}\text{Vko}\left(S_E^{\text{RV, stab}}\right) &= \frac{\sigma\left(S_E^{\text{RV, stab}}\right)}{\text{E}\left(S_E^{\text{RV, stab}}\right)} \\ &= \sqrt{(v_E)^k} \cdot \text{Vko}\left(S_E^{\text{RV}}\right).\end{aligned} \tag{3-69}$$

Das zur Tarifierung geschätzte Anpassungsverhältnis v_E leitet sich aus den Inflationserwartungen des Rückversicherers ab und kann sich deswegen vom tatsächlich realisierenden Anpassungsverhältnis v_z unterscheiden. Letzteres ist ex ante unbekannt, da es sich aus tatsächlicher Klausel- und realisierter Schadenhöheninflation ergibt. Die Tarifierung beinhaltet demnach möglicherweise einen Prognosefehler e_v für das Anpassungsverhältnis, der durch den Quotienten

$$e_v = \frac{v_z}{v_E} \tag{3-70}$$

beschrieben wird. Im Vergleich mit dem Inflationsprognosefehler wirkt der Prognosefehler für das Anpassungsverhältnis jedoch in die entgegengesetzte Richtung und reduziert die Zielabweichung. Die inflationsbedingte Unterkapi-

529 Vgl. FERGUSON (1974), S. 154f.; GERATHEWOHL (1976), S. 326f.

530 Dies lässt sich durch Einsetzen der stabilisierten Layergrenzen $u_{\text{stab}} = v \cdot u$ und $h_{\text{stab}} = v \cdot h$ in Gleichung 2-43 zeigen.

talisierung UK^{stab} beträgt dann

$$UK^{\text{stab}} = \frac{\left(e_z^{\text{RV}}\left(e_v\right)^{1-k} - 1\right) + \sqrt{\left(e_v\right)^{2-k} e_z^{\text{RV}}} Z_{1-\alpha} \text{Vko}\left(S_E^{\text{RV}}\right)\left(v_E\right)^{\frac{k}{2}}}{Z_{1-\alpha} \text{Vko}\left(S_E^{\text{RV}}\right)\left(v_E\right)^{\frac{k}{2}} + \left(1 - e_z^{\text{RV}}\left(e_v\right)^{1-k}\right) \sum_{i=1}^{T} p\left(i\right)\left(1+r\right)^{T-i}}. \tag{3-71}$$

Um die entlastende Wirkung eines unterschätzten Anpassungsverhältnisses besser herauszustellen, kann der Zusammenhang anhand von

$$e_z^{\text{RV}}\left(e_v\right)^{1-k} = e_N e_X \left(\frac{e_X}{e_v}\right)^{k-1} \tag{3-72}$$

umformuliert werden. Es ergibt sich die Zielabweichungsfunktion zu

$$UK^{\text{stab}} = \frac{\left(e_N e_X \left(\frac{e_X}{e_v}\right)^{k-1} - 1\right) + \sqrt{e_N e_X e_v \left(\frac{e_X}{e_v}\right)^{k-1}} Z_{1-\alpha} \text{Vko}\left(S_E^{\text{RV}}\right)\left(v_E\right)^{\frac{k}{2}}}{Z_{1-\alpha} \text{Vko}\left(S_E^{\text{RV}}\right)\left(v_E\right)^{\frac{k}{2}} + \left(1 - e_N e_X \left(\frac{e_X}{e_v}\right)^{k-1}\right) \sum_{i=1}^{T} p\left(i\right)\left(1+r\right)^{T-i}}, \tag{3-73}$$

die im Folgenden hinsichtlich ihrer Wirkung auf das Inflationsrisiko untersucht wird. Dazu wird auf die im Vergleich zum Ausgangsfall ohne Stabilisierung neu in den Gleichungszusammenhang eingeführten Elemente e_v und v_E eingegangen.

3.5.5.3 Wirkung der Stabilisierung auf das Inflationsrisiko

Die erwartete Stabilisierung des Layers in Höhe von v_E macht sich in einer erhöhten relativen Schwankung der Schadenverteilung bemerkbar. Wie in Gleichung 3-69 dargelegt steigt der Variationskoeffizient der Schadenverteilung in diesem Fall um den Faktor $\left(v_E\right)^{k/2}$. Es erhöht sich das Verhältnis von Risikoreserve zu Prämie und eine Inflationsverschätzung hat einen geringeren Einfluss auf die Kapitalausstattung des Rückversicherungsunternehmens als im Fall ohne Stabilisierung.[531] Schließlich muss umso mehr Risikokapital

[531] Vgl. Abschnitt 3.5.2.

bereitgestellt werden, je höher die durch das Anpassungsverhältnis v_E ausgedrückte Inflationskorrektur des Rückversicherungslayers erwartet wird. Durch diesen im Vergleich zum Fall ohne Stabilisierung zusätzlichen Kapitalpuffer wird der Einfluss einer Inflationsunterschätzung kleiner.

Neben dem unter Inflationsrisikoaspekten positiven Effekt des erhöhten Variationskoeffizienten wird die inflationsbedingte Unterkapitalisierung gleichzeitig von der Verschätzung des Anpassungsverhältnisses e_v beeinflusst. Fällt aufgrund einer Unterschätzung der Klauselinflation das Anpassungsverhältnis größer aus als erwartet, wirkt der Prognosefehler mit $e_v > 1$ entgegengesetzt dem Inflationsprognosefehler.

Anhand

$$e_z^{\mathrm{RV}} (e_v)^{1-k} = \underbrace{e_N e_X}_{\substack{\text{Prognosefehler der} \\ \text{Schadeninflation}}} \cdot \underbrace{\left(\frac{e_X}{e_v}\right)^{k-1}}_{\substack{\text{Prognosefehler der} \\ \text{Excess-Inflation}}} \tag{3-74}$$

zeigt sich, dass die Stabilisierung am Gearing-Effekt der Schadeninflation ansetzt. Im Fall einer idealen Stabilisierung wird die Schadenhöheninflation vollständig vom Klauselindex erklärt und die Verschätzung des Gearing-Effekts wegen $e_v = e_X$ komplett eliminiert, sodass die Inflationsentwicklung nicht mehr überproportional zulasten des Rückversicherers geht. Die Schadeninflation wird in diesem Fall gleichermaßen auf Rückversicherer und Erstversicherer aufgeteilt.

Genauso kann die im Klauselindex abgebildete Teuerungsrate in der Tarifierung zu hoch angesetzt werden. Bei einer solchen Überschätzung fällt die tatsächliche Stabilisierung kleiner aus als bei der Tarifierung erwartet und es resultiert $e_v < 1$. Der Rückversicherer hätte in diesem Fall eine zu geringe Prämie eingenommen, sodass sich die inflationsbedingte Unterkapitalisierung durch die Stabilisierung verschlechtert.

Ein umfängliches Verständnis der Stabilisierungswirkung auf das Inflationsrisiko gelingt jedoch erst, wenn das Zusammenspiel von v_E und e_v betrachtet wird. In Abbildung 3-11 werden durch den Verlauf der Kurve alle Kombinationen von e_v und v_E gekennzeichnet, bei denen $UK^{\text{stab}} = UK^{\text{orig}}$ resultiert. Das heißt, in diesen Fällen führt die Stabilisierung zur gleichen Unterkapi-

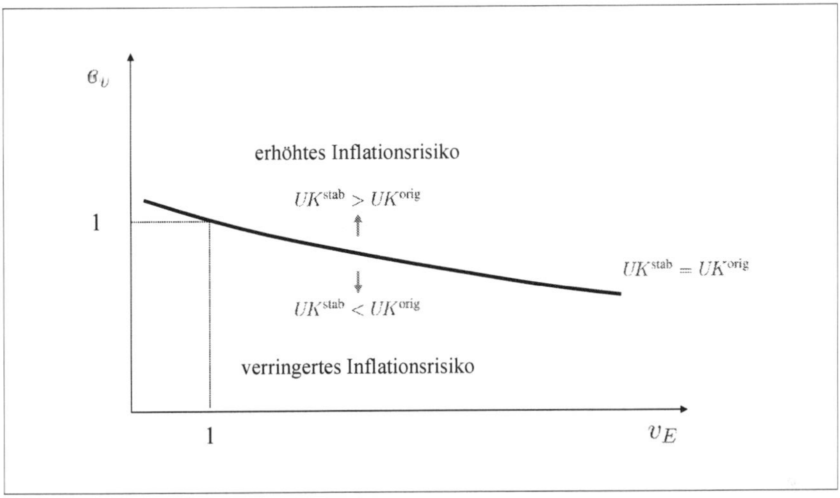

Abbildung 3-11: Auswirkung der Stabilisierung in Abhängigkeit von erwartetem Anpassungsverhältnis v_E und Prognosefehler e_v [532]

talisierung wie der Fall ohne Stabilisierung. Die Kapitalposition des Rückversicherers bleibt unverändert, sodass die Stabilisierung keinen Effekt auf die Zielabweichung ausübt. Alle Kombinationen unterhalb dieser Linie sind vorteilhaft, da sie die Zielabweichung verringern. Diese Wertepaare von e_v und v_E erfüllen die Ungleichung $UK^{\text{stab}} < UK^{\text{orig}}$ und reduzieren somit das Inflationsrisiko. Realisationen oberhalb der Linie führen zu $UK^{\text{stab}} > UK^{\text{orig}}$ und erhöhen das Inflationsrisiko.

In der Abbildung sind zusätzlich die charakteristischen Fälle $e_v = 1$ und $v_E = 1$ markiert. Da bei $v_E > 1$ die Kapitalbasis durch den um $(v_E)^{k/2}$ erhöhten Variationskoeffizienten relativ gestärkt wird, kann bis zu einem gewissen Umfang sogar eine eigentlich nachteilige Überschätzung der aus der Klauselinflation resultierenden Anpassung mit $e_v < 1$ kompensiert werden. Fällt die Verschätzung hinsichtlich der Anpassungsleistung der Stabilisierung aber zu hoch aus, wirkt sich die Stabilisierungsvereinbarung negativ auf die Zielabweichung aus.

[532] Für die Herleitung des Zusammenhangs siehe Anhang A.4.

Im Fall $v_E < 1$ würde die im Klauselindex reflektierte erwartete Inflation negative Werte annehmen.[533] Wäre das wirtschaftliche Umfeld von einer Deflation geprägt, während sich die Versicherungsschäden dennoch verteuern, würde die Stabilisierung das Inflationsrisiko erhöhen.

Es lässt sich festhalten, dass die in der Literatur suggerierte positive Wirkung der Stabilisierungsklausel auf die unterschätzte Schadeninflation in dieser Form nicht vollumfänglich bestätigt werden kann. Wie Abbildung 3-11 darstellt, entfaltet die Stabilisierung ihre Wirkung vor allem dann, wenn nicht nur die Schadeninflation insgesamt, sondern auch die Klauselinflation unterschätzt wird. Die Stabilisierung kompensiert jedoch nicht die generelle Unterschätzung der Schadeninflation, sondern setzt an der Excess-Inflation an und vermindert den Gearing-Effekt des Rückversicherers. Sind Schadeninflation und Klauselindex gut miteinander korreliert,[534] werden üblicherweise die Prognosefehler für Schadeninflation und Klauselinflation in die gleiche Richtung gehen.[535] Da beide gegenläufig auf die Unterkapitalisierung wirken, ergibt sich der positive Stabilisierungseffekt, der sich gleichwohl als risikopolitisches Instrument umkehren kann, wenn die Klauselinflation zu sehr überschätzt wird.

Letztlich ist bei der Interpretation der Stabilisierung als risikopolitisches Instrument zu beachten, dass sie zum Ziel hat, die Schadeninflation gleichmäßig auf Erstversicherer und Rückversicherer aufzuteilen.[536] Obwohl dies in der Theorie günstig erscheint, ist regelmäßig davon auszugehen, dass der verwendete Index vor allem den Einflussbereich der ökonomischen Inflation und damit maximal die Kosteninflation abbildet. Die Änderungsinflation bzw. die Superimposed Inflation bleiben von der Aufteilung der Stabilisierung

---

533 Dies widerspricht außerdem der Annahme positiver Klauselinflation.

534 Aufgrund der Existenz des in 2.2.2.2 diskutierten Inflationsbausteins der Kosteninflation ist dies anzunehmen.

535 Trotz der begründeterweise angenommenen Korrelation von Schadeninflation und Klauselinflation können sich die beiden Indizes theoretisch stark unterscheiden. Somit führt die Vereinbarung möglicherweise zu einer indexgebundenen, doch von der Schadeninflation unabhängigen Priorität und Haftstrecke. In diesem Fall handelt es sich nicht mehr um ein Instrument zur Teilung der tatsächlichen Schadeninflation. Doch auch dann kann sich ein Anpassungsindex mit großen Zuwächsen für den Rückversicherer positiv in Bezug auf das Inflationsrisiko bemerkbar machen, da die Layergrenzen im Zeitablauf erhöht werden.

536 Vgl. FERGUSON (1974), S. 149.

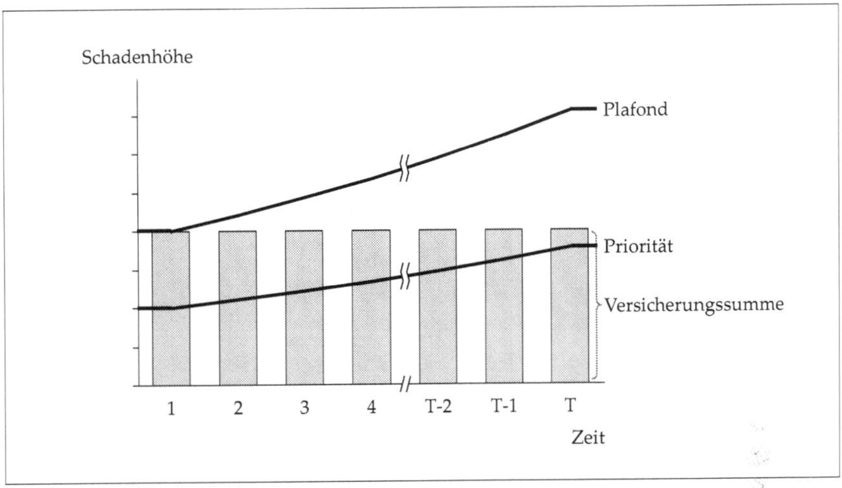

Abbildung 3-12: Wirkung einer Stabilisierungsklausel bei konstanten Policenlimits

unberührt und gehen zulasten des Rückversicherers. Des Weiteren ist hervorzuheben, dass eine Unterschätzung der Schadenhäufigkeitsinflation von der Stabilisierung unbeeinflusst bleibt. Es handelt sich somit um ein Instrument zur Kontrolle der Schadenhöheninflation, das vor allem dann besonders wirksam erscheint, wenn die Schadeninflation nur eine geringe Superimposed Inflation beinhaltet.

Über das bisher Gesagte hinaus ist abschließend zu erwähnen, dass gewisse Aspekte des Originalversicherungsverhältnisses einen unerwarteten Einfluss auf die Stabilisierung ausüben können, beispielsweise eine durch eine im Verhältnis zum Schadenexzedenten niedrige Deckungssumme begrenzte Erstversicherungspolice. Wie das in Abbildung 3-12 dargestellte Beispiel verdeutlicht, wird der Rückversicherer in diesem Fall von der Erhöhung der Haftstrecke nicht mehr getroffen, sobald der Plafond höher als die Deckungssumme der Originalpolice liegt. Gerade in Phasen einer hohen Inflation ist es daher theoretisch denkbar, dass im Extremfall der Deckungsausschnitt des Schadenexzedenten dem Erstversicherer keine Deckung mehr gewährt, da die Priorität über das Policenlimit hinaus stabilisiert wird. Damit wäre das Inflationsrisiko des Rückversicherers gleichfalls reduziert. Diese weiterführenden Gedanken werden im Folgenden nicht weiter thematisiert.

3.5.6 Abgrenzung des Deckungsumfangs durch Ausschlüsse

Neben der Begrenzung der Haftung des Rückversicherers durch quantitative Maßstäbe wie Haftstrecke oder Meldefrist gibt es qualitative Faktoren, mit denen sich die Haftung einschränken lässt.[537] Die dabei wichtigste Abgrenzung legt fest, für welche Arten von Schäden der Rückversicherer im Rahmen des vertraglichen Deckungsumfangs haftet und welche Schäden von der Deckung ausgeschlossen sind.[538] Neben einer positiven Beschreibung des rückversicherten Originalgeschäfts beinhalten die meisten Schadenexzedentenverträge eine negative Abgrenzung des Deckungsumfangs,[539] d. h., sie führen die Risiken und Gefahren auf, die nicht unter den Deckungsbereich der Rückversicherung fallen.[540] Diese Ausschlusstatbestände sind meistens bereits in der Originalpolice enthalten, dennoch greifen sie viele Rückversicherungsverträge explizit auf. GERATHEWOHL betont, dass dies mitnichten nur deklatorischen Charakter hat, sondern den Deckungsumfang des Rückversicherungsvertrags vom Deckungsumfang der Originalpolice loslöst.[541]

Für das Inflationsrisiko ist diese Trennung ebenfalls von Bedeutung, da es unter anderem den bei BAKER als Contract Risk bezeichneten Gefahrenbereich umfasst.[542] Darunter wird die Unsicherheit über die finale Interpretation des in der Erstversicherungspolice festgeschriebenen Deckungsumfangs zusammengefasst.[543] Wird z. B. im Rahmen eines Rechtsstreits entschieden, dass die Versicherungsbedingungen anders zu interpretieren sind als vom Versicherer konzipiert, ist regelmäßig davon auszugehen, dass sich dies zum Nachteil des Erstversicherers auswirkt.[544] Sodann sind zusätzliche Schäden oder Entschädigungspositionen zu bezahlen, die sich als Schadenteuerung auswirken und sowohl Schadenhöhe als auch Schadenzahl steigern können, ohne als erwartete Schadeninflation in der originären Tarifierung berücksichtigt worden zu sein.

537 Vgl. GERATHEWOHL (1976), S. 214 und S. 743ff.
538 Vgl. GERATHEWOHL (1976), S. 743.
539 Vgl. GERATHEWOHL (1976), S. 747.
540 Vgl. GERATHEWOHL (1976), S. 748.
541 Vgl. GERATHEWOHL (1976), S. 748f.
542 Vgl. Abschnitt 2.4.1.2.
543 Vgl. BAKER (2004), S. 139.
544 Vgl. BAKER (2004), S. 140.

Bezieht sich der im Rückversicherungsvertrag formulierte Ausschlusstatbestand nicht auf die Originalpolice, ist der Deckungsbereich des Schadenexzedenten nicht zwangsläufig kongruent mit der Erstversicherung. Dies bietet dem Rückversicherer eine zusätzliche Sicherheit in Bezug auf die Exposition des Schadenexzedenten gegenüber dem Contract Risk, das sich in Form der Legalkosteninflation bemerkbar machen kann. Obwohl sich keine unmittelbaren Auswirkungen auf die Zielabweichungsfunktion ableiten lassen, leisten entsprechend formulierte Ausschlüsse unter dem Rückversicherungsvertrag einen Beitrag zur Verringerung des Informationsdefizits und somit zur Reduktion des Inflationsrisikos.

4 Risikosteuerung durch den Einsatz risikopolitischer Instrumente

4.1 Überlegungen zur Risikosteuerung des Inflationsrisikos

Aufgrund der besonderen Risikosituation, die mit der Schadeninflation einhergeht, scheint das Inflationsrisiko in den meisten Risikomanagementansätzen nur unzureichend berücksichtigt. Schließlich unterscheidet sich das Inflationsrisiko von anderen Aspekten des versicherungstechnischen Risikos, da aus einer Instabilität des Schadenursachensystems eine Dynamisierung der Ergebnisverteilung resultiert. Versuche, für diese Instabilität eine Gesetzmäßigkeit zu bestimmen und darauf aufbauend eine Modellierung zu entwickeln, erscheinen in Anbetracht der in Kapitel 2 erarbeiteten Erkenntnisse in gewisser Weise paradox. Vielmehr ist davon auszugehen, dass eine adäquate Quantifizierung des Informationsdefizits hinsichtlich des Eintritts möglicher Zielabweichungen nicht möglich ist.[545] Für das Inflationsrisiko scheinen daher die klassischen Bewältigungsansätze des versicherungstechnischen Risikos, Eigenkapitalunterlegung sowie Risikoausgleich über das Kollektiv und die Zeit nicht zielführend. Vielmehr bedarf es eines eigenen Risikosteuerungsansatzes, der auf die Besonderheiten des Inflationsrisikos eingeht. Auch wenn sich die zur Risikosteuerung abgeleiteten Maßnahmen final in das Gesamtkonstrukt eines integrierten Risikomanagements einfügen sollten,[546] geht es in der vorliegenden Ausarbeitung um die isolierte Betrachtung des Inflationsrisikos. Daher ist unabhängig von den Wechselwirkungen mit anderen Risikokategorien zu klären, wie die in Kapitel 3 vorgestellten risikopolitischen Instrumente zur Reduktion des Inflationsrisikos einzusetzen sind.

Wie bereits herausgearbeitet setzen die verfügbaren Maßnahmen der Risikosteuerung entweder an der Veränderung der Zielabweichung an oder dienen der Verringerung des Informationsdefizits.[547] Für einen Risikosteuerungsansatz sind die Maßnahmen in Einklang mit den Risikozielen des Unternehmens

[545] Vgl. Abschnitt 2.4.2.2.

[546] Vgl. ROMEIKE/MÜLLER-REICHART (2005), S. 323.

[547] Keines der vorgestellten risikopolitischen Instrumente dient dabei einer vollständigen Verhinderung einer Zielabweichung. Dies wäre nur bei vollkommener Risikomeidung möglich, was de facto die Einstellung des Versicherungsgeschäfts bedeuten würde, da die

zu bringen,[548] die sich unternehmensindividuell aus der Risikoneigung und der Risikotragfähigkeit ergeben und sich unter Berücksichtigung dieser Rahmenbedingungen in einen Risikoappetit übersetzen lassen.[549] Aus Sicht eines Rückversicherers definiert ein Steuerungsansatz für das Inflationsrisiko insofern das Zusammenspiel der Zielabweichung, des Informationsdefizits und des Risikoappetits.[550] Da sich das Risiko erst durch die gemeinsame Betrachtung der beiden Dimensionen Unsicherheit und Zielabweichung ergibt, muss die Risikosteuerung die Dimensionen ebenfalls gleichzeitig berücksichtigen.[551]

Als zentrale Entscheidung der Risikosteuerung wird festgelegt, welche Abhängigkeit zwischen Unterkapitalisierung und Inflationsunterschätzung das Unternehmen anstrebt. Dazu genügt es jedoch nicht, die Risikotragfähigkeit in Form einer Zielgestalt für *UK* zu definieren. Bestünde vollkommene Sicherheit über das zukünftige Schadenursachensystem, würde es nicht zu einer Inflationsverschätzung kommen. Die durch *UK* erklärte Inflationssensitivität der Kapitalposition würde kein Risiko beinhalten, da die Gefahr einer unzureichenden Kapitalausstattung (annähernd) ausgeschlossen wäre. Je geringer die objektivierbare Unsicherheit bezüglich der zukünftigen Schadeninflation ausfällt, desto unwahrscheinlicher ist der Eintritt einer signifikanten Inflationsverschätzung. Die Risikotragfähigkeit ist demnach in Abhängigkeit des Informationsdefizits zu bewerten.

Die Entwicklung eines Risikosteuerungsansatzes verlangt somit nach einer gemeinsamen Betrachtung der Risikotragfähigkeit, der Zielabweichung und des Informationsdefizits.[552] Während die Zielabweichung bei Inflationsunterschätzung über die Funktion *UK* angegeben wird, wird das Informations-

---

Geschäftsaktivitäten eines Versicherungsunternehmens nur durch die bewusste Übernahme des versicherungstechnischen Risikos möglich werden.

548 In diesem Zusammenhang wird davon ausgegangen, dass die in der Zielfunktion reflektierte Risikoneigung auf einer Präferenzordnung basiert und die Entscheidungen der Risikosteuerung insofern anhand einer rationalen Entscheidungsregel getroffen werden. Da eine detaillierte Auseinandersetzung hier nicht fruchtbar erscheint, wird auf ZWEIFEL/EISEN (2003), S. 60ff., die dort angegebene Literatur sowie die Zusammenstellungen bei LIEBWEIN (2000), S. 115ff. zur Entscheidungstheorie bei risikopolitischen Entscheidungen verwiesen.

549 Vgl. BRODEUR ET AL. (2010), S. 5. Zur Entscheidungsfindung im Rahmen der Erwartungsnutzentheorie siehe z. B. HEILMANN/KARTEN (1988), S. 660.

550 Vgl. dazu auch BRODEUR ET AL. (2010), S. 2f. sowie BUEHLER ET AL. (2008), S. 23.

551 Vgl. BRODEUR ET AL. (2010), S. 6.

552 Vgl. dazu die Überlegungen bei BRODEUR ET AL. (2010), S. 3 und S. 5.

defizit anhand einer noch zu definierenden Einteilung klassifiziert. In 4.2 wird erarbeitet, wie das Informationsdefizit bewertet werden kann, und ein zukunftsorientierter Ansatz vorgestellt, um die Ungewissheit bezüglich der Ausprägung des zukünftigen Schadenursachensystems zu ermitteln sowie daraus auf das Informationsdefizit zu schließen. Darauf aufbauend wird in 4.3 ein Vorschlag für die Risikosteuerung des Inflationsrisikos präsentiert, der die im Laufe der Ausarbeitung gesammelten Erkenntnisse vereint.

4.2 Bewertung des Informationsdefizits

4.2.1 Bewertungsmodell für die Ungewissheit der zukünftigen Umwelt

4.2.1.1 Betrachtung des Informationsdefizits in Bezug auf das Schadenursachensystem

Das Informationsdefizit als zweite Dimension des Inflationsrisikos resultiert aus der Ungewissheit über die Gestalt des zukünftigen Schadenursachensystems. Zum einen ist unklar, wie die Zukunft tatsächlich aussieht. Zum anderen besteht bezüglich der nahen Zukunft normalerweise eine geringere Unsicherheit als gegenüber der fernen Zukunft.[553]

Das hiesige Vorgehen zur Bewertung des Informationsdefizits beschäftigt sich daher zuerst mit der Frage, wie ungewiss die in die Inflationsschätzung eingehende Vorstellung über die Zukunft ist. Anschließend wird diese Betrachtung mit der Analyse des Abwicklungsmusters kombiniert,[554] um den Zeithorizont der Zukunftsbetrachtung zu berücksichtigen. Die gemeinsame Betrachtung ermöglicht schließlich eine Bewertung des Informationsdefizits.

Obschon die Zusammenhänge des Schadenursachensystems zum Diagnosezeitpunkt richtig bestimmt werden, resultiert das Inflationsrisiko aus der Gefahr, dass diese sich anschließend ändern. Die versicherungstechnische Wirkung dieser Änderung wird in der Schadeninflation erfasst, sodass diese das aktuelle mit dem zukünftigen Schadenursachensystem verknüpft.

Allerdings wird sich nie das gesamte Schadenursachensystem radikal ändern, sondern das zukünftige Entschädigungsumfeld stets Resultat der Veränderungen von Teilbereichen des Gesamtsystems sein. Wie in Abbildung 4-1

---

553 Vgl. REIBNITZ (1991), S. 45.

554 Vgl. hierzu Abschnitt 3.5.3.

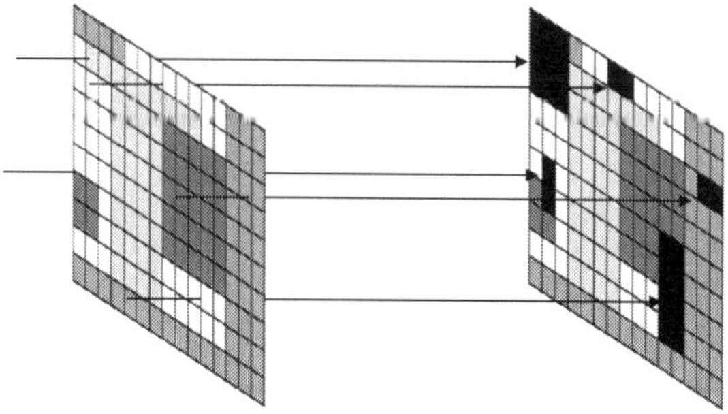

Abbildung 4-1: Bestimmung des Zukunftsbilds des Schadenursachensystems

schematisch visualisiert heißt dies, dass immer ein Teil des Systems unverändert bleibt. Da annahmegemäß zum Tarifierungszeitpunkt das Schadenursachensystem hinreichend präzise diagnostiziert werden kann, besteht keine Unsicherheit über die Ausgangsgestalt (linke Seite der Abbildung). Für die Beschreibung des zukünftigen Schadenursachensystems reicht es daher aus, sich auf die Erklärung und Analyse der Veränderungen zu konzentrieren. Es ist zu untersuchen, woraus diese Veränderungen bestehen, in welchem Umfang und mit welcher Verlässlichkeit diese vorherzusehen sind. Aus diesem Grund erschließt sich das Informationsdefizit bezüglich des zukünftigen Schadenursachensystems vor allem über ein vertieftes Verständnis von Veränderungen.[555]

4.2.1.2 Analyse von Veränderungen und Zukunftssituationen

Veränderungen treten in verschiedenen Formen auf.[556] Sie können durch einen allmählichen Verlauf charakterisiert sein oder plötzlich eintreten, entlang einer vorgegeben Richtung verlaufen oder diffus und schwer abgrenzbar sein. Zur Systematisierung lässt sich eine Veränderungssituation durch zahlreiche Zu-

[555] Vgl. Cornish (2004), S. 37–48 und Pillkahn (2013), S. 58.
[556] Vgl. Cornish (2004), S. 43 und S. 45.

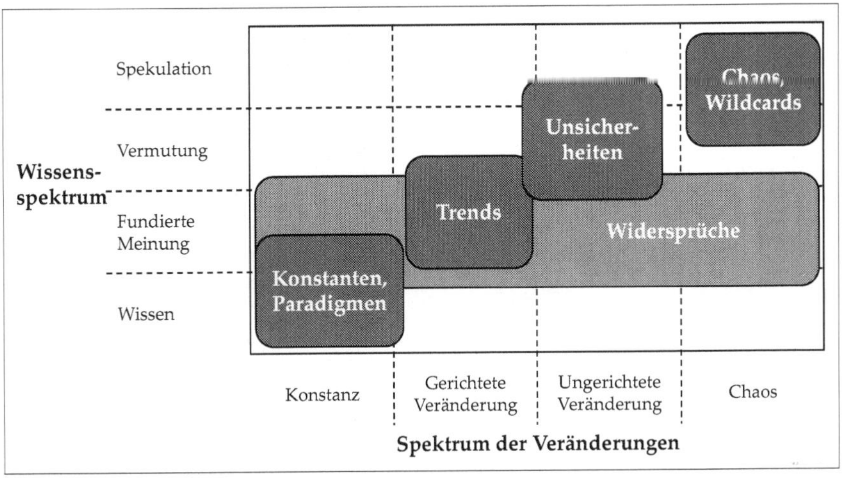

Abbildung 4-2: Die Zukunftselemente im Spektrum von Veränderung und Wissen[557]

kunftselemente beschreiben und sich das Spektrum resultierender zukünftiger Umweltzustände strukturieren.[558]

Diese Zukunftselemente nach PILLKAHN ergeben sich aus der Zerlegung der Veränderungssituation in ihre „Einzelteile". Damit sind diejenigen Kräfte und Faktoren gemeint, die zur jeweiligen zukünftigen Umweltsituation führen. Wird jeder Einflussfaktor hinsichtlich seines Veränderungsgrads und der Dimension des Wissensspektrums eingeordnet, ergibt sich eine Kategorisierung der Zukunftselemente.[559]

So lassen sich Änderungen, wie in Abbildung 4-2 gezeigt, in ein Kontinuum von Konstanz bis Chaos eingliedern. Aspekte, die sich wenig bis gar nicht verändern, werden als konstant angesehen. Spontane und unvorhersehbar eintretende Ereignisse werden dagegen als chaotisch klassifiziert. Dazwischen lässt sich der Grad der Veränderung zwischen gerichteten und ungerichteten Veränderungen abstufen. Gerichtete Veränderungen verlaufen zyklisch,

557 Darstellung in Anlehnung an PILLKAHN (2007), S. 121

558 Vgl. PILLKAHN (2013), S. 121. Außerdem hat dies den Vorteil, dass sich Zukunftselemente, anders als die Umwelt als Gesamtes, gut analysieren lassen (vgl. PILLKAHN (2007), S. 119).

559 Vgl. PILLKAHN (2007), S. 119–121.

wellenförmig oder evolutionär. Ungerichtete Veränderungen hingegen sind oft komplex, sodass sich ihre Struktur nicht anhand eines Entwicklungspfads beschreiben lässt.[560]

Als zweite Dimension wird die Ausprägung des Wissensspektrums abgegrenzt, um zu unterscheiden, auf welchem Kenntnis- und Beobachtungsniveau das Zukunftselement entwickelt wird.[561] Die Bedeutung der Dimension des Wissens erklärt sich daher, dass die Vorstellung von der Zukunft unter anderem vom Wissenstand eines Betrachters abhängt.[562] So reicht das Wissensspektrum vom (tatsächlichen) Wissen bis zur Spekulation. Dazwischen lassen sich Abstufungen von fundierter Meinung und Vermutung unterscheiden. Fundierte Meinungen sind zwar nicht vollständig erklärt, werden aufgrund von Indizien aber als subjektiv zutreffend empfunden. Unter Vermutung wird der Prozess verstanden, Unwissen durch schlussfolgernde Verknüpfung von Indizien und Annahmen zu ersetzen.[563]

Mit dieser Einstufung erhält man letztlich eine Abgrenzung folgender fünf Arten von Zukunftselementen (Abbildung 4-2):

- Konstanten und Paradigmen,
- Trends,
- Unsicherheiten,
- Wildcards und
- Widersprüche.[564]

Mithilfe dieser Zukunftselemente lassen sich verschiedene mögliche Zukunftsbilder erzeugen und beschreiben. Da sich die Zukunftselemente zusätzlich auch den Ursachenbereichen des Schadenursachensystems zuordnen lassen, erscheint es plausibel, sie gleichsam für die Bewertung der im Informationsdefizit ausgedrückten Ungewissheit über das zukünftige Schadenursachensystem heranzuziehen.

[560] Vgl. PILLKAHN (2007), S. 121.
[561] Vgl. PILLKAHN (2007), S. 30 und S. 122.
[562] Vgl. STEINMÜLLER/STEINMÜLLER (2004), S. 21; PILLKAHN (2007), S. 125.
[563] Vgl. PILLKAHN (2007), S. 122.
[564] Vgl. PILLKAHN (2007), S. 121ff.

4.2.1.3 Zukunftselemente als Bausteine von Veränderungssituationen

Davon ausgehend, dass sich viele Umweltfaktoren nur allmählich verändern, sind *Konstanten und Paradigmen* das Rückgrat jeder Zukunftssituation.[565] In dieser Kategorie der Zufallselemente werden sowohl weltanschauliche Grundlagen und Gesetzmäßigkeiten zusammengefasst, als auch ein Kanon stabiler Rahmenbedingungen definiert. Veränderung im eigentlichen Sinne wird damit nicht beschrieben. Stattdessen helfen das Wissen über stabile Zustände und als sicher geltende Erkenntnisse bei der Analyse von Unsicherheiten und Veränderungen, indem einem zu entwickelnden Zukunftsbild ein fester Rahmen vorgegeben wird. Es wird sozusagen das Fundament der Zukunftssituation fixiert, auf dem weitere Veränderungsmöglichkeiten aufbauen.

Unter einem *Trend* wird eine zeitliche Veränderung verstanden, die aus Beobachtungen der Vergangenheit gefolgert und als Hypothese in die Zukunft projiziert wird.[566] Trends bestehen in der Regel daher aus einem Diagnoseteil und einem Hypotheseteil.[567] Der Diagnoseteil bezieht sich auf in der Vergangenheit beobachtete Daten, die zueinander in Beziehung gesetzt werden. Wird bei der Analyse eine (scheinbare) Gesetzmäßigkeit erkannt, wird davon ausgegangen, dass diese sich in der Zukunft fortsetzt.[568] Anders als bei Konstanten handelt es sich bei der Auseinandersetzung mit Trends somit nicht um die Anwendung gefestigten Wissens. Wesentliches Einflusselement sind vielmehr Annahmen, wodurch sich zwangsläufig ein Raum für Fehleinschätzungen ergibt. Beispielsweise herrscht bei einem Trend wie in Abbildung 4-3 illustriert Unsicherheit über den exakten Verlauf. Dennoch glaubt man, die zukünftige Entwicklung auf eine gewisse Bandbreite möglicher Trendprojektionen eingrenzen zu können. Dass diese jedoch stark variieren kann, da in vielen Fällen Struktur und Gestalt eines Trends nicht vollumfänglich verstanden sind, veranschaulicht Abbildung 4-4. Die Projektion des Trendverlaufs entlang der in der Grafik gezeigten Kurven a, b oder c entspricht einer Hypothese. Somit liefern Trends ein hilfreiches Instrument, die Beobachtungen der Vergangenheit in die Zukunft fortzuschreiben. Bei der Interpretation der Ergebnisse ist

[565] Vgl. PILLKAHN (2007), S. 121 sowie S. 123f.
[566] Vgl. PILLKAHN (2007), S. 127.
[567] Vgl. PILLKAHN (2013), S. 62.
[568] Vgl. CORNISH (2004), S. 45.

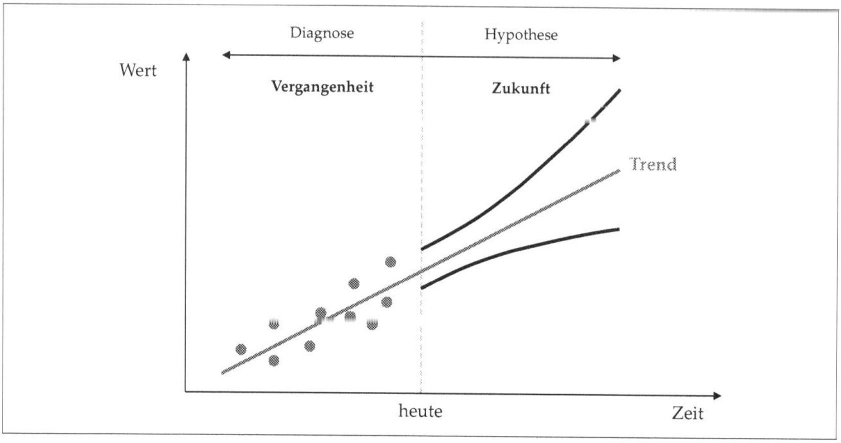

Abbildung 4-3: Trend als zeitbezogene Veränderung einer Bezugsgröße[569]

jedoch zu berücksichtigen, dass in die Zukunftsprojektion Meinungen und Vermutungen eingehen.[570]

In Abgrenzung zu den bisher diskutierten Zukunftselementen handelt es sich bei *Unsicherheiten* um Veränderungen, deren Richtung bzw. Tendenz nicht klar erkennbar ist. Charakteristisch für Unsicherheiten sind gerade die Unwissenheit über Neuartiges und die sich daraus ergebenden optionalen Zukunftsverläufe. Infolgedessen sind mehrere, auch gegensätzliche Entwicklungsoptionen denkbar. Anders als ein Trend lässt sich das Zukunftselement der Unsicherheit dabei nicht aus der Vergangenheit ableiten,[571] da das Wissen über die Unsicherheit nur als Vermutung oder mitunter als Spekulation vorliegt. Exemplarisch für eine Unsicherheit kann die Situation einer Wahl aufgezeigt werden, deren Ausgang im Vorfeld unsicher ist. Abhängig davon welche Partei die Wahl gewinnt, wird es danach zu Gesetzesänderungen kommen, von denen diverser Einfluss auf das Entschädigungsumfeld erwartet wird. Während es sich bei der Projektion von Trends letztlich um ein

569 Darstellung in Anlehnung an PILLKAHN (2007), S. 126.

570 Die Auseinandersetzung mit Trends verlangt daher die systematische Analyse ihrer Struktur. Vgl. z. B. die Zusammenfassungen bei MIETZNER (2010), S. 119ff. sowie die bei PILLKAHN (2007), S. 126ff. und in der dort angegebenen Literatur vorgestellten Analysemöglichkeiten.

571 Vgl. PILLKAHN (2007), S. 145.

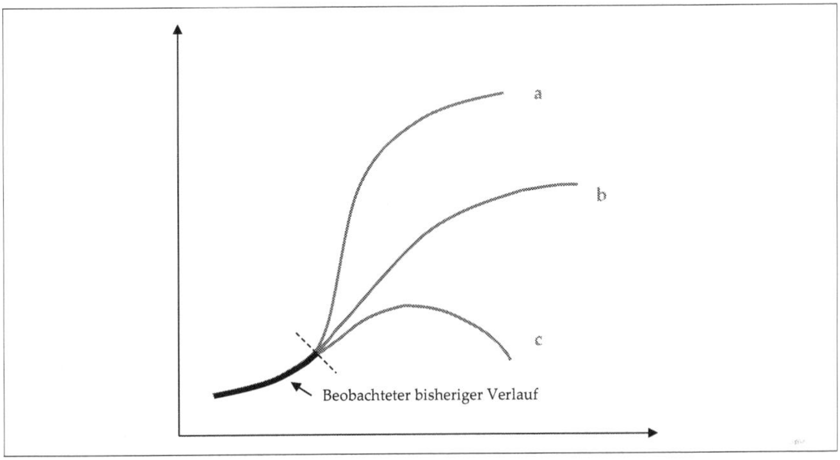

Abbildung 4-4: Zum Problem der Trendprojektion[572]

Fortschreiben der Vergangenheit handelt, zeigen Unsicherheiten, an welchen Stellen es möglicherweise zu Strukturbrüchen in der Entwicklung kommt. Sie gewinnen besonderen Einfluss aufgrund ihrer unklaren Richtung, wodurch sie Hinweise geben, inwiefern Überlegungen bezüglich der Zukunft fundamental anders ausfallen können als vom Entscheider erwartet. Das Bild der Zukunft wird dadurch von einem trendfortschreibenden Prognosemodell zu einem Möglichkeitenraum erweitert.[573]

Mit *Wildcards* werden ungerichtete, plötzliche Veränderungen bezeichnet, die nicht vorhersehbar sind und insofern einen „blinden Fleck“ in der Zukunftserwartung darstellen.[574] Es handelt sich um unwahrscheinliche zukünftige Entwicklungen mit potenziell weitreichenden Folgen für die Gestalt der Zukunftssituation.[575] Obgleich ihre Richtung und ihr Einfluss grundsätzlich unbekannt sind, sollten sie aufgrund ihrer ausgeprägten Veränderungsdynamik in der Analyse des Informationsdefizits berücksichtigt werden, da sie

572 Darstellung in Anlehnung an PILLKAHN (2007), S. 192.
573 Vgl. hierzu auch STEINMÜLLER/STEINMÜLLER (2004), S. 22.
574 Vgl. STEINMÜLLER/STEINMÜLLER (2004), S. 14; PILLKAHN (2007), S. 146.
575 Vgl. STEINMÜLLER/STEINMÜLLER (2004), S. 19f.; CORNISH (2005), S. 108.

mögliche Unbestimmtheiten der Inflationsschätzung verdeutlichen.[576] Auf den ersten Blick scheint diese Aussage einen Widerspruch zu beinhalten, denn Unbekanntes lässt sich nun einmal nicht berücksichtigen. Allerdings sind Wildcards spekulative Elemente, anhand derer gezeigt werden kann, wie bestimmt die Erwartung bezüglich des zukünftigen Umfeldes ist. Zu verstehen sind sie deswegen als Platzhalter für mögliche Zukunftseinflüsse, zu deren Abschätzung bekannte Vergangenheitsereignisse wie auch denkbare zukünftige Ereignisse herangezogen werden können.[577]

Die fünfte Kategorie der *Widersprüche* findet sich über alle Stufen der Veränderung. Bei Widersprüchen handelt es sich um gegensätzliche Ansichten, die sich auf dasselbe Untersuchungsobjekt beziehen.[578] Widersprüche können zum Zeitpunkt der Zukunftsbetrachtung nicht aufgelöst werden, sondern sind ein Hinweis auf Möglichkeitsausprägungen der zukünftigen Umwelt,[579] der die Entwicklung des Zukunftsbilds erleichtert, da anhand der Widersprüche überprüft werden kann, wie sich Zukunftselemente plausibel kombinieren lassen. Gleichzeitig lassen sich Kombinationen ausschließen.

4.2.1.4 Abschätzung des zukünftigen Möglichkeitenraums des Schadenursachensystems

Durch die Kombination der Zukunftselemente zu einem Zukunftsbild werden Zukunftssituationen visualisiert.[580] Dabei verdeutlichen besonders die volatileren Zukunftselemente der Unsicherheiten, Wildcards und Widersprüche das Spektrum möglicher Zukünfte.[581] Die denkbaren Zukunftsausprägungen lassen sich als Entwicklung entlang verschiedener Pfade verstehen. Auch wenn sich der tatsächliche Zukunftspfad im Rahmen der Möglichkeiten befindet, bleibt offen, welcher konkrete Pfad sich letztlich realisiert.[582]

---

[576] Vgl. STEINMÜLLER/STEINMÜLLER (2004), S. 29f. Dort wird in diesem Zusammenhang auch von „Störereignissen“ gesprochen. TALEB (2008) verwendet den Begriff „schwarze Schwäne“.

[577] Vgl. CORNISH (2005), S. 121.

[578] Vgl. PILLKAHN (2007), S. 145.

[579] Vgl. ebd.

[580] Vgl. JOHNSON ET AL. (2008), S. 57.

[581] Vgl. in diesem Zusammenhang MIETZNER (2009), S. 251, die die Rolle solcher Schlüsselfaktoren hervorhebt.

[582] Vgl. REIBNITZ (1991), S. 27; PILLKAHN (2007), S. 180.

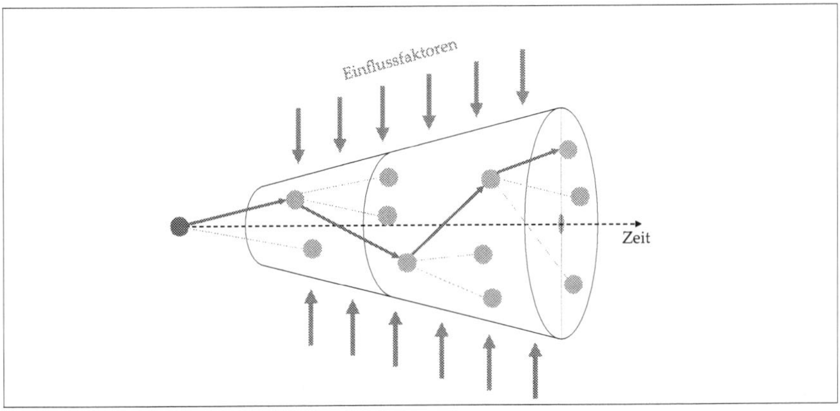

Abbildung 4-5: Die Zukunft als Möglichkeitenraum[583]

In diesem Sinne ist die zukünftige Ausprägung des Schadenursachensystems als Möglichkeitenraum zu interpretieren, in Abbildung 4-5 durch einen Trichter visualisiert. Die Bandbreite möglicher Zukunftssituationen ergibt sich aus den Szenarien, zu denen Zukunftselemente plausibel kombiniert werden können. Ein breites Spektrum plausibler Entwicklungsmöglichkeiten zeugt von einem großen Möglichkeitenraum. Ein größerer Möglichkeitenraum wiederum weist insofern auf eine größere Ungewissheit bezüglich der Zukunft hin, als eine höhere Anzahl an Entwicklungspfaden denkbar ist (Abbildung 4-6). Somit lässt sich die Unsicherheit bezüglich der zukünftigen Schadeninflation anhand der Größe des Möglichkeitenraums des Schadenursachensystems ermitteln. Zusätzlich verdeutlicht die Darstellung in Form eines Trichters, dass die Breite des Möglichkeitenraums steigt, je länger der betrachtete Zeithorizont ist. Damit wird unterstrichen, dass die Unsicherheit und die Komplexität zunehmen, je weiter vom Betrachtungszeitpunkt in die Zukunft prognostiziert wird.[584]

Für die in diesem Zusammenhang notwendige Szenarioermittlung werden zuerst die (kritischen) Zukunftselemente als Szenariobausteine bestimmt. Dazu werden die Schadenursachenbereiche untersucht und die Einflussfaktoren des

[583] Abbildung in Anlehnung an REIBNITZ (1988), S. 30 sowie PILLKAHN (2007), S. 180.
[584] Vgl. REIBNITZ (1991), S. 45; HEIJDEN (1996), S. 92.

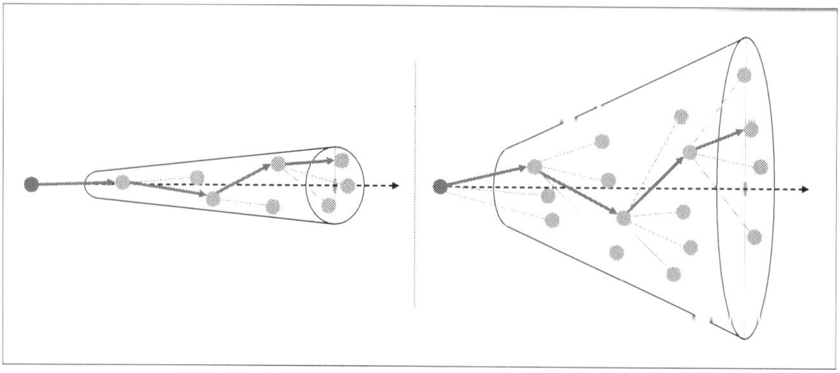

Abbildung 4-6: Vergleich zweier Möglichkeitenräume mit geringer Unsicherheit (links) und großer Unsicherheit (rechts)

zukünftigen Schadenursachensystems bestimmt.[585] Für das Entschädigungsumfeld der Haftpflichtversicherung sind vor allem die Schadenursachenbereiche

- Recht und Gesetzgebung,
- Wirtschaft,
- Gesellschaft und
- Technik

relevant, sodass sich die Umweltanalyse auf diese Aspekte beschränkt.[586]

Um den Möglichkeitenraum des Schadenursachensystems zu bestimmen, wird jedes identifizierte Zukunftselement anhand zweier Dimensionen bewertet:[587] der erwartete Einfluss des Elements auf die Zukunftsausprägung des Schadenursachensystems sowie die Unsicherheit über Eintritt und Ausprägung des jeweiligen Elements.[588] Anhand der in Abbildung 4-7 illustrierten Ein-

[585] Vgl. SCHWARTZ (1998), S. 105f. Für die Methoden zur Umweltanalyse wird auf WALSH (2005) sowie BURT ET AL. (2006) verwiesen.

[586] Vgl. Abschnitt 2.2.2.2.

[587] Vgl. PILLKAHN (2007), S. 149ff. und S. 217.

[588] Vgl. zu dieser Einordnung WILSON (1983), S. 9-18; BRODEUR ET AL. (2010), S. 6; DURBIN ET AL. (2010); PILLKAHN (2007), S. 218. Die Einstufung der Unsicherheit wird allerdings von subjektiver Wahrnehmung beeinflusst.

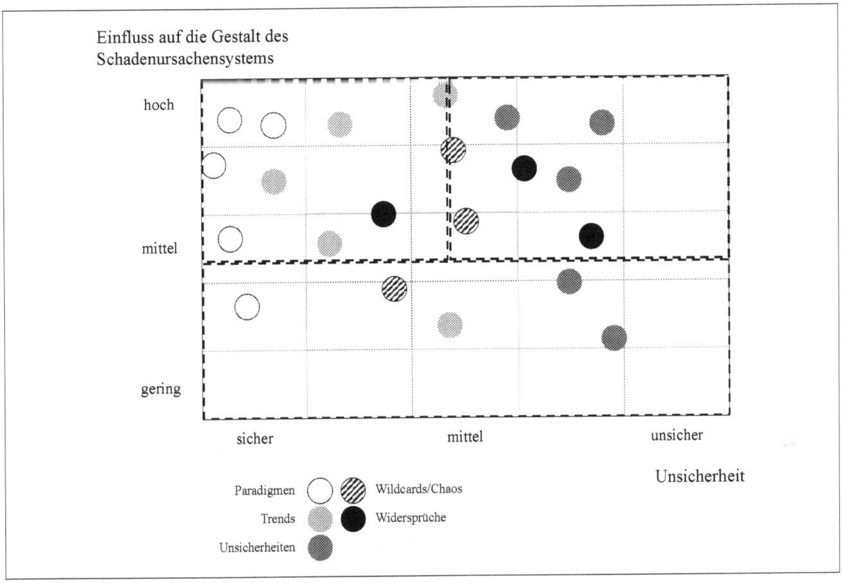

Abbildung 4-7: Einordnung der Zukunftselemente[589]

ordnung lassen sich innerhalb dieser Bewertungsmatrix diejenigen Elemente identifizieren, die den größten Einfluss auf die Gestalt des Schadenursachensystems haben. Zur Auswahl der für die Entwicklung der Zukunftsbilder entscheidenden Zukunftselemente wird die Bewertungsmatrix in drei Bereiche unterteilt.[590]

Die Elemente im unteren Bereich des Diagramms werden bei der weitergehenden Betrachtung außen vor gelassen, da sie nur einen unwesentlichen Einfluss auf die Gestalt des Schadenursachensystems haben.[591] Werden Elemente in den linken Teil des Diagramms eingeordnet, wird bezüglich ihrer Ausprägung eine geringe Unsicherheit empfunden. Deswegen bilden diese *stabilen Elemente* das Fundament des zukünftigen Möglichkeitenraums.[592] Auf diesem aufbauend dienen insbesondere die in die obere rechte Ecke eingeordneten

589 Vgl. JOHNSON ET AL. (2005), S. 74; WILSON (1983), S. 9-18.

590 Vgl. STEINMÜLLER (2012), S. 105f. Die Abgrenzung zwischen diesen Bereichen ist allerdings nicht so trennscharf, wie in der Abbildung angedeutet.

591 Vgl. PILLKAHN (2007), S. 207.

592 Vgl. CORNISH (2004), S. 48; HEIJDEN (1996), S. 97.

Elemente der Bewertung des Informationsdefizits. Diese *kritischen Elemente* unterliegen einer ausgeprägten Unsicherheit und es wird gleichzeitig ein signifikanter Einfluss auf das zukünftige Schadenursachensystem erwartet.[593] Dann werden die Zukunftselemente zu plausiblen, widerspruchsfreien Kombinationen zusammengesetzt und auf diese Weise mögliche Zukunftsausprägungen identifiziert.[594] Mit den kritischen Elementen werden die Szenarien über das Fundament hinaus definiert und ein Spektrum an Zukunftsausprägungen aufgespannt.[595]

Szenarien erzeugen kein eindeutiges Zukunftsbild, sondern dienen als Mittel, die Zukunft als Möglichkeitenraum zu evaluieren. Sie scheinen insofern zur Analyse des Informationsdefizits prädestiniert, da sich vor allem die Unsicherheit des Entschädigungsumfelds in Form möglicher Zukunftsausprägungen verdeutlichen lässt.[596] Eine detaillierte Erläuterung des Vorgehens in Bezug auf das Schadenursachensystem erscheint an dieser Stelle nicht zielführend. Schließlich genügt für die Evaluation des zukünftigen Möglichkeitenraums die Analyse der Zukunftselemente. Nachfolgend wird daher der Frage nachgegangen, wie anhand der Zukunftselemente die Ungewissheit über das zukünftige Schadenursachensystem abgeschätzt werden kann. Auf diesem Weg wird die Unsicherheit der Inflationsschätzung qualitativ bewertet.[597]

4.2.2 Bewertung der Umwelt- und Szenariounsicherheit

4.2.2.1 Entscheidungen unter Unsicherheit

Mit dem Begriff der Unsicherheit wird ein Zustand beschrieben, in dem Entscheidungsträger lediglich begrenztes Wissen über die aktuelle oder zukünfti-

---

593 Vgl. JOHNSON ET AL. (2005), S. 74; PILLKAHN (2007), S. 207.

594 Vgl. REIBNITZ (1991), S. 54; PILLKAHN (2007), S. 218; MIETZNER (2009), S. 142. Zur Szenariogenerierung sei weiterhin auf STEINMÜLLER (2012), S. 105f. verwiesen.

595 Vgl. SCHWARTZ (1998), S. 28; PILLKAHN (2007), S. 207; MIETZNER (2009), S. 2. Siehe außerdem SCHWARTZ (1998), S. 105 zur Bedeutung kritischer Einflussfaktoren bei der Entwicklung von Zukunftsszenarien. Zur Methodik der Szenarioanalyse siehe z. B. REIBNITZ (1991); HEIJDEN (1996); GAUSEMEIER ET AL. (1996); BURMEISTER ET AL. (2004). Zu einer Abwägung der Vor- und Nachteile siehe MIETZNER (2009), S. 156ff. Für einen Versuch der Strukturierung vgl. MIETZNER/REGER (2005), S. 223ff.

596 Vgl. HEIJDEN (1996), S. 84 sowie S. 96; MIETZNER (2009), S. 242.

597 Zur Diskussion, dass diese Unsicherheit nicht quantifiziert werden kann, vgl. z. B. HEIJDEN (1996), S. 84.

ge Umwelt haben.[598] Diese Umweltunsicherheit ergibt sich aus mindestens zwei Eigenschaften der Umwelt, ihrer *Komplexität* und ihrer *Dynamik*.[599]

Die Komplexität der (relevanten) Makroumwelt erklärt sich anhand der Anzahl der Einflussfaktoren sowie anhand der Struktur des für ein umfängliches Umweltverständnis notwendigen Wissens.[600] Zusätzlich unterliegt die Umwelt ständiger Veränderung,[601] sodass die Unsicherheit bezüglich der Zukunft durch die Umweltdynamik weiter gesteigert wird. Der zweite Bestimmungsfaktor der Umweltunsicherheit ist daher die Veränderlichkeit des Umweltzustands.[602] Der durch die Zukunftselemente beschriebene Möglichkeitenraum des Schadenursachensystems bildet diese Dynamik und Komplexität des Entschädigungsumfelds ab. Je intensiver beide ausfallen, desto größer wird die Unsicherheit. Dennoch wird Umweltunsicherheit als nicht messbar angesehen,[603] sodass im Folgenden ein qualitativer Weg der Evaluation entwickelt wird.[604] Dazu wird sich jenseits der Methoden des Risikomanagements der Verfahrensweisen der strategischen Vorausschau bedient, denn strategische Entscheidungen werden fast immer unter Unsicherheit gefällt.[605]

Auch wenn ein Umfeld trotz hohen Analyseaufwands nicht vollständig zu prognostizieren ist, ist in den seltensten Entscheidungssituationen die Zukunft so ungewiss, dass nicht zumindest einige Aussagen über wahrscheinliche Zukunftsentwicklungen getroffen werden können.[606] Insofern geht es darum,

---

598 Vgl. CARBONARA/CAIAZZA (2010), S. 37. HELTEN erklärt darüber hinaus Unsicherheit als einen subjektiv bestehenden Informationsmangel, während mit dem Begriff der Ungewissheit der objektive Informationsmangel erklärt wird (vgl. HELTEN (1991), S. 29f.). Diese Unterscheidung wird im Folgenden jedoch ignoriert, da der in der internationalen Literatur gebrauchte englische Begriff „uncertainty" diese Unterscheidung nicht zulässt.

599 Vgl. JOHNSON ET AL. (2008), S. 57; ANSOFF (1979), S. 32.

600 Vgl. SHEPMANN/DEAN (1991), S. 683; KREISER/MARINO (2002), S. 899.

601 Vgl. FARNY (1992), S. 25; JOHNSON ET AL. (2008), S. 54.

602 Vgl. MILLER/FRIESEN (1983), S. 222; DESS/BEARD (1984), S. 55; KREISER/MERINO (2002), S. 899f. Allgemeiner geht es um die mangelnde Vorhersagbarkeit aller Einflussgrößen, wozu genauso die Entscheidungen der Politik, Rechtsprechung etc. gezählt werden können.

603 Vgl. KREISER/MARINO (2002), S. 895; MILIKEN (1987), S. 134f.; HEIJDEN (1996), S. 84ff.

604 Siehe dazu auch die Auseinandersetzung bei KREISER/MARINO (2002), S. 899 sowie DESS/BEARD (1984), S. 54f.

605 Vgl. HEIJDEN (1996), S. 83.

606 Vgl. HEIJDEN (1996), S. 86.

die verbleibende Restunsicherheit zu verstehen und zu bewerten, um zu einer Unsicherheitsklassifizierung zu gelangen.[607] Nach ROHE/GRÜNIG lassen sich dafür fünf Abstufungen, sogenannte Unsicherheitsgrade unterscheiden (Abbildung 4-8), anhand derer die Umwelt- und Szenariounsicherheit klassifiziert werden kann.[608]

1. Im Unsicherheitsgrad *Clear Future* lässt sich eine einzige präzise Vorhersage für die Zukunft treffen.

2. Eine höhere Unsicherheit beschreibt der Unsicherheitsgrad *Range of Futures*. Er beinhaltet eine breitere Variation hinsichtlich der zukünftigen Entwicklung. Im Gegensatz zum nächsthöheren Unsicherheitsgrad ist jedoch die grundsätzliche Richtung der Entwicklung bekannt.

3. Bei weiter erhöhter Unsicherheit ist die Richtung der Veränderung unbekannt. Dennoch lässt sich die Entwicklung auf eine Reihe möglicher Szenarien beschränken, wenngleich keine Kenntnis darüber besteht, welches Szenario letztlich eintreten wird. Kann jedoch einem Szenario eine hohe Eintrittswahrscheinlichkeit zugeordnet werden, wird ein solches Umfeld durch den Unsicherheitsgrad *Probable Scenario* beschrieben. Die Schwelle für eine ausreichend hohe Eintrittswahrscheinlichkeit ist dabei individuell verschieden.[609]

4. Im Unsicherheitsgrad *Scenarios without known Probability* können den Szenarien keine Eintrittswahrscheinlichkeiten zugeordnet werden.

5. Im höchsten Unsicherheitsgrad *True Ambiguity* ist die Zukunft gar nicht vorherzusagen. In vielen Fällen können nicht einmal die zukunftsdefinierenden Variablen identifiziert werden.[610] Es lässt sich im Gegensatz zum vierten Unsicherheitsgrad nur ein sehr unbestimmter Bereich möglicher Zukunftsentwicklungen abgrenzen.

---

[607] Vgl. COURTNEY ET AL. (1997), S. 69.
[608] Vgl. im Folgenden ROHE/GRÜNIG (2010), S. 1–7.
[609] SCHWARTZ warnt allerdings davor, Szenarien konkrete Eintrittwahrscheinlichkeiten zuzuordnen und damit eine Scheingenauigkeit zu erzeugen (vgl. SCHWARTZ (1998), S. 248).
[610] Vgl. COURTNEY ET AL. (1997), S. 71; BUEHLER ET AL. (2008), S. 31.
[611] Vgl. ROHE/ GRÜNIG (2010), S. 7.

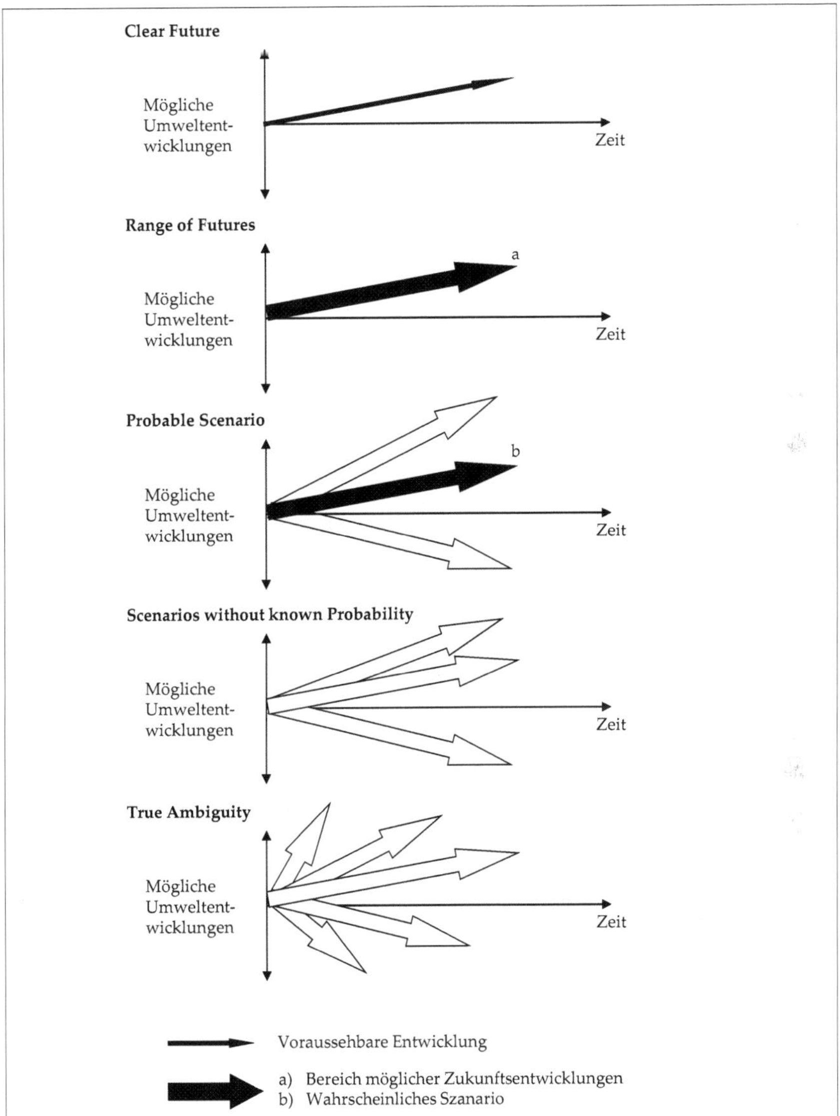

Abbildung 4-8: Gegenüberstellung der Unsicherheitsgrade nach ROHE/GRÜNIG[611]

Anhand der Gegenüberstellung in Abbildung 4-8 wird deutlich, wie die Erhöhung des Unsicherheitsgrads mit einer jeweils größeren Bandbreite möglicher Zukunftsausprägungen einhergeht. Während in den niedrigen Unsicherheitsgraden eine klare Vorstellung über die Richtung der Veränderung besteht, liegt im Unsicherheitsgrad *Probable Szenario* lediglich eine Vorstellung über die wahrscheinliche Richtung der Veränderung vor. Bei noch höherer Unsicherheit, der Einstufung als *Scenarios without known Probability*, sticht kein Schwerpunktszenario mehr hervor. In diesem Fall existiert keine klar erkennbare Veränderungsrichtung, sondern der Möglichkeitenraum der Zukunft wird sehr groß.

4.2.2.2 Strukturierung der Szenariounsicherheit durch Unsicherheitsgrade

Die Szenariounsicherheit durch eine Einstufung in Unsicherheitsgrade zu erläutern, kann nicht frei von subjektiven Einflüssen erfolgen. Schließlich unterliegt bereits die Einordnung der Zukunftselemente in die Bewertungsmatrix einem subjektiven Unsicherheitsmaßstab. Doch auch wenn die Zuordnung nicht im Sinne einer belastbaren Vorschrift vorgegeben werden kann, zeigt die nachfolgende Überlegung, wie eine Unsicherheitsbetrachtung dennoch gelingt.

Schließlich definieren alleine die Bausteine der Zukunftsbilder die Breite des Möglichkeitenraums.[612] Somit gibt bereits die Art der als kritisch ermittelten Zukunftselemente eine Indikation der Unsicherheit. Bei *Konstanten* ist die Zukunft klar vorgegeben. Werden die möglichen Zukunftsbilder hauptsächlich von *Trends* beeinflusst, ist immerhin die Richtung der zukünftigen Entwicklung bekannt, sofern nicht über die grundlegende Trendstruktur Unsicherheit besteht. Noch größer wird die Streuung möglicher Szenarien, wenn das zukünftige Schadenursachensystem besonders von den Zukunftselementen der *Unsicherheiten* beeinflusst wird. Wie erläutert handelt es sich bei Unsicherheiten um ungerichtete Veränderungen, die sich dadurch auszeichnen, in ihrer Veränderungsrichtung verschiedene Möglichkeiten offenzulassen. Für die Szenariounsicherheit bedeutet dies, dass bei starkem Einfluss der Unsicherheiten auch der Möglichkeitenraum entsprechend breiter wird. Ein starker Einfluss

[612] Vgl. POSTMA/LIEBL (2005), S. 164.

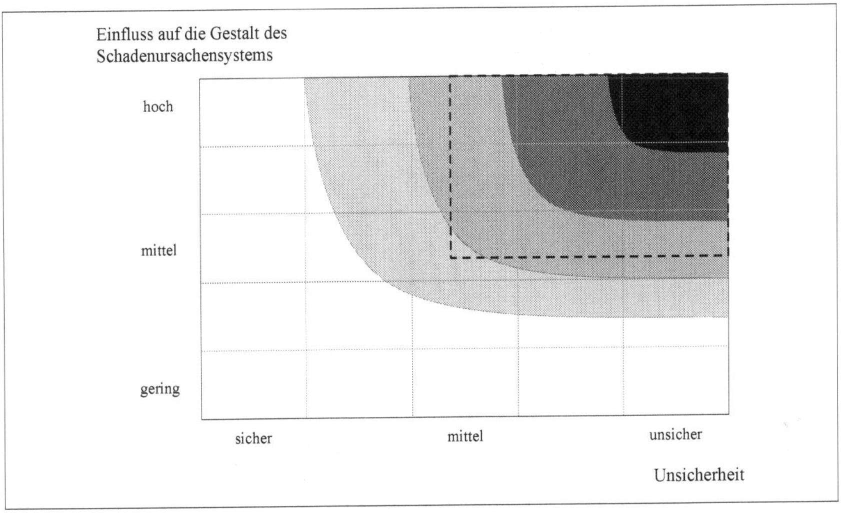

Abbildung 4-9: Hierachiezonen der Szenariounsicherheit

von *Wildcards* erhöht die Szenariounsicherheit weiter, denn Wildcards erweitern den Möglichkeitenraum noch einmal signifikant, da sie „neue Zukünfte" bringen.[613]

Alleine mit dieser Erkenntnis lassen sich die Zukunftselemente jedoch nicht mit den Unsicherheitsgraden verknüpfen, denn darüber hinaus muss identifiziert werden, wie einflussreich sich das jeweilige Zukunftselement für die Ausprägung des Informationsdefizits erweist. Wie im vorangegangenen Abschnitt herausgestellt, ist es für die Unsicherheit bezüglich der zukünftigen Ausprägung des Schadenursachensystems entscheidend, wie weit rechts oben in der Bewertungsmatrix das entsprechende Zukunftselement eingeordnet wird. Dieser Aspekt wird durch die Abstufung verschiedener Hierachiezonen berücksichtigt, anhand derer sich die als kritisch eingestuften Elemente innerhalb der Bewertungsmatrix ordnen lassen. Abbildung 4-9 illustriert, wie eine solche Einteilung prinzipiell aussehen kann. Wie an der Einfärbung zu erkennen ist, nimmt die Bedeutung des Zufallselements für die Szenariounsicherheit von rechts oben nach links unten ab. So ergibt sich eine Hierarchie

[613] Vgl. STEINMÜLLER/STEINMÜLLER (2004), S. 47.

		Hierarchiezone				
		niedriger				höher
		A	B	C	D	E
Element	Konstanten	1-CF	1-CF	2-RoF	2-RoF	2-RoF
	Trends	1-CF	2-RoF	3-PS	3-PS	4-SwoP
	Unsicherheiten	2-RoF	2-RoF	3-PS	4-SwoP	4-SwoP
	Wildcards	3-PS	3-PS	3-PS	4-SwoP	4-SwoP
	Widersprüche	3-PS	3-PS	3-PS	4-SwoP	5-TA

Legende: 1-CF: *Clear Future* | 2-RoF: *Range of Futures* | 3-PS: *Probable Scenario* | 4-SwoP: *Scenario without known Probability* | 5-TA: *True Ambiuguity*

Tabelle 4-1: Die untere Schranke für die Szenariounsicherheit als Kombination von Zukunftselement und Einflusszone

der kritischen Zukunftselemente, die ausdrückt, welche Elemente aus Unsicherheitssicht am bedeutsamsten sind.

Um die durch die Zufallselemente definierte Veränderungssituation in einen Unsicherheitsgrad zu übersetzen, ist zum einen entscheidend, um welche Art von Zufallselement es sich handelt, und zum anderen ausschlaggebend, wie dieses Zufallselement in der Bewertungshierarchie eingestuft ist. Eine formale Umrechnung der Zukunftselemente auf die Unsicherheitsgrade im Sinne einer expliziten Regel erweist sich als problematisch, da jede Unsicherheitsbetrachtung subjektiven Einflüssen unterliegt, sobald ein gewisser Komplexitätsgrad der Umwelt überschritten ist.[614] Insofern lässt sich an dieser Stelle mangels Objektivierbarkeit keine explizite Regel für die Einstufung ableiten. Stattdessen lässt sich für jede Kombination des Zusammenwirkens von Zufallselement und Einflusszone eine Minimum-Einstufung vornehmen. Tabelle 4-1 zeigt eine solche Festlegung, die sowohl die Art des Zukunftselements als auch die Hierarchiestufe in der Bewertungsmatrix berücksichtigt.

Anhand des in der Tabelle dargestellten Zuordnungsschlüssels wird die Unsicherheitsstruktur des Schadenursachensystems derart festgelegt, dass der

[614] Vgl. z. B. CARBONARA/CAIAZZA (2010), S. 38f. Ebenfalls findet sich dieser Gedanke bei BUEHLER ET AL. (2008), S. 31.

Unsicherheitsgrad nach unten beschränkt wird. Somit lässt sich eine untere Schranke für die Szenariounsicherheit definieren. Werden beispielsweise als kritisch eingestufte Wildcard-Elemente mit hohem Einfluss auf die zukünftige Gestaltung des Schadenursachensystems identifiziert, kann sich die Szenariounsicherheit nicht mehr im eng definierten Unsicherheitsgrad Range of Futures befinden. Für die Bewertung der Entschädigungsumwelt ist dann mindestens der Unsicherheitsgrad Probable Scenario anzusetzen. Somit gibt der hier dargestellte Zuordnungsschlüssel eine Mindesteinstufung vor. Eine Abweichung nach oben kann jederzeit gerechtfertigt sein und hängt von dem Zusammenwirken der Zukunftselemente und den tatsächlich möglichen Szenarien ab. Dabei ist die Anzahl der kritischen Einflussfaktoren genauso zu berücksichtigen wie die Dynamik und das Ausmaß möglicher Veränderungen.

Obwohl an dieser Stelle keine konkrete Umsetzung – im Sinne eines Kochrezepts – zur Bewertung des Informationsdefizits an die Hand gegeben wird, bietet die Identifikation der Unsicherheitstreiber als Analyseergebnis eine transparente Entscheidungsbasis für die Risikosteuerung. Wichtig ist, dass ein Entscheider zu einer Bewertung der Szenariounsicherheit des zukünftigen Schadenursachensystems gelangt. Daraus ergibt sich eine Abschätzung der Breite des zukünftigen Möglichkeitenraums. Wie nachfolgend gezeigt wird, ist für die Betrachtung des Informationsdefizits überdies die Abwicklungsstruktur des Originalschadens als zweite Einflusskomponente zu berücksichtigen.

4.2.3 Rolle des Zeithorizonts bei der Bewertung des Informationsdefizits

Wie bereits thematisiert ist das Entschädigungsumfeld in der näheren Zukunft grundsätzlich besser zu prognostizieren als in der ferneren Zukunft. Je weiter man nach vorne blickt, ein desto größerer Teil der Zukunftssituation ist ungewiss, während eine Auseinandersetzung mit der nahen Zukunft zu einem deutlich größeren Teil vorhersehbar ist. Um diesen Aspekt bei der Betrachtung des Informationsdefizits zu berücksichtigen, rückt das Abwicklungsmuster in den Fokus des Interesses, da es die Zeitstruktur der Schadenzahlung und der Schadeninflationierung abbildet.

Die Notwendigkeit, die Auszahlungsstruktur zusätzlich zur Szenariounsicherheit zu berücksichtigen, lässt sich anhand eines Beispiels verdeutlichen. Dazu werden die in Tabelle 4-2 dargestellten beispielhaften Zahlungsmuster c_A und c_B verwendet und unter der Annahme ansonsten identischer Rahmenbedingungen miteinander vergleichen. So leistet die in der unteren Zeile abgetragene

Zahlungsreihe c_{B} einen größeren Teil ihrer Auszahlungen zu den weiter in der Zukunft liegenden Zeitpunkten zwischen dem dritten und fünften Abwicklungsjahr. Hingegen wird bei c_{A} der Hauptteil der Zahlungen im ersten Abwicklungsjahr geleistet.

Zahlungsreihe	Entwicklungsjahr				
	1	2	3	4	5
$c_{\mathrm{A}}(i)$	70%	20%	5%	3%	2%
$c_{\mathrm{B}}(i)$	10%	15%	25%	35%	15%

Tabelle 4-2: Vergleich zweier Auszahlungsmuster in Bezug auf das Informationsdefizit

Beide Auszahlungsmuster werden in Abbildung 4-10 als Säulendiagramm dargestellt und dort ferner der Möglichkeitenraum des Schadenursachensystems als Kegel integriert, sodass sich dieser mit der Darstellung des Auszahlungsmusters überlagert.[615] Obwohl die Szenariounsicherheit für beide Zahlungsreihen jeweils gleich groß ausfällt, erscheint die Unsicherheit bezüglich der zukünftigen Zahlungen von c_B größer als in Bezug auf die Zahlungsreihe c_A. Der Großteil der in der Abbildung links illustrierten Auszahlungsreihe c_A wird innerhalb des ersten Jahrs ausbezahlt. Auf die Schadeninflation bezogen liegt daher mindestens für die Kalenderjahrinflation eine kleinere Möglichkeit der Inflationsverschätzung an, sodass die Schadeninflationsschätzung mit einer größeren Sicherheit verbunden ist. Hingegen führt die größere Ungewissheit bezüglich der späteren Auszahlungszeitpunkte bei der Zahlungsreihe c_{B} zu einer potenziell höheren Ungewissheit über das Ausmaß der Schadeninflation. Da die Schäden unterschiedlich schnell ausbezahlt werden, wird die Szenariounsicherheit durch die Auszahlungsmuster unterschiedlich gewichtet.

Vor diesem Hintergrund liegt die Schlussfolgerung nahe, dass sich das Informationsdefizit bezüglich der Inflationsschätzung für beide Situationen unterscheidet. Es reicht nicht aus, alleine die Breite des Möglichkeitenraums

[615] Die Darstellung ist nur illustrativ, der Kegel also nicht im Sinne einer skalierbaren Maßgröße zu verstehen. Seine Darstellung visualisiert die Aussage, dass das Schadenursachensystem und das Entschädigungsumfeld der nahen Zukunft in einer geringeren Bandbreite zu prognostizieren sind als das Entschädigungsumfeld der ferneren Zukunft.

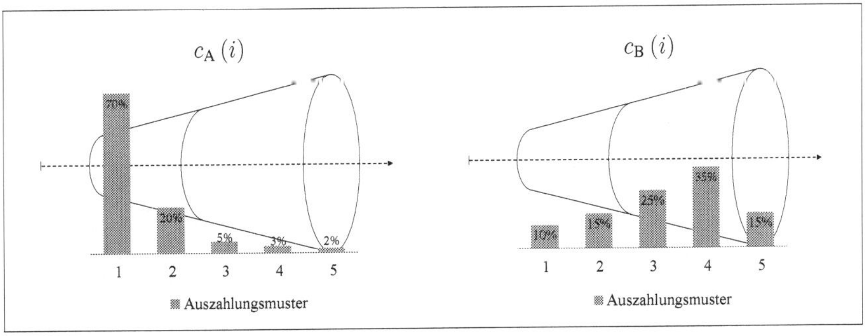

Abbildung 4-10: Vergleich der Auszahlungsmuster $c_A(i)$ (links) und $c_B(i)$ (rechts)

zu betrachten, vielmehr ist das Abwicklungsmuster bei der Bewertung des Informationsdefizits gleichermaßen von Bedeutung. Eine Maßzahl für die unter Inflationsaspekten interessierende Auszahlungsdauer wurde in Abschnitt 3.5.3 entwickelt. Mit der Inflationsduration δ erhält die Inflationsschätzung eine Gewichtung entlang des Auszahlungsmusters. Je größer δ ausfällt, desto intensiver ist die Exposition der Zahlungsreihe hinsichtlich einer Inflationsverschätzung. Kombiniert man demnach die der Inflationsschätzung zugrunde liegende Szenariounsicherheit mit der Inflationsverschätzungssensitivität der Zahlungsreihe, ergibt sich eine Form der gewichteten Unsicherheitsbetrachtung, die im Sinne dieser Überlegung das Informationsdefizit bestimmt. Die Auseinandersetzung mit diesem *Informationsdefizit* bedarf daher der gemeinsamen Berücksichtigung der *Inflationsduration* und der *Szenariounsicherheit.*

4.2.4 Kategorisierung des Informationsdefizits

Die finale Bewertung des Informationsdefizits erfolgt durch die Kombination von Szenariounsicherheit und Inflationsduration. Die Zusammenfassung des bisher Diskutierten findet sich in Abbildung 4-11 verdeutlicht. Je höher Inflationsduration und Szenariounsicherheit, desto ausgeprägter stellt sich die mit der Inflationsschätzung verbundene Unsicherheit dar.

Es stellt sich somit die Frage nach der Abgrenzung bzw. Operationalisierung der Kategorien des Informationsdefizits, anhand derer ein Steuerungsansatz präzisiert werden kann. Für das Vorgehen hierzu sei auf Grafik 4-12 verwiesen, die mittels Farbverlaufs andeutet, dass eine Abstufung des Informationsdefizits grundsätzlich möglich ist. Wie eine solche Kategorisierung im Detail

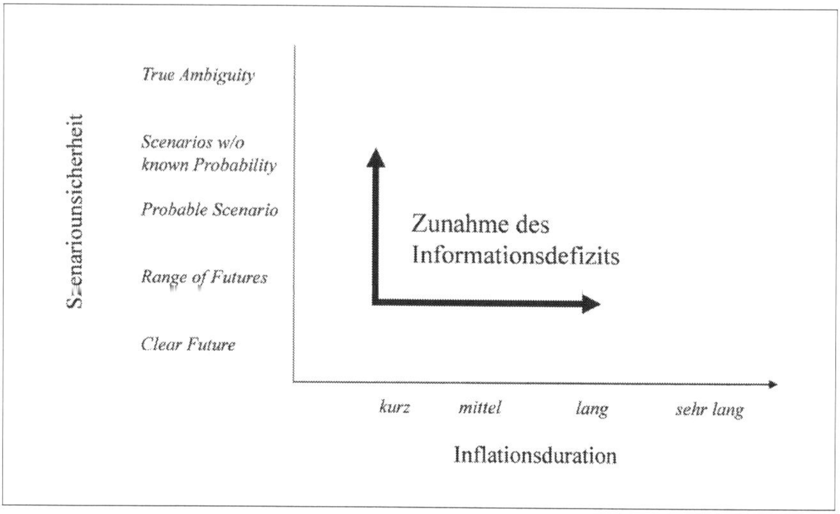

Abbildung 4-11: Zunahme des Informationsdefizits der Schadeninflation aufgrund von Szenariounsicherheit und Inflationsduration

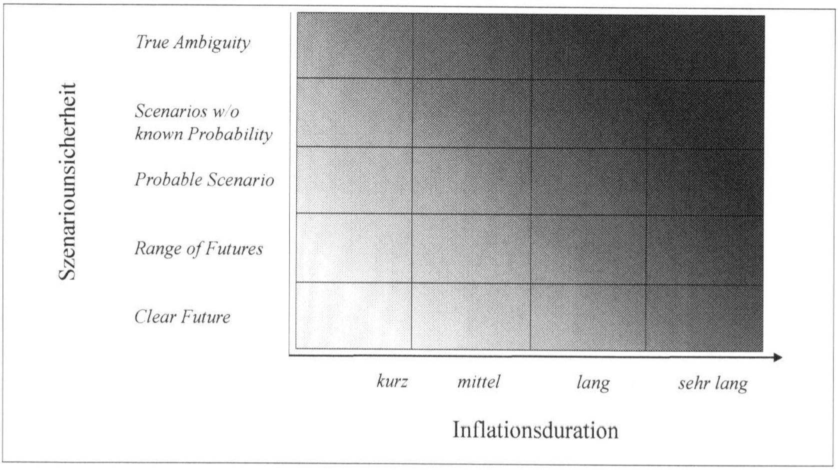

Abbildung 4-12: Abhängigkeit der Unsicherheit der Inflationsschätzung von den Dimensionen Szenariounsicherheit und Inflationsduration

gestaltet wird, hängt letztlich davon ab, wie feingliedrig der Risikosteuerungsansatz ausfallen soll. Zu beachten ist nämlich, dass mit jeder abgegrenzten Risikokategorie der Steuerungsansatz komplexer wird, da jeweils Risikotragfähigkeitskurven zu definieren sind. Erst unter Berücksichtigung des in Risikotragfähigkeitskurven definierten Risikoappetits kann die durch die Funktion *UK* ausgedrückte Risikostruktur eines Schadenexzedenten angepasst werden. Die klare Definition der Risikotragfähigkeit und damit der „Ziel-Zielabweichungsfunktion" ermöglicht dann einen zielgerichteten Einsatz risikopolitischer Instrumente entsprechend dem vorgegebenen Rahmen.

4.3 Zusammenfassung des Risikosteuerungsansatzes

4.3.1 Zielgerichteter Einsatz risikopolitischer Instrumente

4.3.1.1 Definition des Risikoappetits

Im Risikoappetit wird im Allgemeinen festgelegt, wie viel Risiko ein Entscheidungsträger zur Erreichung der Ziele eingehen möchte.[616] In Bezug auf das Inflationsrisiko stellt sich dabei die Frage, wie eine maximal gewünschte Risikomenge definiert wird, wenn sich dieses Risiko als nicht messbar herausstellt. Immerhin kann die Zielabweichungsdimension des Risikos formal beschrieben werden. Beim Vergleich zweier Rückversicherungsverträge mit ansonsten identischen Rahmenbedingungen lässt sich an dieser ablesen, welcher Vertrag exponierter gegenüber dem Inflationsrisiko ist. Grundsätzlich gilt, dass bei übereinstimmendem Informationsdefizit diejenige Situation mit sensitiverer Zielabweichungsfunktion riskanter ist. Bei gleicher Zielabweichungsfunktion birgt der Rückversicherungsvertrag mit dem größeren Informationsdefizit ein höheres Inflationsrisiko.

Dieses Zusammenhangs bedient sich die Definition des Risikoappetits. So legt ein Unternehmen für jede Ausprägungskategorie des Informationsdefizits die Risikotragfähigkeit fest. Dann entsteht, wie in Grafik 4-13 illustriert, eine Definition des Risikoappetits, die Zielabweichungsfunktionen für jede Informationsdefizitkategorie vorgibt.

Das Risikoprofil eines Rückversicherungsvertrags, ausgedrückt durch die Zielabweichungsfunktion *UK* und das Informationsdefizit, darf maximal so

616 Vgl. BRODEUR ET AL. (2010), S. 5.

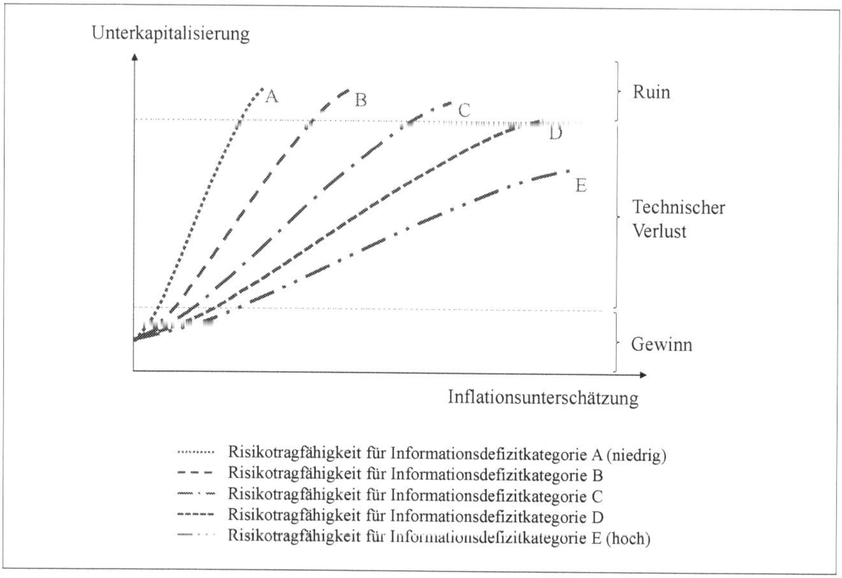

Abbildung 4-13: Definition des Risikoappetits für das Inflationsrisiko

riskant sein, wie durch die Risikotragfähigkeitsdefinition vorgegeben. Zu diesem Zweck ist durch den Einsatz der risikopolitischen Instrumente das Risikoprofil des Schadenexzedenten mit dem Risikoappetit in Einklang zu bringen.

4.3.1.2 Gestaltung der Zielabweichungsfunktion

Einem Unternehmen bieten sich zwei Wege, über die Zielabweichungsfunktion UK zu entscheiden. Entweder geschieht dies im Rahmen der Risikoselektion oder der Zielabweichungszusammenhang wird durch den Einsatz risikopolitischer Instrumente angepasst. Ohne den Einfluss risikopolitischer Maßnahmen beträgt die Zielabweichungsfunktion eines Schadenexzedenten

$$UK = \frac{\left(e_N\left(e_X\right)^k - 1\right) + \text{Vko}\left(S_E^{\text{RV}}\right) \cdot Z_{1-\alpha} \cdot \sqrt{e_N\left(e_X\right)^k}}{\text{Vko}\left(S_E^{\text{RV}}\right) \cdot Z_{1-\alpha} + \left(1 - e_N\left(e_X\right)^k\right) \sum_{i=1}^{T} p\left(i\right)\left(1+r\right)^{T-i}}.\text{[617]} \tag{4-1}$$

UK gibt den funktionalen Zusammenhang zwischen der Unterkapitalisierung und der durch e_N und e_X erklärten Unterschätzung der Schadeninflation an. Die exakte Gestalt von UK wird, wie in 2.4 herausgearbeitet, von folgenden Einflussfaktoren bestimmt:

- Die Lage der Layers wird angegeben durch Priorität u und Haftstrecke h.
- Die originäre Schadenverteilung wird definiert durch den Schadenzahlparameter $\mathrm{E}(N)$ sowie die Schadenhöhenparameter d und k.
- Die Strukturen der Auszahlungsmuster $c(i)$ sowie $p(i)$ erklären den Zeithorizont und die Höhe der Schadeninflation sowie die Kapitalanlage.
- Die Wirkung dieser Einflussfaktoren wird weitestgehend in der Größe des Variationskoeffizienten Vko $\left(S_E^{\mathrm{RV}}\right)$ zusammengefasst.

Damit stellt bei der Bewertung eines Schadenexzedenten die Gestalt der Zielabweichungsfunktion das erste Entscheidungskriterium in Bezug auf das Inflationsrisiko dar. Um diesen Zusammenhang anhand eines Beispiels zu verdeutlichen, werden in Abbildung 4-14 die Funktionen $UK_{100 \text{ xs } 50}$ eines Layers mit den Grenzen 100 GE xs 50 GE und die Unterkapitalisierung $UK_{100 \text{ xs } 100}$ des Layers mit der Struktur 100 GE xs 100 GE miteinander verglichen. Alle anderen Einflussfaktoren sind in diesem Fall identisch, das heißt, es wird angenommen, dass die Zielabweichungsfunktion durch folgende Parameter bestimmt ist:

$$\begin{aligned} d &= 25 \\ k &= 2,5 \\ \mathrm{E}(N) &= 5 \\ r &= 0,03 \\ \alpha &= 5\% \\ \mathrm{infl}(X_E) &= 1,16 \\ \mathrm{infl}(N_E) &= 1,05 \\ c(i) &= \{20\%,\ 20\%,\ 20\%,\ 20\%,\ 20\%\} \\ p(i) &= \{5\%,\ 15\%,\ 25\%,\ 30\%,\ 25\%\} \end{aligned}$$

[617] Vgl. Abschnitt 2.4.3.2.

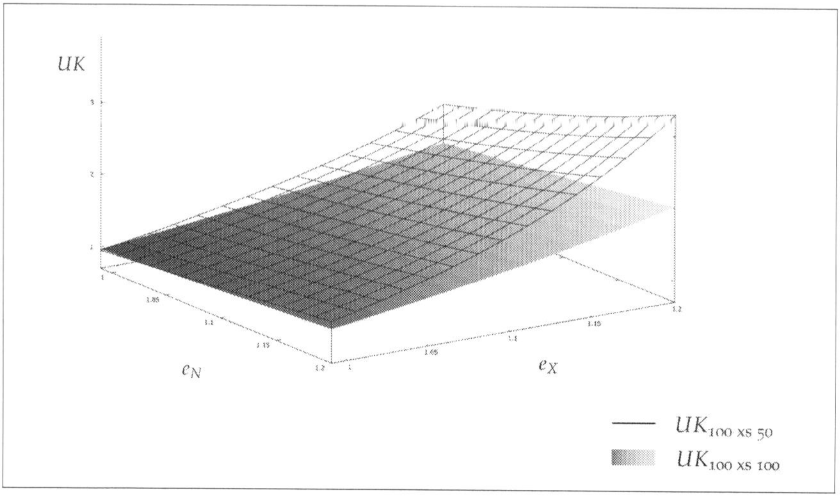

Abbildung 4-14: Entscheidung über die Zielabweichungsfunktion im Rahmen der Risikoselektion

Abbildung 4-14 illustriert die Zielabweichungsfunktion durch die Fläche, die den Funktionswert UK abhängig vom Ausmaß der Variablen e_N und e_X angibt. Die grau schattierte Fläche bestimmt dabei die Zielabweichungsfunktion $UK_{100\text{ xs }100}$. Für einen Vergleich mit der Zielabweichungsfunktion des anderen Layers 100 GE xs 50 GE wird Letztere als Gitternetz gezeigt. Es ist deutlich zu erkennen, dass die Unterkapitalisierung im Fall des Layers 100 GE xs 100 GE nicht so sensitiv auf eine Inflationsunterschätzung reagiert wie im Fall des Layers mit der niedrigeren Priorität von 50 GE. Aufgrund der ansonsten identischen Rahmenbedingungen beinhaltet der Layer 100 xs 100 ein geringeres Inflationsrisiko, sodass dieser bevorzugt zu zeichnen wäre, um eine möglichst günstige Zielabweichungsfunktion zu erhalten. Die Risikoselektion bildet somit den ersten Baustein des Risikosteuerungsansatzes.[618]

Als zweiter Baustein bietet sich dem Rückversicherer die Möglichkeit, den durch die Zielabweichungsfunktion beschriebenen Zusammenhang zwischen Unterkapitalisierung und Inflationsfehler zu verändern. Dazu stehen wie in

618 Vgl. ROMEIKE/MÜLLER-REICHART (2005), S. 78; BUEHLER ET AL. (2008), S. 25. Zu den Steuerungsstufen zur Verringerung der Eintrittswahrscheinlichkeit und/oder des Schadenausmaßes vgl. ROMEIKE/MÜLLER-REICHART (2005), S. 79.

$$UK=\frac{\left(\left(e_N\left(e_X\right)^k\left(e_v\right)^{1-k}-e_{\text{legal}}^{\text{RV}}\right)+\sqrt{\left(e_v\right)^{2-k}e_N\left(e_X\right)^k\left(v_E\right)^k}Z_{1-\alpha}\text{Vko}\left(S_E^{\text{RV}}\right)\right)\left(e_{\text{ILB}}\right)^{-T}}{Z_{1-\alpha}\text{Vko}\left(S_E^{\text{RV}}\right)\sqrt{\left(v_E\right)^k}+\sum_{i=1}^{T}p\left(i\right)(1+r)^{T-i}\left(sa\frac{e_U+r}{1+r}e_{\text{legal}}^{\text{RV}}-e_N(e_X)^k(e_v)^{1-k}e_{\text{ILB}}^{-i}\right)}$$

e_N	Prognosefehler der Schadenhäufigkeitsinflation
e_X	Prognosefehler der Schadenhöheninflation
s	Sicherheitsszuschlag
e_{ILB}	Hedgingeffekt
e_v	Prognosefehler des Stabilisierungseffekts
v_E	erwartetes Anpassungsverhältnis der Stabilisierung
a	Diskontierungszuschlag
e_U	Inflationszuschlag bei Tarifierung
$e_{\text{legal}}^{\text{RV}}$	Effekt der Prämienanpassungsklausel*

* Die Darstellung bezieht sich auf den Fall der Anpassung durch Prämiennacherhebung.

Tabelle 4-3: Veränderung der Zielabweichungsfunktion durch den Einsatz risikopolitischer Instrumente

Kapitel 3 untersucht weitere risikopolitische Maßnahmen zur Verfügung. Es ergeben sich Stellschrauben zur Veränderung des Funktionszusammenhangs, wie in Tabelle 4-3 zusammengefasst, wenngleich in der Tabellendarstellung einige der vorgestellten risikopolitischen Maßnahmen fehlen. So bleibt die Ablösung von Schadenreserven unberücksichtigt, da die Maßnahmen der Schadenpolitik erst nach Eintritt des Versicherungsfalls angewendet werden. Aus Gründen der Übersichtlichkeit findet sich ebenso der Einfluss einer verlaufsabhängigen Prämie in der dargestellten Übersicht nicht wieder, da mit diesem Gestaltungsmedium die Zielabweichungsfunktion so grundlegend verändert wird, dass es die Grenzen einer einfachen Abbildung sprengt. An dieser Stelle sei auf die Erläuterungen in Unterkapitel 3.2 zum positiven Einfluss auf die inflationsbedingte Unterkapitalisierung verwiesen.

Genauso wie im Fall der Risikoselektion lässt sich die risikoreduzierende Wirkung der Maßnahmen anhand eines Beispiels erläutern. Dazu wird das gerade betrachtete Beispiel des Layers mit der Struktur 100 GE xs 50 GE erweitert. Zunächst wird gezeigt, wie sich ein vereinbarter Sicherheitszuschlag von $s = 1,1$ auswirkt, anschließend das Beispiel durch Hinzunahme der Stabilisierung des Schadenexzedenten ausgebaut.

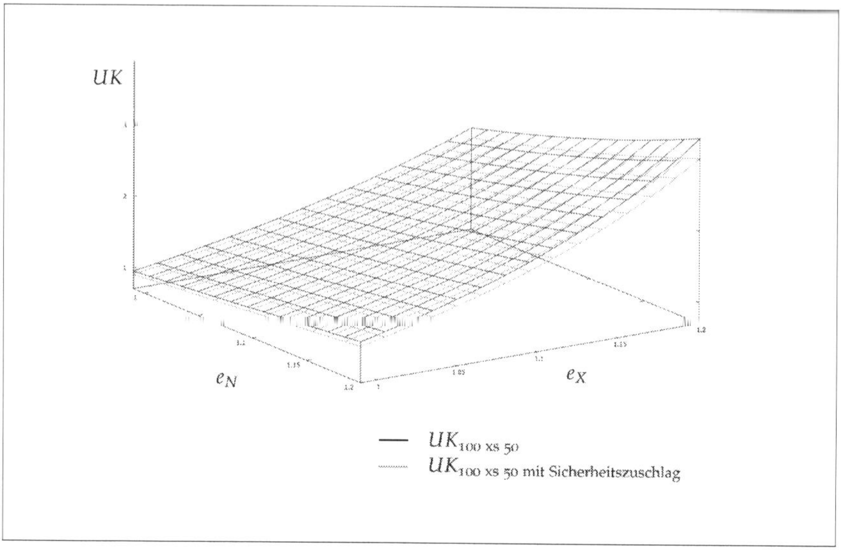

Abbildung 4-15: Veränderung der Zielabweichungsfunktion $UK_{100\text{ xs }50}$ durch einen Sicherheitszuschlag

Die Erhebung des Sicherheitszuschlags ändert den Zusammenhang zwischen Inflationsverschätzung und Unterkapitalisierung.[619] Das Ergebnis verdeutlicht Abbildung 4-15. Die dunkle Gitternetzlinie gibt die ursprüngliche Zielabweichungsfunktion an und die durch die hellgraue Linie dargestellte Fläche zeigt die durch den Sicherheitszuschlag veränderte inflationsbedingte Unterkapitalisierung. Man erkennt, dass Letztere über den gesamten Definitionsbereich kleinere Werte annimmt als die ursprüngliche Funktion $UK_{100\text{ xs }50}$. Die inflationsbedingte Unterkapitalisierung wird demnach reduziert.

Nun wird das Beispiel erweitert und zusätzlich zum Sicherheitszuschlag die Auswirkungen der Stabilisierung des Rückversicherungslayers abgebildet. Um es grafisch darstellbar zu halten, wird von einer idealen Stabilisierung ausgegangen, in der der Klauselindex die Schadenhöheninflation perfekt abbildet. Abbildung 4-16 zeigt die Zielabweichungsfunktion nach Stabilisierung als schattierte Fläche. Im Vergleich mit den bereits aus Abbildung 4-15 bekannten Darstellungen des Ausgangsfalls und der Berücksichtigung des Sicherheitszu-

619 Vgl. Gleichung 3-4 in Abschnitt 3.2.1.

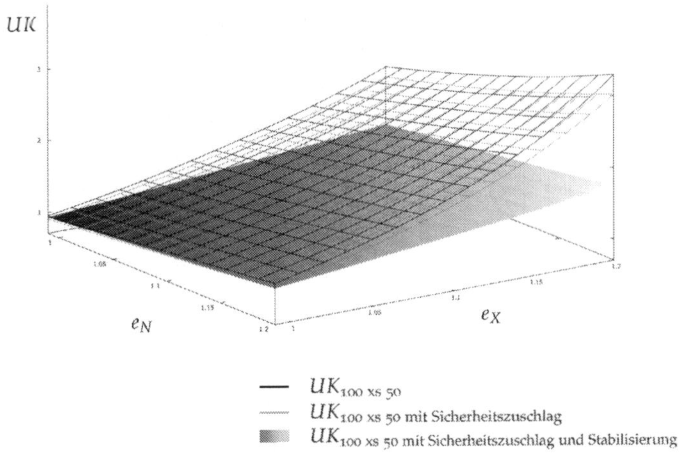

Abbildung 4-16: Veränderung der Zielabweichungsfunktion $UK_{100\,\text{xs}\,50}$ durch Sicherheitszuschlag und Stabilisierung

schlags wird deutlich, dass die neue Zielabweichungsfunktion noch weniger sensitiv auf einen Inflationsprognosefehler reagiert und somit weniger riskant ist. Die inflationsbedingte Unterkapitalisierung des Rückversicherers reduziert sich durch die Stabilisierung noch einmal deutlich.

Die Beispiele verdeutlichen die Möglichkeiten eines Rückversicherers, die Zielabweichungsfunktion und damit die Abhängigkeit der Unterkapitalisierung von der Inflationsunterschätzung zu steuern. Durch den Einsatz risikopolitischer Maßnahmen lässt sich demnach das Risikoprofil eines Schadenexzedenten anpassen, sodass die Zielabweichungsfunktion innerhalb der durch die Risikotragfähigkeit vorgegebenen Grenzen bleibt. Doch die risikopolitischen Instrumente wirken auch auf das Informationsdefizit des Inflationsrisikos, wie nachfolgend herausgestellt wird.

4.3.1.3 Veränderung des Informationsdefizits

Neben dem konkret messbaren Einfluss des Einsatzes risikopolitischer Instrumente auf die inflationsbedingte Unterkapitalisierung bestehen weitere

Möglichkeiten, die Unsicherheit bezüglich der Schadeninflation zu reduzieren. Insbesondere sind hierfür die Ablösung von Schadenreserven und die Berücksichtigung des Auszahlungsmusters bei der Risikoselektion zu nennen.

Durch die haftungsbefreiende Ablösung von Schadenreserven kann sich ein Rückversicherer von zukünftigen Zahlungsverpflichtungen befreien und eine mögliche Unsicherheit bezüglich der Inflation zukünftiger Schadenzahlungen wird an den Erstversicherer zurückgegeben. Das heißt, dass mit der Ablösezahlung sämtliche Unsicherheit bezüglich der Zukunftsinflation verschwindet. Kaufmännische Aspekte außen vorgelassen bietet eine Reserveablösung somit eine Ausstiegsmöglichkeit aus der Unsicherheit. Dennoch wird die Inflationsbelastung nicht zwangsläufig reduziert, sodass a priori interessanterweise kein Einfluss auf die Zielabweichungsfunktion zu beobachten ist.

Die Struktur des Originalauszahlungsmusters ist aus mehreren Gründen für das Schadeninflationsrisiko von Relevanz. Obwohl sie bereits bei der Inflationsschätzung in die Zielabweichungsfunktion einfließt, ist ihr Einfluss genauso beim Informationsdefizit festzustellen. Bei langen Abwicklungszeiträumen muss zum Tarifierungszeitpunkt die Inflation teilweise über Jahrzehnte möglichst zutreffend eingeschätzt werden. Da eine längerfristige Inflationsprognose jedoch schwierig ist,[620] erhöhen lange Abwicklungszeiträume die Unsicherheit bezüglich der Schadeninflation zwangsläufig. Indem die Länge der Schadenabwicklung bei der Risikoselektion berücksichtigt wird, erhält der Rückversicherer eine Möglichkeit, nicht nur die Zielabweichungsfunktion, sondern auch das Informationsdefizit zu gestalten.[621] Eine Vergleichsgröße für die inflationsgewichtete Länge des Abwicklungszeitraums bietet die Inflationsduration δ.[622]

4.3.2 Ausgestaltung der Risikosteuerung und Zusammenführung der Erkenntnisse

Die im bisherigen Verlauf dieser Ausarbeitung diskutierten Aspekte zusammenführend verlangt ein Risikosteuerungsansatz die Integration der Entscheidungsfaktoren Zielabweichung, Informationsdefizit und Risikoappetit. Für

---

620 Vgl. ZIMMERMANN (2005), S. 204.

621 Denn wie in 4.2 dargestellt, ist das Informationsdefizit umso größer, je länger die Schadenabwicklung dauert.

622 Vgl. Abschnitt 3.5.3.

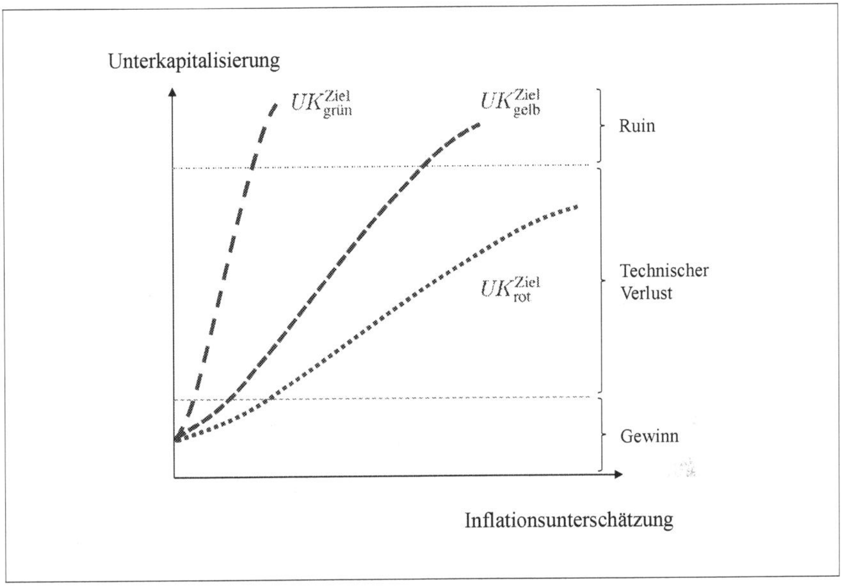

Abbildung 4-17: Beispielhafte Illustration der Definition des Risikoappetits

jede abgegrenzte Kategorie des Informationsdefizits ist eine Risikotragfähigkeitskurve zu definieren. Darauf bezogen kann die Funktion UK durch den Einsatz risikopolitischer Instrumente so angepasst werden, dass die Risikostruktur des Schadenexzedenten dem Risikoappetit entspricht.

Ein einfach realisierter Fall wäre ein Risikosteuerungsansatz, der auf das Prinzip der Ampel zurückgreift. Für das Informationsdefizit werden die Kategorien Grün, Gelb und Rot abgrenzt, die in aufsteigender Reihenfolge das Ausmaß des Informationsdefizits beschreiben. Zur Erklärung des Risikoappetits werden entsprechende Risikotragfähigkeitskurven festgelegt, sodass es drei Ziel-Zielabweichungsfunktionen gibt (Abbildung 4-17).

- Mit $UK^{Ziel}_{grün}$ wird die Zielabweichung für einen Schadenexzedenten mit niedrigem Informationsdefizit vorgegeben. Da aufgrund des gering ausgeprägten Informationsdefizits Abweichungen von der Inflationsschätzung nur in begrenztem Ausmaß zu erwarten sind, zeichnet sich $UK^{Ziel}_{grün}$ durch eine hohe Inflationssensitivität aus, d. h., schon eine verhältnismäßig geringe Inflationsunterschätzung erodiert die Kapitalposition des Rückversicherers.

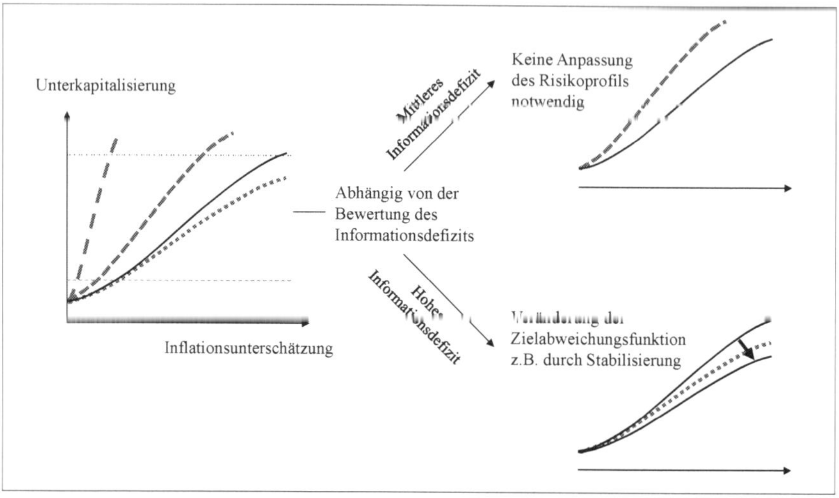

Abbildung 4-18: Anpassung der Zielabweichungsfunktion in Abhängigkeit von der Bewertung des Informationsdefizits

- Wird der zu beurteilende Schadenexzedent in die Kategorie Gelb des mittleren Informationsdefizits eingeordnet, orientieren sich die risikopolitischen Maßnahmen an der Risikotragfähigkeitskurve UK^{Ziel}_{gelb}, die eine geringere Sensitivität der Kapitalposition gegenüber der Inflationsunterschätzung aufweist.

- Für die Verträge, bei denen die Kombination von Entschädigungsumfeld und Inflationsduration mit dem höchsten Informationsdefizit bewertet wird, gilt die als UK^{Ziel}_{rot} definierte Zielfunktion. Die Anwendung der risikopolitischen Instrumente erfolgt entsprechend den Vorgaben für die riskanteste Kategorie, sodass auch eine hohe Inflationsverschätzung nicht zum technischen Ruin des Rückversicherungsunternehmens führt.

Vor diesem Hintergrund ist bei der Annahmeentscheidung über das Zeichnen eines Rückversicherungsvertrags zuerst die Bewertung des Informationsdefizits von Interesse. Je nachdem wie diese ausfällt, wird dann die *Ist-UK-Kurve* mit der vorgegebenen *Soll-UK-Kurve* abgeglichen (Abbildung 4-18). Die diagnostizierte Zielabweichungsfunktion des Schadenexzedenten wird durch die schwarze Linie angegeben. Wird das dazugehörige Informationsdefizit in die mittlere Kategorie eingeordnet, so ist keine Anpassung des Risikoprofils notwendig, da die Kapitalposition nicht so sensitiv auf eine Inflationsunterschätzung reagiert, wie im Rahmen der Risikotragfähigkeit erlaubt wäre. Handelt es sich jedoch um eine Situation mit einem Informationsdefizit der Kategorie Rot, ist eine Anpassung des Zusammenhangs durch risikopolitische Instrumente notwendig, denn nur wenn durch die risikopolitischen Instrumente die Ist-Kurve in den Soll-Bereich verändert werden kann, ist das Zeichnen eines Schadenexzedenten unter Inflationsrisikoaspekten von Interesse.

Bei der praktischen Umsetzung einer derartigen Risikosteuerung wird jedes Unternehmen anders vorgehen, weswegen die dargestellte Ampel-Analogie lediglich illustrativ zu verstehen ist. So wird ein Rückversicherer verschiedene Geschäftssegmente mit unterschiedlichen Informationsdefizitkategorien bewerten. Werden beispielsweise die Segmente der Heilwesenhaftpflichtversicherung in Deutschland gegenüber der Kfz-Versicherung in Frankreich und außerdem der Allgemeinen Haftpflichtversicherung im Vereinigten Königreich abgrenzt, wird für jedes dieser Segmente das Inflationsrisiko anhand einer eigenen Risikotragfähigkeitskurve gesteuert.

Zusammenfassend lässt sich festhalten, dass unabhängig von der konkreten Ausgestaltung eine Risikosteuerung hinsichtlich des Inflationsrisikos grundsätzlich möglich ist und sinnvoll erscheint. Entscheidend dafür ist die Klassifizierung des Entschädigungsumfelds hinsichtlich des Informationsdefizits. Dann ist für die Umsetzung folgendes Vorgehen notwendig: Zunächst sind Risikokategorien und der Risikoappetit zu definieren. Außerdem sind die entsprechenden Schadeninflationsschätzungen[623] durchzuführen und die Szenariounsicherheiten zu ermitteln. Auf dieser Basis müssen im Rahmen der Entscheidungssituation beim Zeichnen eines spezifischen Rückversicherungsvertrags dann folgende Schritte realisiert werden:

1. Ermittlung der Zielabweichungsfunktion des Schadenexzedenten,
2. Ermittlung des Informationsdefizits anhand von Inflationsschätzung und Inflationsduration,
3. Abgleich mit den den Risikoappetit definierenden Risikotragfähigkeitskurven,
4. Anpassung des Risikoprofils mittels risikopolitischer Instrumente.

[623] Für das Vorgehen bezüglich eines Prozesses zur Inflationsprognose siehe JOHN ET AL. (2013), S. 50ff.

5 Schlussbetrachtung

5.1 Zusammenfassung der Ergebnisse

> Unter einer Straßenlaterne steht ein Betrunkener und sucht und sucht. Ein Polizist kommt daher, fragt ihn, was er verloren habe, und der Mann antwortet: „Meinen Schlüssel." Nun suchen beide. Schließlich will der Polizist wissen, ob der Mann sicher ist, den Schlüssel gerade hier verloren zu haben, und jener antwortet: „Nein, nicht hier, sondern dort hinten – aber dort ist es viel zu finster."[624]

Mit dieser Anekdote kritisiert WATZLAWICK menschliches Problemlösungsverhalten. Methoden, die anderweitig erfolgreich waren, werden wiederholt angewendet, auch wenn sie nicht zum Erfolg führen (können).[625] So ist es auch mit den Lösungsansätzen zur Schadeninflation. Diverse Autoren erachten das Risiko einer unterschätzten Schadeninflation als auf Basis von Vergangenheitsdaten modellierbar und als in einem Risikokapitalmodell abbildbar. Lösungsansätze verfolgen daher primär eine Quantifizierung.[626]

Eine zentrale Erkenntnis der hier vorgestellten Argumentation ist, dass das Schadeninflationsrisiko gerade daraus resultiert, dass sich diagnostizierte Gesetzmäßigkeiten als im Zeitverlauf instabil herausstellen. Damit ist die Zeitstabilitätshypothese als eine Grundannahme der meisten Entscheidungsmodelle nicht erfüllt. Wird die Zeitinstabilität des Schadenursachensystems hingegen anerkannt, lässt sich die damit einhergehende Dynamisierung des versicherungstechnischen Risikos – vor allem in der Form des Zufallsrisikos – besser verstehen. So wird deutlich, warum in diesem Kontext ein anderer Blickwinkel auf das versicherungstechnische Risiko erforderlich ist.

Die vorliegende Arbeit setzt sich genau damit auseinander. Über den bisherigen Forschungsstand hinaus wird ein Erklärungsmodell der Schadeninflation anhand des Schadenursachensystems hergeleitet, das die Schadeninflation aus

624 WATZLAWICK (2000), S. 27.
625 Vgl. WATZLAWICK (2000), S. 27ff.
626 Vgl. z. B. D'ARCY ET AL. (2009); JOHN ET AL. (2013); BORCHERT ET AL. (2015).

mehreren Richtungen beleuchtet. Anhand der ursächlichen Betrachtungsperspektive wird erläutert, dass Ansätze der Modellierung einer Gesetzmäßigkeit der Schadeninflation inkonsistent erscheinen. Da in Struktur, Ursächlichkeit und Wirkung verschieden kann der Schadeninflation nicht die gleiche Gesetzmäßigkeit zugesprochen werden wie der allgemeinen Inflationsrate. Hingegen verdeutlicht eine von der ökonomischen Inflation unabhängige Betrachtung, dass das Schadeninflationsrisiko ein Element des versicherungstechnischen Risikos ist. Im Gegensatz zum reinen Änderungsrisiko besteht aber eine Schnittmenge mit dem Kapitalanlagerisiko, sodass das Inflationsrisiko als eigene Risikokategorie untersucht wird. Dabei sind die zwei Risikokomponenten Finalität und Informationsdefizit separat voneinander zu behandeln.

Ein Erstversicherungsunternehmen kann einen wesentlichen Teil des mit einer Inflationsunterschätzung einhergehenden Risikos auf einen Rückversicherer überwälzen. Daher ist das Schadeninflationsrisiko für einen nichtproportionalen Rückversicherer von besonderer Bedeutung. Aufgrund der eingeschränkten Modellierbarkeit erscheint eine Risikosteuerung mittels der Unterlegung mit Eigenmitteln für den Rückversicherer nicht risikoadäquat. Allerdings existieren einige risikopolitische Maßnahmen, mit denen vor allem die Zielabweichungsfunktion weniger riskant gestaltet werden kann. Bewirken die Maßnahmen eine Reduzierung der aus einer Inflationsverschätzung resultierenden Unterkapitalisierung, sinkt ceteris paribus auch das Inflationsrisiko. Zudem ist das mit der Inflationsschätzung verbundene Informationsdefizit zu beachteten. Dieses erschließt sich über die Analyse der für das Entschädigungsumfeld relevanten Zukunftselemente.

Die vorliegende Arbeit begründet, dass das Inflationsrisiko als eigene Risikokomponente zu behandeln ist. Gerade wegen der schwierigen Abgrenzung zu den Auswirkungen des Zufallsrisikos bedarf es einer Risikosteuerung, die vor der aus der Inflationsunterschätzung resultierenden Risikodynamisierung greift. Es erscheint daher ratsam, sich bei der Betrachtung der Gesamtrisikosituation eben nicht auf eine umfassende Abbildung des versicherungstechnischen Risikos in einem Risikokapitalmodell zu verlassen. Auch wenn es sich nur in seltenen Fällen als existenzbedrohend für ein Versicherungsunternehmen manifestiert, begrenzt doch die spezifische Risikosteuerung das Schadeninflationsrisiko und wirkt so einer schleichenden Erosion der Kapitalposition des Unternehmens entgegen. In der Folge wird die Risikolage des Versicherungsunternehmens verbessert. Für eine Umsetzung ist es geboten, eine Risikotragfähigkeit gegenüber der Schadeninflationsverschätzung zu definieren. Im Hinblick darauf ist dann das Risikoprofil eines Schadenexzedenten anzupassen.

So zeigt sich anhand der hier vorgestellten Analyse, dass es sehr wohl möglich ist, die Unsicherheit des Schadenursachensystems wie auch das Schadeninflationsrisiko zu erklären. In den seltensten Fällen dürften einem Entscheidungsträger ausreichende Erfahrungswerte, verwendbare Daten und plausible Modelle zur Beschreibung des Verhaltens der Schadeninflation vorliegen. Gerade daher zeigen die hier vorgestellten Ergebnisse, dass es im Risikomanagement auch außerhalb der auf Quantifizierung basierenden Ansätze Wege gibt, mit diesem Phänomen umzugehen.

5.2 Ausblick

Die Forschung zur Behandlung des Schadeninflationsrisikos steckt, wie JOHN ET AL. diagnostizieren, noch „in den Kinderschuhen“.[627] Obwohl die vorliegende Ausarbeitung Möglichkeiten der versicherungstechnischen Bewältigung elaboriert, ergibt sich eine Reihe weiterführender Fragen.

So wird zur Beantwortung der zentralen Forschungsfrage der Forschungsansatz auf die Untersuchung des Inflationsrisikos reduziert und andere Risikoelemente in Bezug auf die Risikosteuerung vernachlässigt. Vor dem Hintergrund dieser isolierten Betrachtung ist von Interesse, wie die Steuerung des Inflationsrisikos als Baustein eines integrierten Risikomanagements für einen Rückversicherer aussehen kann. Eine Auseinandersetzung mit dieser Fragestellung verlangt jedoch eine Erweiterung der Perspektive dahingehend, wie das Inflationsrisiko in eine auf das unternehmerische Gesamtrisiko bezogene Risikopolitik eingeordnet wird. Beispielsweise wird eine realistischere Gesamtschadenverteilung benötigt, mit der sich die Ergebnisse dieser Arbeit überprüfen und umsetzen lassen. Darüber hinaus ist nicht nur ein einziges Vertragsjahr bis zur ultimativen Abwicklung zu betrachten, sondern ebenso die Mehrperiodigkeit der Entscheidungssituation abzubilden. Die Diskussion zur Integration in ein Risikomodell führt darüber hinaus zu der Frage, wie die Steuerung des Inflationsrisikos aus Sicht der Regulierung zu bewerten wäre.[628]

[627] JOHN ET AL. (2013), S. 6.
[628] Vgl. RAVIN/FOWLDS (2010), S. 32f.; JOHN ET AL. (2013), S. 73.

Bis heute fehlen geeignete quantitative Modelle zur Erklärung der Schadeninflation. Daher sollte diesbezüglich weitergeforscht werden, wobei ein besonderes Augenmerk auf die Unsicherheitsdimension zu richten ist. Bisher werden die Mittel und Methoden der Statistik genutzt, um Schlussfolgerungen für die Zukunft anhand von Daten aus der Vergangenheit abzuleiten. In Anbetracht der Zukunftsorientierung der Entscheidungen in Bezug auf die Schadeninflation sollte eine Analyse allerdings genauso in der Lage sein, eine mit der Zeit steigende Umweltdynamik abzubilden.[629]

Vor allem die Perspektive einer zukunftsbezogenen Systematisierung des Informationsdefizits bietet Denkanstöße für künftige Forschung. Häufig finden sich nämlich Entscheidungssituationen, die nur begrenzt formalisiert beschrieben werden können. Für die Haftpflichtversicherung scheint insbesondere eine weitergehende Systematisierung der Entschädigungsumwelt erstrebenswert. Dabei könnten weitere Forschungen versuchen, durch Reduktion der Einflussfaktoren eine formalere Beschreibung des Schadenursachensystems zu erreichen.[630] Vor allem ließe sich mit einer präziseren Beschreibung das Informationsdefizit besser skalieren. Ein Entscheidungsträger hätte dann die Option, nicht nur aus der Vergangenheit auf die Zukunft zu schließen, sondern auch die Entschädigungsumwelt zukunftsorientiert zu bewerten. Auf diese Weise könnte man – im Sinne von WATZLAWICK – zu neuen Problemlösungsansätzen gelangen, die der Instabilität des Schadenursachensystems gerecht werden und so potenziell zu einer besseren Risikosteuerung führen.

629 Vgl. ANSOFF (1979), S. 51; FARNY (1992), S. 33.
630 Vgl. z. B. AEBISCHER ET AL. (2011) zu einem in eine solche Richtung weisenden Vorgehen.

Anhang

A.1 Kapitalposition des Rückversicherers bei Staffelentgelt

Bei Staffelentgelt berücksichtigt der Rückversicherer die aus der Staffelentgeltzahlung resultierenden erwarteten Kapitalerträge bereits im Risikokapital. Dies wird daher zu

$$R_D^{\text{SE}} = \frac{R^{\text{SE}} - P_{\min}(1+r)^T - \sum_{i=1}^{T}\left(M_E(i) - \mathrm{E}(S_E)\, p(i)\right)(1+r)^{T-i}}{(1+r)^T}$$

bemessen. Durch Einsetzen in

$$R_T^{\text{SE}} = \left(P_{\min} + R_D^{\text{SE}}\right)(1+r)^T + \sum_{i=1}^{T}\left(M_z(i) - \mathrm{E}(S_z)\, p(i)\right)(1+r)^{T-i}$$

folgt

$$\begin{aligned} R_T^{\text{SE}} &= \mathrm{E}\left(S_E^{\text{RV}}\right) + Z_{1-\alpha}\sigma\left(S_E^{\text{RV}}\right) - P_{\max} - P_{\min}(1+r)^T \\ &\quad - \sum_{i=1}^{T}\left(M_E(i) - \mathrm{E}(S_E)\, p(i)\right)(1+r)^{T-i} \\ &\quad + P_{\min}(1+r)^T + \sum_{i=1}^{T}\left(M_z(i) - \mathrm{E}(S_z)\, p(i)\right)(1+r)^{T-i}, \end{aligned}$$

das sich zu

$$\begin{aligned} R_T^{\text{SE}} &= \mathrm{E}\left(S_E^{\text{RV}}\right) + Z_{1-\alpha}\sigma\left(S_E^{\text{RV}}\right) - P_{\max} \\ &\quad + \sum_{i=1}^{T}\left(M_z(i) - M_E(i) + \left(1 - e_z^{\text{RV}}\right)\mathrm{E}(S_E)\, p(i)\right)(1+r)^{T-i} \end{aligned}$$

zusammenfassen lässt.

Die Vorteilhaftigkeit der Staffelentgeltvereinbarung in Bezug auf das Inflationsrisiko ist durch $UK^{\text{orig}} > UK^{\text{SE}}$ zu zeigen, wobei UK^{orig} die Zielabweichungsfunktion im Ausgangsfall ohne risikopolitische Instrumente und UK^{SE}

die Unterkapitalisierung bei Staffelentgelt beschreibt. Es gilt:

$$UK^{\text{orig}} = \frac{e_z^{\text{RV}} + \sqrt{e_z^{\text{RV}}} Z_{1-\alpha} \text{Vko}\left(S_E^{\text{RV}}\right) - 1}{Z_{1-\alpha} \text{Vko}\left(S_E^{\text{RV}}\right) + \left(1 - e_z^{\text{RV}}\right) \sum_{i=1}^{T} p\left(i\right)\left(1+r\right)^{T-i}}$$

und

$$UK^{\text{SE}} = \frac{e_z^{\text{RV}} \text{E}\left(S_E^{\text{RV}}\right) + \sqrt{e_z^{\text{RV}}} Z_{1-\alpha} \sigma\left(S_E^{\text{RV}}\right) - P_{\max}}{\left[\begin{array}{l} \text{E}\left(S_E^{\text{RV}}\right) + \left(1 - e_z^{\text{RV}}\right) \text{E}\left(S_E^{\text{RV}}\right) \sum_{i=1}^{T} p\left(i\right)\left(1+r\right)^{T-i} \\ \quad + Z_{1-\alpha} \sigma\left(S_E^{\text{RV}}\right) - P_{\max} + \sum_{i=1}^{T} \left(M_z(i) - M_E(i)\right)\left(1+r\right)^{T-i} \end{array}\right]}.$$

Mit den Substitutionen

$$\begin{aligned} A &= e_z^{\text{RV}} \text{E}\left(S_E^{\text{RV}}\right) + \sqrt{e_z^{\text{RV}}} Z_{1-\alpha} \sigma\left(S_E^{\text{RV}}\right) \\ B &= Z_{1-\alpha} \text{Vko}\left(S_E^{\text{RV}}\right) + \left(1 - e_z^{\text{RV}}\right) \sum_{i=1}^{T} p\left(i\right)\left(1+r\right)^{T-i} = R_T \\ E &= \text{E}\left(S_E^{\text{RV}}\right) \\ P &= P_{\max} \\ M &= \left(M_z\left(i\right) - M_E\left(i\right)\right)\left(1+r\right)^{T-i} \end{aligned}$$

lässt sich $UK^{\text{orig}} > UK^{SE}$ durch

$$\begin{aligned} \Longleftrightarrow \quad & \frac{A-E}{B} > \frac{A-P}{E+B-P+M} \\ \Longleftrightarrow \quad & 0 < -P\left(A-E-B\right) + E\left(A-E-B\right) + M\left(A-E\right) \\ \Longleftrightarrow \quad & P < \frac{E\left(A-E-B\right) + M\left(A-E\right)}{A-E-B} \end{aligned}$$

zeigen. Die für die Ungleichung notwendige Nebenbedingung $A - E - B > 0$ ist gegeben, da lediglich von Interesse ist, wie sich UK^{SE} im Fall $e_z^{\text{RV}} > 0$ verhält. Demnach ist für die Betrachtung immer

$$\frac{A-E}{B} > 1 \iff A - E - B > 0$$

gegeben. Mit $R_z = A - E$ ist somit die Ungleichung $UK^{\text{orig}} > UK^{SE}$ immer wahr, wenn die Bedingung

$$P_{\text{max}} < \mathrm{E}\left(S_E^{\text{RV}}\right) + \frac{R_z \cdot \sum_{i=1}^{T}\left(M_z\left(i\right) - M_E\left(i\right)\right)\left(1 + r\right)^{T-i}}{R_z - R_T}$$

erfüllt ist. Wird P_{max} demnach nicht zu hoch gewählt, reduziert das Staffelentgelt das Inflationsrisiko.

A.2 Kapitalposition des Rückversicherers bei Wiederauffüllungsprämie

Um die Wirkung der Wiederauffüllungsprämie auf die Zielabweichung zu belegen, ist $UK^{\text{orig}} > UK^{\text{WA}}$ zu zeigen.

Der Ausdruck

$$UK^{\text{WA}} = \frac{\left(1 - \frac{\beta}{h}P_{\text{bas}}\right) \cdot \text{VaR}_{\alpha}\left(S_z^{\text{RV}}\right) - P_{\text{bas}}}{\left(R_D^{\text{WA}} + P_{\text{bas}}\right)(1+r)^T - \text{E}\left(S_z^{\text{RV}}\right)\left(1 - \frac{\beta}{h}P_{\text{bas}}\right)\sum_{i=1}^{T} p(i)(1+r)^{T-i}}$$

lässt sich mit

$$\text{VaR}_{\alpha}\left(S_z^{\text{RV}}\right) = \text{E}\left(S_z^{\text{RV}}\right) + Z_{1-\alpha}\sigma\left(S_z^{\text{RV}}\right)$$

und

$$R_D^{\text{WA}} = \frac{\left(1 - \frac{\beta}{h}P_{\text{bas}}\right) \cdot \text{VaR}_{\alpha}\left(S_E^{\text{RV}}\right) - P_{\text{bas}}}{(1+r)^T}$$

zu

$$UK^{\text{WA}} = \frac{\left(1 - \frac{\beta}{h}P_{\text{bas}}\right) \cdot \left(\text{E}\left(S_z^{\text{RV}}\right) + Z_{1-\alpha}\sigma\left(S_z^{\text{RV}}\right)\right) - P_{\text{bas}}}{\left[\begin{array}{l}\left(\frac{\left(1 - \frac{\beta}{h}P_{\text{bas}}\right) \cdot \text{VaR}_{\alpha}\left(S_E^{\text{RV}}\right) - P_{\text{bas}}}{(1+r)^T} + P_{\text{bas}}\right)(1+r)^T \\ \qquad - \text{E}\left(S_z^{\text{RV}}\right)\left(1 - \frac{\beta}{h}P_{\text{bas}}\right)\sum_{i=1}^{T} p(i)(1+r)^{T-i}\end{array}\right]}$$

$$= \frac{\left(1 - \frac{\beta}{h}P_{\text{bas}}\right) \cdot \left(\text{E}\left(S_z^{\text{RV}}\right) + Z_{1-\alpha}\sigma\left(S_z^{\text{RV}}\right)\right) - P_{\text{bas}}}{\left[\begin{array}{l}\left(1 - \frac{\beta}{h}P_{\text{bas}}\right) \cdot \left(\text{E}\left(S_E^{\text{RV}}\right) + Z_{1-\alpha}\sigma\left(S_E^{\text{RV}}\right)\right) - P_{\text{bas}} \\ \qquad + P_{\text{bas}}(1+r)^T - \text{E}\left(S_z^{\text{RV}}\right)\left(1 - \frac{\beta}{h}P_{\text{bas}}\right)\sum_{i=1}^{T} p(i)(1+r)^{T-i}\end{array}\right]}$$

$$= \frac{\left(e_z^{\text{RV}} + \sqrt{e_z^{\text{RV}}}Z_{1-\alpha}\text{Vko}\left(S_E^{\text{RV}}\right)\right) - \frac{P_{\text{bas}}}{\text{E}\left(S_E^{\text{RV}}\right)\left(1 - \frac{\beta}{h}P_{\text{bas}}\right)}}{\left[\begin{array}{l}\left(1 + Z_{1-\alpha}\text{Vko}\left(S_E^{\text{RV}}\right)\right) + \frac{P_{\text{bas}}}{\text{E}\left(S_E^{\text{RV}}\right)\left(1 - \frac{\beta}{h}P_{\text{bas}}\right)}\left((1+r)^T - 1\right) \\ \qquad - e_z^{\text{RV}}\sum_{i=1}^{T} p(i)(1+r)^{T-i}\end{array}\right]}$$

erweitern. Anschließend wird der in Zähler und Nenner enthaltene Ausdruck

$$\frac{P_{\text{bas}}}{\mathrm{E}\left(S_E^{\text{RV}}\right)\left(1-\frac{\beta}{h}P_{\text{bas}}\right)}=\frac{\frac{\sum_{i=1}^{T}p(i)(1+r)^{-i}}{1+\frac{\beta}{h}\cdot\mathrm{E}\left(S_E^{\text{RV}}\right)\cdot\sum_{i=1}^{T}p(i)(1+r)^{-i}}}{\left(1-\frac{\beta}{h}\frac{\mathrm{E}\left(S_E^{\text{RV}}\right)\cdot\sum_{i=1}^{T}p(i)(1+r)^{-i}}{1+\frac{\beta}{h}\cdot\mathrm{E}\left(S_E^{\text{RV}}\right)\cdot\sum_{i=1}^{T}p(i)(1+r)^{-i}}\right)}$$

mit der Ersetzung

$$y=\frac{\beta}{h}\cdot\mathrm{E}\left(S_E^{\text{RV}}\right)\cdot\sum_{i=1}^{T}p\left(i\right)\left(1+r\right)^{-i}$$

zu

$$\begin{aligned}\frac{P_{\text{bas}}}{\mathrm{E}\left(S_E^{\text{RV}}\right)\left(1-\frac{\beta}{h}P_{\text{bas}}\right)}&=\frac{\frac{\sum_{i=1}^{T}p(i)(1+r)^{-i}}{1+y}}{\left(1-\frac{y}{1+y}\right)}\\&=\frac{\sum_{i=1}^{T}p\left(i\right)\left(1+r\right)^{-i}}{\left(1+y\right)\left(1-\frac{y}{1+y}\right)}\\&=\sum_{i=1}^{T}p\left(i\right)\left(1+r\right)^{-i}\end{aligned}$$

umgeschrieben. Aus dieser Vereinfachung folgt:

$$UK^{\text{WA}}=\frac{\left(e_z^{\text{RV}}+\sqrt{e_z^{\text{RV}}}Z_{1-\alpha}\text{Vko}\left(S_E^{\text{RV}}\right)\right)-\sum_{i=1}^{T}p\left(i\right)\left(1+r\right)^{-i}}{\left[\begin{array}{r}\left(1+Z_{1-\alpha}\text{Vko}\left(S_E^{\text{RV}}\right)\right)+\sum_{i=1}^{T}p\left(i\right)\left(1+r\right)^{-i}\left(\left(1+r\right)^{T}-1\right)\\-e_z^{\text{RV}}\sum_{i=1}^{T}p\left(i\right)\left(1+r\right)^{T-i}\end{array}\right]}$$

$$=\frac{\left(e_z^{\text{RV}}+\sqrt{e_z^{\text{RV}}}Z_{1-\alpha}\text{Vko}\left(S_E^{\text{RV}}\right)\right)-\sum_{i=1}^{T}p\left(i\right)\left(1+r\right)^{-i}}{\left[\begin{array}{r}Z_{1-\alpha}\text{Vko}\left(S_E^{\text{RV}}\right)+\left(1-e_z^{\text{RV}}\right)\sum_{i=1}^{T}p\left(i\right)\left(1+r\right)^{T-i}\\+\left(1-\sum_{i=1}^{T}p\left(i\right)\left(1+r\right)^{-i}\right)\end{array}\right]}$$

Sofern $r>0$ ist außerdem $0<\sum_{i=1}^{T}p\left(i\right)\left(1+r\right)^{-i}<1$. Der Nachweis $UK^{\text{orig}}>UK^{\text{WA}}$ lässt daher wie folgt zeigen:

Unter den Bedingungen $A > 1,\ B > 0,\ 0 < C < 1$, und $A - 1 > B$ ist die Beziehung

$$\frac{A-1}{B} > \frac{A-C}{B+(1-C)}$$

erfüllt, denn es gilt:

$$\begin{aligned} & A - AC - B - 1 + C + BC > 0 \\ \Longleftrightarrow \quad & A(1-C) - (1-C) > B(1-C) \\ \Longleftrightarrow \quad & A - 1 > B. \end{aligned}$$

Somit folgt, dass

$$\frac{e_z^{\mathrm{RV}} + \sqrt{e_z^{\mathrm{RV}}} Z_{1-\alpha}\mathrm{Vko}\left(S_E^{\mathrm{RV}}\right) - 1}{Z_{1-\alpha}\mathrm{Vko}\left(S_E^{\mathrm{RV}}\right) + \left(1 - e_z^{\mathrm{RV}}\right)\sum_{i=1}^{T} p(i)(1+r)^{T-i}}$$
$$> \frac{\left(e_z^{\mathrm{RV}} + \sqrt{e_z^{\mathrm{RV}}} Z_{1-\alpha}\mathrm{Vko}\left(S_E^{\mathrm{RV}}\right)\right) - \sum_{i=1}^{T} p(i)(1+r)^{-i}}{Z_{1-\alpha}\mathrm{Vko}\left(S_E^{\mathrm{RV}}\right) + \left(1 - e_z^{\mathrm{RV}}\right)\sum_{i=1}^{T} p(i)(1+r)^{T-i} + \left(1 - \sum_{i=1}^{T} p(i)(1+r)^{-i}\right)}$$

und somit

$$UK^{\mathrm{orig}} > UK^{\mathrm{WA}}$$

im hier angenommenen Fall der Inflationsverschätzung mit $e_z^{\mathrm{RV}} > 1$ immer wahr ist, sofern $r > 0$ erfüllt ist.

Die verwendete Substitution ist

$$\begin{aligned} A &= e_z^{\mathrm{RV}} + \sqrt{e_z^{\mathrm{RV}}} Z_{1-\alpha}\mathrm{Vko}\left(S_E^{\mathrm{RV}}\right) \\ B &= Z_{1-\alpha}\mathrm{Vko}\left(S_E^{\mathrm{RV}}\right) + \left(1 - e_z^{\mathrm{RV}}\right)\sum_{i=1}^{T} p(i)(1+r)^{T-i} \\ C &= \sum_{i-1}^{T} p(i)(1+r)^{-i}. \end{aligned}$$

A.3 Untersuchung des Variationskoeffizienten als Risikoselektionskriterium

Der Nachweis, dass ein erhöhter Variationskoeffizient eine geringere Zielabweichung mit sich bringt, lässt sich durch

$$\frac{e_z^{\mathrm{RV}} + \sqrt{e_z^{\mathrm{RV}}} Z_{1-\alpha} \left(\mathrm{Vko}\left(S_E^{\mathrm{RV}}\right) + \epsilon\right) - 1}{Z_{1-\alpha} \left(\mathrm{Vko}\left(S_E^{\mathrm{RV}}\right) + \epsilon\right) + \left(1 - e_z^{\mathrm{RV}}\right) \sum_{i=1}^{T} p\left(i\right) \left(1 + r\right)^{T-i}}$$
$$< \frac{e_z^{\mathrm{RV}} + \sqrt{e_z^{\mathrm{RV}}} Z_{1-\alpha} \mathrm{Vko}\left(S_E^{\mathrm{RV}}\right) - 1}{Z_{1-\alpha} \mathrm{Vko}\left(S_E^{\mathrm{RV}}\right) + \left(1 - e_z^{\mathrm{RV}}\right) \sum_{i=1}^{T} p\left(i\right) \left(1 + r\right)^{T-i}}$$

zeigen ($\epsilon > 0$). In einer vereinfachten Notation ergibt sich die Umformung

$$\frac{(a-1) + \sqrt{a} b \left(v + \epsilon\right)}{b\left(v + \epsilon\right) + \left(1 - a\right) c} < \frac{(a-1) + \sqrt{a} b v}{bv + \left(1 - a\right) c}$$
$$\Longleftrightarrow \quad \sqrt{a} b \epsilon \left(1 - a\right) c < \left(a - 1\right) \epsilon b \, .$$

Im hier interessierenden Fall der Inflationsunterschätzung ist $a > 1$. Die Ungleichung ist dann immer erfüllt, denn die dafür notwendige Nebenbedingung $bv + (1-a)\,c > 0$ ist modellinhärent gegeben. Schließlich sind für die Abschätzung der Unterkapitalisierung nur die Fälle relevant, in denen das Versicherungsunternehmen zwar höhere Auszahlungen als erwartet leistet, durch die Inflationsunterschätzung jedoch nicht der Ruinfall eingetreten ist. Letzteres wäre der Fall $bv + (1-a)\,c \leq 0$. Dann wäre im Versicherungsunternehmen kein Kapital vorhanden, um die Schäden zu bezahlen. Eine Gegenüberstellung des notwendigen und des faktisch dann nicht mehr vorhandenen Risikokapitals verliert in diesem Augenblick seine Aussagekraft.

A.4 Analyse der Zielabweichungsfunktion bei Stabilisierung

Es lässt sich zeigen, dass alle Kombinationen von v_E und e_v, für die $UK^{\text{stab}} = UK^{\text{orig}}$ resultiert, über eine funktionelle Abhängigkeit ermittelbar sind.

$$UK^{\text{stab}} = UK^{\text{orig}}$$

$$\Longleftrightarrow$$

$$\frac{\left(e_z^{\text{RV}}\left(e_v\right)^{1-k}-1\right)+\sqrt{\left(e_v\right)^{2-k}e_z^{\text{RV}}}\cdot Z_{1-\alpha}\cdot \text{Vko}\left(S_E^{\text{RV}}\right)\sqrt{\left(v_E\right)^k}}{Z_{1-\alpha}\cdot \text{Vko}\left(S_E^{\text{RV}}\right)\sqrt{\left(v_E\right)^k}+\left(1-e_z^{\text{RV}}\left(e_v\right)^{1-k}\right)\cdot\sum_{i=1}^{T}p\left(i\right)\cdot\left(1+r\right)^{T-i}}$$
$$=\frac{\left(e_z^{\text{RV}}-1\right)+\sqrt{e_z^{\text{RV}}}\cdot Z_{1-\alpha}\cdot \text{Vko}\left(S_E^{\text{RV}}\right)}{Z_{1-\alpha}\cdot \text{Vko}\left(S_E^{\text{RV}}\right)+\left(1-e_z^{\text{RV}}\right)\cdot\sum_{i=1}^{T}p\left(i\right)\cdot\left(1+r\right)^{T-i}}$$

$$\Longleftrightarrow$$

$$\left(e_z^{\text{RV}}\left(e_v\right)^{1-k}-1\right)+\sqrt{\left(e_v\right)^{2-k}e_z^{\text{RV}}}\cdot Z_{1-\alpha}\cdot \text{Vko}\left(S_E^{\text{RV}}\right)\sqrt{\left(v_E\right)^k}$$
$$=\sqrt{\left(v_E\right)^k}\frac{\left(e_z^{\text{RV}}-1\right)Z_{1-\alpha}\cdot \text{Vko}\left(S_E^{\text{RV}}\right)+\sqrt{e_z^{\text{RV}}}\cdot\left(Z_{1-\alpha}\cdot \text{Vko}\left(S_E^{\text{RV}}\right)\right)^2}{Z_{1-\alpha}\cdot \text{Vko}\left(S_E^{\text{RV}}\right)+\left(1-e_z^{\text{RV}}\right)\cdot\sum_{i=1}^{T}p\left(i\right)\cdot\left(1+r\right)^{T-i}}$$
$$+\left(1-e_z^{\text{RV}}\left(e_v\right)^{1-k}\right)\cdot UK^{\text{orig}}\cdot\sum_{i=1}^{T}p\left(i\right)\cdot\left(1+r\right)^{T-i}$$

$$\Longleftrightarrow$$

$$\frac{\sqrt{\left(v_E\right)^k}Z_{1-\alpha}}{\left(\text{Vko}\left(S_E^{\text{RV}}\right)\right)^{-1}}\left(\sqrt{\left(e_v\right)^{2-k}e_z^{\text{RV}}}-\frac{\left(e_z^{\text{RV}}-1\right)+\sqrt{e_z^{\text{RV}}}Z_{1-\alpha}\text{Vko}\left(S_E^{\text{RV}}\right)}{Z_{1-\alpha}\text{Vko}\left(S_E^{\text{RV}}\right)+\left(1-e_z^{\text{RV}}\right)\sum_{i=1}^{T}p(i)(1+r)^{T-i}}\right)$$
$$=\left(1-e_z^{\text{RV}}\left(e_v\right)^{1-k}\right)\left(UK^{\text{orig}}\sum_{i=1}^{T}p\left(i\right)\left(1+r\right)^{T-i}+1\right)$$

Im letzten Schritt wird nach v_E aufgelöst.

$$\Longleftrightarrow$$

$$v_E = \left[\frac{\left(\left(1 - e_z^{\mathrm{RV}} (e_v)^{1-k}\right)\left(\frac{\left(e_z^{\mathrm{RV}} - 1\right) + \sqrt{e_z^{\mathrm{RV}}}\, Z_{1-\alpha} \mathrm{Vko}\left(S_E^{\mathrm{RV}}\right)}{Z_{1-\alpha} \mathrm{Vko}\left(S_E^{\mathrm{RV}}\right) + \left(1 - e_z^{\mathrm{RV}}\right) \sum_{i=1}^{T} p(i)(1+r)^{T-i}} \sum_{i=1}^{T} p(i)(1+r)^{T-i} + 1\right)\right)}{Z_{1-\alpha} \mathrm{Vko}\left(S_E^{\mathrm{RV}}\right) \left(\sqrt{(e_v)^{2-k}}\, e_z^{\mathrm{RV}} - \frac{\left(e_z^{\mathrm{RV}} - 1\right) + \sqrt{e_z^{\mathrm{RV}}}\, Z_{1-\alpha} \mathrm{Vko}\left(S_E^{\mathrm{RV}}\right)}{Z_{1-\alpha} \mathrm{Vko}\left(S_E^{\mathrm{RV}}\right) + \left(1 - e_z^{\mathrm{RV}}\right) \sum_{i=1}^{T} p(i)(1+r)^{T-i}}\right)} \right]^{\frac{2}{k}}$$

Der Zusammenhang findet sich in Abbildung 3-11 illustriert.

Literaturverzeichnis

ACERBI, CARLO/TASCHE, DIRK (2002): Expected Shortfall: A Natural Coherent Alternative to Value at Risk, in: Economic Notes, 31. Jg., Nr. 2, S. 379–388.

AEBISCHER, CHRISTOPH/BILLETER, SALOMON/SALGHETTI, FILIPO (2011): System and method of forecasting frequencies associated to future loss and for related automated operation of loss resolving units, angemeldet durch Swiss Reinsurance Company Ltd., Europäisches Patentamt, EP 2 461 286 A1, Anmeldedatum: 24.11.2011.

AHLGRIM, KEVIN C./D'ARCY, STEPHEN (2012): The Effect of Deflation or High Inflation on the Insurance Industry, Working Paper, Casualty Actuarial Society, Canadian Institute of Actuaries, Society of Actuaries, o. O.

ALBRECHT, PETER (1982): Gesetze der großen Zahlen und Ausgleich im Kollektiv – Bemerkungen zu Grundlagen der Versicherungsproduktion, in: Zeitschrift für die gesamte Versicherungswissenschaft, 71. Jg., Nr. 3–4, S. 501–538.

ALBRECHT, PETER (1994): Dimensionen des versicherungstechnischen Risikos, in: Hesberg, Dieter/Karten, Walter (Hrsg.): Risiko, Versicherung, Markt: Festschrift für Walter Karten zur Vollendung des 60. Lebensjahres, Karlsruhe, S. 325–339.

ALBRECHT, PETER (2003): Zur Messung von Finanzrisiken, Mannheimer Manuskripte zu Risikotheorie, Portfolio Management und Versicherungswirtschaft, Nr. 143, Universität Mannheim, Mannheim.

ALBRECHT, PETER/KORYCIORZ, SVEN (2003): Bestimmung des Conditional Value-at-Risk (CVaR) bei Normal- bzw. Lognormalverteilung, Mannheimer Manuskripte zu Risikotheorie, Portfolio Management und Versicherungswirtschaft, Nr. 142, Universität Mannheim, Mannheim.

ALBRECHT, PETER/SCHWAKE, EDMUND (1988): Risiko, versicherungstechnisches, in: Farny, Dieter/Helten, Elmar/Koch, Peter/Schmidt, Reimer (Hrsg.): Handwörterbuch der Versicherung, Karlsruhe, S. 651–657.

AMENC, NOEL/MARTELLINI, LIONEL/ZIEMANN, VOLKER (2009): Alternative Investments for Institutional Investors: Risk Budgeting Techniques in Asset Management and Asset-Liability Management, Research Paper, EDHEC Risk and Asset Management Research Centre, Nizza.

ANARI, ALI/KOLARI, JAMES (2002): House Prices and Inflation, in: Real Estate Economics, 30. Jg., Nr. 1, S. 67–84.

ANG, ANDREW/BRIERE, MARIE/SIGNORI, OMBRETTA (2012): Inflation and Individual Equities, in: Financial Analysts Journal, 68. Jg., Nr. 4, S. 36–55.

ANSOFF, H. IGOR (1979): Strategic management, New York.

BAKER, TOM (2004): Insuring Liability Risks, in: The Geneva Papers on Risk and Insurance, 29. Jg., Nr. 1, S. 128–149.

BAKER, TOM (2011): The Shifting Terrain of Risk and Uncertainty on the Liability Insurance Field, in: DePaul Law Review, 60. Jg., Nr. 2, S. 521–538.

BALL, MATHEW/STAUDT, ANDY (2011): Some Considerations With Regard To Inflation, Casualty Actuarial Society E-Forum, online verfügbar unter http://www.casact.org/pubs/forum/11spforum/Ball_Staudt.pdf, Stand: 13.09.2015.

BANK OF ENGLAND (2013): Inflation Report, November 2013, o. O.

BARNETT, GLEN/ZEHNWIRTH, BEN (2000): Best Estimates for Reserves, in: Proceedings of the Casualty Actuarial Society, 87. Jg., Nr. 166–167, S. 245–321.

BARTENWERFER, JENS/STIENEN, ULRICH/BUSE, GERT ET AL. (2009): Methoden zur Schätzung von Schaden- und Prämienrückstellungen, Gesamtverband der Deutschen Versicherungswirtschaft, Berlin.

BASSE, TOBIAS/FRIEDRICH, MEIK (2010): Asset management in an inflationary environment – Are commodities a useful hedge?, in: Zeitschrift für die gesamte Versicherungswissenschaft, 98. Jg., Nr. 5, S. 653–661.

BECK, ROLF/FILZMAIER, KARSTEN (2007): Schlussfolgerungen für das Underwriting, in: Münchener Rückversicherungs-Gesellschaft (Hrsg.): Schwere Personenschäden in Europa am Beispiel der Kraftfahrtversicherung, München, S. 55–60.

BEKEART, GEERT/WANG, XIAOZHENG (2010): Inflation Risk and the Inflation Risk Premium, in: Economic Policy, 25. Jg., Nr. 64, S. 755–806.

BELL, PHIL (2006): The Social Construction of Bodily Injury, in: The Geneva Papers on Risk and Insurance, 31. Jg., Nr. 2, S. 340–356.

BENDER, KLAUS (2002): Die optimale Rückversicherungsform von Katastrophenrisiken bei Moral Hazard, Karlsruhe.

BENDER, KLAUS/RICHTER, ANDREAS (2002): Optimales Vertragsdesign bei moralischem Risiko in der Rückversicherung, Working Paper, Hamburger Zentrum für Versicherungswissenschaft, Hamburg.

BIONDI, RICHARD S./THOMPSON, KEVIN B. (1981): Inflation Sensitive Exposure Bases for General Liability Insurance, in: The Casualty Actuarial Society (Hrsg.): Inflation Implications for Property/Casualty Insurance, Arlington, Virginia, S. 5–49.

BODIE, ZVI (1976): Common Stocks as a Hedge against Inflation, in: The Journal of Finance, 31. Jg., Nr. 2, S. 459–470.

BOHNERT, ALEXANDER/GATZERT, NADINE/KOLB, ANDREAS (2015): Assessing Inflation Risk in Non-Life Insurance, Working Paper, Friedrich-Alexander Universität Erlangen-Nürnberg, Nürnberg.

BOOTH, PHILIP/CHADBURN, ROBERT ET AL. (2005): Modern actuarial theory and practice, 2. Auflage, Boca Raton, Forida.

BÖSS, H. (1969): Inflation under Third Party Liability Excess of Loss Treaties, in: The Review: International Insurance Intelligence, 1969, S. 91.

BRAESS, PAUL (1960): Versicherung und Risiko, Wiesbaden.

BRANCH, BEN (1974): Common Stock Performance and Inflation: An International Comparison, in: The Journal of Business, 47. Jg., Nr. 1, S. 48–52.

BREHM, WOLFGANG (2001): Rechtsfortbildungszweck des Zivilprozesses, in: Gottwald, Peter/Roth, Herbert (Hrsg.): Festschrift für Ekkehard Schumann zum 70. Geburtstag, Tübingen, S. 57–70.

BRICKMAN, SIMON/FORSTER, WILL/SHEAF, SIMON (2005): Claims Inflation – Uses and Abuses, online verfügbar unter http://www.actuaries.org.uk/research-and-resources/documents/claims-inflation-uses-and-abuses, Stand: 13.09.2015.

BRODEUR, ANDRÉ/BUEHLER, KEVIN/PATSALOS-FOX, MICHAEL/PERGLER, MARTIN (2010): A Board Perspective on Enterprise Risk Management, McKinsey Working Papers on Risk, Nr. 18, o. O.

BRONDOLO, ALBERT (2005): Inflation-linked Bonds Explained: Mastering Markets and Mechanics, online verfügbar unter http://www.nuclearphynance.com/User%20Files/3877/Inflation-linked%20Bonds%20Explained.pdf, Stand: 13.09.2015.

BUEHLER, KEVIN/FREEMAN, ANDREW/HULME, RON (2008): The Risk Revolution, McKinsey Working Papers on Risk, Nr. 1, o. O.

BURMEISTER, KLAUS/NEEF, ANDREAS/BEYERS, BERT (2004): Corporate foresight: Unternehmen gestalten Zukunft, Hamburg.

BURT GEORGE/WRIGHT, GEORGE ET AL. (2006): The Role of Scenario Planning in Exploring the Environment in View of the Limitations of PEST and Its Derivatives, in: International Studies of Management & Organization, 36. Jg., Nr. 3, S. 50–76.

BUTSIC, ROBERT P. (1981): The Effect of Inflation on Losses and Premiums for Property-Liability Insurers, in: The Casualty Actuarial Society (Hrsg.): Inflation Implications for Property/Casualty Insurance, Arlington, Virginia, S. 58–102.

CARBONARA, GABRIELE/CAIAZZA, ROSA (2010): How to turn crisis into opportunity: perception and reaction to high level of uncertainty in banking industry, in: foresight, 12. Jg., Nr. 4, S. 37–46.

CARTER, ROBERT L. (2000): Reinsurance, 4. Auflage, London.

CLARK, DAVID R. (2006): Variance and Covariance Due to Inflation, in: The Casualty Actuarial Society Forum, Fall 2006, S. 61–95.

CLARK, DAVID R. (2011): Credibility for a Tower of Excess Layers, Casualty Actuarial Society E-Forum, online verfügbar unter http://www.casact.org/pubs/forum/11wforumpt2/Clark.pdf, Stand: 13.09.2015.

CLARKSON, ROBERT S. (1991): A non-linear stochastic model for inflation, in: Transactions of the 2nd AFIR International Colloquium, Brighton, Nr. 3, S. 233–253.

CORNISH, EDWARD (2004): The Exploration of the Future, Bethesda, Maryland.

COURTNEY, HUGH/KIRKLAND, JANE/VIGUERIE, PATRICK (1997): Strategy under Uncertainty, in: Harvard Business Review, 75. Jg., Nr. 6, S. 67–79.

CUMMINS, J. DAVID/DERRIG, RICHARD A. (1993): Fuzzy Trends in Property-Liability Insurance Claim Costs, in: The Journal of Risk and Insurance, 60. Jg., Nr. 3, S. 429–465.

D'ARCY, STEPHEN/AU, ALFRED/ZHANG, LIANG (2009): Property-Liability Insurance Loss Reserve Ranges Based on Economic Value, in: Variance, 3. Jg., Nr. 1, S. 42–61.

DAYKIN, CHRIS D./PENTIKÄINEN, TEIVO/PESONEN, MARTTI (1996): Practical risk theory for actuaries, London.

DIENST, HANS-RUDOLF/SEGERER, GÜNTHER/MACK, THOMAS (2002): Risikoteilung, in: Helbig, Manfred (Hrsg.): Beiträge zum versicherungsmathematischen Grundwissen, Karlsruhe, S. 121–148.

DELISLE, EDUARD (1988): Absatz, in: Farny, Dieter/Helten, Elmar/Koch, Peter/Schmidt, Reimer (Hrsg.): Handwörterbuch der Versicherung, Karlsruhe, S. 1–12.

DESS, GREGORY G/BEARD, DONALD W. (1984): Dimensions of Organizational Task Environments, in: Administrative Science Quarterly, 29. Jg., Nr. 1, S. 52–73.

DEW, EDWARD/HEDGES, BARTON (1997): Reserving For Excess Layers: A Guide to Practical Reserving Applications, in: The Casualty Actuarial Society Forum, Summer 1997, S. 39–95.

DODGSON, MATTHEW/KAINTH, DHERMINDER (2006): Inflation-Linked Derivatives, Quantitative Research Centre, online verfügbar unter http://www.quarchome.org/inflation/InflationLinkedDerivatives20060908.pdf, Stand: 13.09.2015.

BULDINGER, ANDREAS (2004): Risikomanagement in Versicherungen und Solvency II, München.

DUNCAN, ROBERT B. (1972): Characteristics of Organizational Environments and Perceived Environmental Uncertainty, in: Administrative Science Quarterly, 17. Jg., Nr. 3, S. 313–327.

DURBIN, DAVID/FELDSHER, PAUL/FORSYTH, THOMAS (2010): Social Inflation in the U.S.: What is it and Why is it a Concern, online verfügbar unter http://www.partnerre.com/opinions-research/social-inflation-in-the-u-s-what-is-it-and-why-is-it-a-concern#.VfWqW6fsmUk, Stand: 13.09.2015.

EBERT, INA (2007): Die haftungsrechtliche Ausweitung des Schadensersatzes, in: Münchener Rückversicherungs-Gesellschaft (Hrsg.): Schwere Personenschäden in Europa am Beispiel der Kraftfahrtversicherung, München, S. 4–8.

EICHHORN, WOLFGANG (1978): Erscheinungsformen des versicherungstechnischen Risikos, in: Zeitschrift für Versicherungswesen, 29. Jg., Nr. 21, S. 586–596.

ELING, MARTIN (2007): Der Swiss Solvency Test: Ein Vorbild für Solvency II?, Working Papers on Risk Management and Insurance, Nr. 38, Universität St. Gallen, St. Gallen.

ENZ, RUDOLF (2008): Schadenreservierung in der Nichtlebenversicherung: Eine strategische Herausforderung, Swiss Re Sigma, Nr. 2/2008, Zürich.

EUROPÄISCHE ZENTRALBANK (2011): Die Geldpolitik der EZB, 3. Auflage, Frankfurt am Main.

FAMA, EUGENE F. (1981): Stock Returns, Real Activity, Inflation, and Money, in: The American Economic Review, 71. Jg., Nr. 4, S. 545–565.

FAMA, EUGENE F./SCHWERT, G. WILLIAM (1977): Asset returns and inflation, in: Journal of Financial Economics, 5. Jg., Nr. 2, S. 115–146.

FARNY, DIETER (1992): Das System der Umwelten, die zukünftigen Veränderungen und die Beziehungen zu den Versicherungen, in: Zeitschrift für die gesamte Versicherungswissenschaft, 81. Jg., Nr. 1, S. 19–43.

FARNY, DIETER (2011): Versicherungsbetriebslehre, 5. Auflage, Karlsruhe.

FELDBLUM, SHOLOM (1988): Varying Trend Factors by Size of Loss, in: The Casualty Actuarial Society Forum, Fall 1988, S. 13–21.

FERGUSON, RONALD E. (1974): Nonproportional Reinsurance and the Index Clause, in: Proceedings of the Casualty Actuarial Society, 61. Jg., Nr. 116, S. 141–164.

FLEMMING, KLAUS (1979): Zur Wahl eines Indexes für die Berücksichtigung der Inflation in Schadenexzedentenrückversicherungsverträgen, in: Blätter der DGVFM, 14. Jg., Nr. 2, S. 255–262.

FLEMMING, KLAUS (1988): Risikoreserven, in: Farny, Dieter/Helten, Elmar/Koch, Peter/Schmidt, Reimer (Hrsg.): Handwörterbuch der Versicherung, Karlsruhe, S. 667–670.

FLOWER, MARK/COOK, IAN/DIVITT, CRAIG (2006): Reinsurance Pricing: Practical Issues & Considerations, online verfügbar unter http://www.actuaries.org.uk/sites/all/files/documents/pdf/flower2.pdf, Stand: 13.09.2015.

FUNG, HUNG-GAY/LAI, GENE C./PATTERSON, GARY A. ET AL.(1998): Underwriting Cycles in Property and Liability Insurance: An Empirical Analysis of Industry and By-Line Data, in: The Journal of Risk and Insurance, 65. Jg., Nr. 4, S. 539–561.

FÜRSTENWERTH, FRANK VON/WEISS, ALFONS/SCHMIDT, REIMER (2001): Versicherungs-Alphabet: Begriffserläuterungen der Versicherung aus Theorie und Praxis, 10. Auflage, Karlsruhe.

GAUSEMEIER, JÜRGEN/FINK, ALEXANDER/SCHLAKE, OLIVER (1996): Szenario-Management: Planen und Führen mit Szenarien, 2. Auflage, München, Wien.

GEN RE (2005): Personenschäden in der Schweiz: Großschäden aus der Sicht des Rückversicherers, Köln.

GERATHEWOHL, KLAUS (1976): Rückversicherung, Grundlagen und Praxis, Band I, Karlsruhe.

GESMANN, MARKUS/RAYEES, RAPHAEL/CLAPHAM, EMILY (2013): A known unknown, online verfügbar unter http://www.theactuary.com/features/2013/05/a-known-unknown/, Stand: 13.09.2015.

GORTON, GARY/ROUWENHORST, K. GEERT (2006): Facts and Fantasies about Commodity Futures, in: Financial Analysts Journal, 62. Jg., Nr. 2, S. 47–68.

GREENE, WILLIAM H. (2003): Econometric analysis, 5. Auflage, Upper Saddle River, New Jersey.

GREER, ROBERT J. (2006): The handbook of inflation hedging investments, London.

GRAUMANN, MATTHIAS (1997): Wettbewerbsstrategien der Rückversicherungsunternehmung, in: Zeitschrift für Versicherungswesen, 48. Jg., Nr. 11, S. 290–299.

GROSSMANN, MARCEL (1982): Rückversicherung: Eine Einführung, 2. Auflage, St. Gallen.

GRÜNIG, RONALD/HALL, PAMELA (2000): Einführung in die HUK-Tarifierung, Schweizerische Rückversicherungs-Gesellschaft, Zürich.

GULTEKIN, N. BULENT (1983): Stock Market Returns and Inflation: Evidence from Other Countries, in: The Journal of Finance, 38. Jg., Nr. 1, S. 49–65.

GÜRTLER, MAX (1929): Das Risiko des Zufalles im Versicherungsbetrieb, in: Zeitschrift für die gesamte Versicherungswissenschaft, 29. Jg., S. 209–236 und 292–326.

HAGEMANN, HELMUT (1976): Wie können Versicherungsunternehmen der Inflation begegnen?, in: Versicherungswirtschaft, 31. Jg., Nr. 6, S. 340–347.

HALLER, MATTHIAS (1983): Rückversicherung – Produkt oder Funktion?, in: Zeitschrift für Versicherungswesen, 34. Jg., Nr. 21, S. 540–552.

HANISCH, JENDRIK (2006): Risikomessung mit dem Conditional Value-at-Risk: Implikationen für das Entscheidungsverhalten, Hamburg.

HARDING, JUSTYN/HINDLEY, DAVID ET AL. (1998): The Reserving of Non-Standard Classes of Insurance, 1998 General Insurance Convention and ASTIN Colloquium, Glasgow.

HARTUNG, THOMAS (2005): Der Einsatz interner Modelle vor dem Hintergrund des versicherungstechnischen Risikos, in: Albrecht, Peter/Hartung, Thomas (Hrsg.): Liber discipulorum für Elmar Helten zum 65. Geburtstag, Karlsruhe, S. 177–199.

HARTUNG, THOMAS (2007): Eigenkapitalregulierung bei Versicherungsunternehmen, Karlsruhe.

HEIJDEN, KEES VAN DER (1996): The art of strategic conversation, Chichester.

HEILMANN, WOLF-RÜDIGER (1987): Grundbegriffe der Risikotheorie, Karlsruhe.

HEILMANN, WOLF-RÜDIGER/KARTEN, WALTER (1988): Risikopolitik des Versicherungsunternehmens, in: Farny, Dieter/Helten, Elmar/Koch, Peter/Schmidt, Reimer (Hrsg.): Handwörterbuch der Versicherung, Karlsruhe, S. 659–665.

HELLBERG, NILS/LONSING, MARCO (2010): Dramatische Teuerung von Personenschäden im Heilwesen, in: Versicherungswirtschaft, 65. Jg., Nr. 6, S. 421–423.

HELLBERG, NILS/LONSING, MARCO (2012): Personenschäden verteuern sich dramatisch, in: Versicherungswirtschaft, 67. Jg., Nr. 13, S. 962–964.

HELTEN, ELMAR (1973): Statistische Entscheidungsverfahren zur Risikopolitik von Versicherungsunternehmen, Habilitationsschrift der Wirtschafts- und Sozialwissenschaftlichen Fakultät der Universität zu Köln, Köln.

HELTEN, ELMAR (1991): Die Erfassung und Messung des Risikos, in: Grosse, Walter/Müller-Lutz, Heinz-Leo/Schmidt, Reimer (Hrsg.): Versicherungsenzyklopädie, Band 2, 4. Auflage, Wiesbaden, S. 127–198.

HELTEN, ELMAR (1992a): Betriebliche Umweltschäden, Versicherung und andere risikopolitische Maßnahmen zur Meidung, Minderung, Überwälzung oder Finanzierung, in: Versicherungswirtschaft, 47. Jg., Nr. 17, S. 1080–1088.

HELTEN, ELMAR (1992b): Versicherungstechnische Möglichkeiten zur Bewältigung künftiger Risiken, in: Zeitschrift für die gesamte Versicherungswissenschaft, 81. Jg., Nr. 1–2, S. 149–175.

HELTEN, ELMAR (1994): Ist Risiko ein Konstrukt? Zur Quantifizierung des Risikobegriffes, in: Hesberg, Dieter/Karten, Walter (Hrsg.): Risiko, Versicherung, Markt: Festschrift für Walter Karten zur Vollendung des 60. Lebensjahres, Karlsruhe, S. 19–25.

HENSLER, DEBORAH (2009): A brief history of asbestos litigation in the United States, in: Münchener Rückversicherungs-Gesellschaft (Hrsg.): Asbestos: Anatomy of a mass tort, München, S. 41–51.

HESS, KLAUS/SCHMIDT, KLAUS D. (2006): Risikoteilung und Rückversicherung, in: Wissenschaftliche Zeitung der Technischen Universität Dresden, 55. Jg., Nr. 3–4, S. 19–23.

HOFFMANN, CHRISTIAN (2007a): Das deutsche Haftungs- und Entschädigungsrecht, in: Münchener Rückversicherungs-Gesellschaft (Hrsg.): Schwere Personenschäden in Europa am Beispiel der Kraftfahrtversicherung, München, S. 9–19.

HOFFMANN, CHRISTIAN (2007b): Quantitative Analyse, in: Münchener Rückversicherungs-Gesellschaft (Hrsg.): Schwere Personenschäden in Europa am Beispiel der Kraftfahrtversicherung, München, S. 20–23.

HOLZHEU, THOMAS/LECHNER, ROMAN (2009): Gewerbliche Haftpflichtversicherung: Herausforderung für Unternehmen und ihre Versicherer, Swiss Re Sigma, Nr. 5/2009, Zürich.

HORVATH, ERNEST (1975): L'influence de l'inflation sur la reassurance nonproportionelle des branches non-vie, Université de Neuchâtel, Neuchâtel.

HÜRLIMANN, WERNER (2011a): Excess of Loss Reinsurance with Reinstatements Revisited, in: ASTIN Bulletin, 35. Jg., Nr. 1, S. 211–238.

HÜRLIMANN, WERNER (2011b): Insurance Risk Economic Capital for Excess-of-loss Contracts with an Inflation Stability Clause, Working Paper, online verfügbar unter http://www.actuaries.org/ASTIN/Colloquia/Madrid/Papers/Hurlimann.pdf, Stand: 13.09.2015.

HUTTER, JOSEF (1986): Ein Modell zur kalkulatorischen Bewältigung von Änderungsrisiken im Schadenbereich eines Versicherungsunternehmens, in: Swiss Journal of Economics and Statistics, 122. Jg., Nr. 3, S. 261–291.

JÄGER, BERND (2005): Branchenbesonderheiten der Risikosituation und der Risikopolitik von Versicherungsunternehmen, in: Albrecht, Peter/Hartung, Thomas (Hrsg.): Liber discipulorum für Elmar Helten zum 65. Geburtstag, Karlsruhe, S. 247–272.

JANNOTT, HORST K. (1976): Zufallsrisiko – Änderungsrisiko, in: Reichert-Facilides, Fritz/Rittner, Fritz/Sasse, Jürgen (Hrsg.): Festschrift für Reimer Schmidt, Karlsruhe, S. 407–432.

JANNOTT, HORST K. (1988): Rückversicherungspolitik, in: Farny, Dieter/Helten, Elmar/Koch, Peter/Schmidt, Reimer (Hrsg.): Handwörterbuch der Versicherung, Karlsruhe, S. 715–719.

JOHN, DANIEL ET AL. (2013): Zins und Inflation in der Schaden-/Unfallversicherung, Ergebnisbericht der Deutschen Aktuarvereinigung e.V., Köln.

JOHNSON, GERRY/SCHOLES, KEVAN/WHITTINGTON, RICHARD (2008): Exploring corporate strategy, 8. Auflage, Harlow.

KANTOR, LARRY ET AL. (2012): Global Inflation-linked Products: A User's Guide, Barclays, o. O.

KARL, KURT/HOLZHEU, THOMAS/LASTER, DAVID (2010): Inflation als Herausforderung für Versicherer, Swiss Re Sigma, Nr. 4/2010, Zürich.

KARTEN, WALTER (1993): Das Einzelrisiko und seine Kalkulation, Wiesbaden.

KÄSLIN, BRUNO (2008): Systematische Früherkennung von Emerging Risks in der Versicherungswirtschaft, Diss., Universität St. Gallen, St. Gallen.

KAUL, GAUTAM (1987): Stock returns and inflation: The role of the monetary sector, in: Journal of Financial Economics, 18. Jg., Nr. 2, S. 253–276.

KERKHOF, JEROEN (2005): Inflation Derivatives Explained, Lehman Brothers, o. O.

KERVELLA, JEAN-PIERRE/SCHNEIDER, THOMAS (2008): Long-tail Reserving Challenges, in: Partner Re (Hrsg.): Bodily Injury – Viewpoints for Europe, Hamilton, S 119–123.

KILN, ROBERT (1991): Reinsurance in practice, 3. Auflage, London.

KLEINER, WOLFGANG (2007): Quantitative Analyse, in: Münchener Rückversicherungs-Gesellschaft (Hrsg.): Schwere Personenschäden in Europa am Beispiel der Kraftfahrtversicherung, München, S. 45–51.

KLEMMT, HEINZ-JÜRGEN (2009): Kraftfahrt-Haftpflicht: Superimposed Inflation hat viele Treiber, in: Versicherungswirtschaft, 64. Jg., Nr. 24, S. 1904–1906.

KLUGMAN, STUART A./PANJER, HARRY H./WILLMOT, GORDON (2004): Loss Models: From Data to Decisions, 2. Auflage, Hoboken, New Jersey.

KORYCIORZ, SVEN (2004): Sicherheitskapitalbestimmung und -allokation in der Schadenversicherung: Eine risikotheoretische Analyse auf der Basis des Value-at-Risk und des Conditional Value-at-Risk, Karlsruhe.

KREISER, PATRICK/MARINO, LOUIS (2002): Analyzing the historical development of the environmental uncertainty construct, in: Management Decision, 40. Jg., Nr. 9, S. 895–905.

KREMER, ERHARD (1982): Bemerkung zur Kalkulation der Wirkung der Stabilisierungsklausel in Schadenexzedenten-Rückversicherungs-Verträgen, in: Blätter der DGVFM, 15. Jg., Nr. 3, S. 259–262.

KREMER, ERHARD (1997): Sicherheitszuschlag für den Schadenexzedenten, in: Blätter der DGVFM, 23. Jg., Nr. 2, S. 244–245.

LABES, HARTMUT (1988): Rückversicherungsformen, in: Farny, Dieter/Helten, Elmar/Koch, Peter/Schmidt, Reimer (Hrsg.): Handwörterbuch der Versicherung, Karlsruhe, S. 703–707.

LAHNSTEIN, CHRISTIAN (2014): A 360° view of liability developments, in: Münchener Rückversicherungs-Gesellschaft (Hrsg.): Employers' liability for occupational illness and injury, München, S. 51–58.

LEWIN, DAVID (2009): Casualty Specialty Update, online verfügbar unter http://www.gccapitalideas.com/2009/09/23/casualty-specialty-update-infla tion-implications-for-long-tail-reinsurance, Stand: 13.09.2015.

LIEBWEIN, PETER (2000): Strukturierung von Rückversicherungsentscheidungen: Ein entscheidungstheoretisches Modell der Risikopolitik von Versicherungsunternehmen, Karlsruhe.

LIEBWEIN, PETER (2009): Klassische und moderne Formen der Rückversicherung, 2. Auflage, Karlsruhe.

LINZ, STEFAN/ECKERT, GUDRUN (2002): Zur Einführung hedonischer Methoden in die Preisstatistik, in: Wirtschaft und Statistik, Nr. 10/2002, S. 857–863.

LIPPE, STEFAN (1983): Integration von Betriebskosten in risikotheoretische Modelle, Karlsruhe.

LIPPE, STEFAN/SEDLMAIR, HERBERT/WITTING, THOMAS (1991): Praxisrelevante Aspekte der Burning-Cost-Kalkulation, in: Blätter der DGVFM, 20. Jg., Nr. 2, S. 97–121.

LÖRPER, JOHANNES (1985): Rückversicherungsverträge mit ergebnisabhängiger Prämie und ihre Bewertung mit Hilfe der Gesamtschadenverteilung, in: Blätter der DGVFM, 17. Jg., Nr. 2, S. 103–120.

MACK, THOMAS (2002): Schadenversicherungsmathematik, 2. Auflage, Karlsruhe.

MASTERSON, NORTON E. (1968): Economic Factors in Liability and Property Insurance Claims Costs, in: Proceedings of the Casualty Actuarial Society, 55. Jg., Nr. 103–104, S. 61–89.

MASTERSON, NORTON E. (1981): Property-Casualty Insurance Inflation Indexes: Communicating with the Public, in: The Casualty Actuarial Society (Hrsg.): Inflation Implications for Property/Casualty Insurance, Arlington, Virginia, S. 344–370.

MIETZNER, DANA (2009): Strategische Vorausschau und Szenarioanalysen: Methodenevaluation und neue Ansätze, Wiesbaden.

MIETZNER, DANA/REGER, GUIDO (2005): Advantages and disadvantages of scenario approaches for strategic foresight, in: International Journal of Technology Intelligence and Planning, 1. Jg., Nr. 2, S. 220–239.

MILBERG, MONIKA (2005): The Index Clause: Dealing with the Risk of Inflation in Excess of Loss Reinsurance, Working Paper, Munich Reinsurance Company and Georgia State University.

MILLER, DANNY/FRIESEN, PETER H. (1983): Strategy-making and environment: The third link, in: Strategic Management Journal, 4. Jg., Nr. 3, S. 221–235.

MILLIKEN, FRANCES J. (1987): Three Types of Perceived Uncertainty about the Environment: State, Effect, and Response Uncertainty, in: The Academy of Management Review, 12. Jg., Nr. 1, S. 133–143.

MÖBIUS, CHRISTIAN/PALLENBERG, CATHERINE (2011): Risikomanagement in Versicherungsunternehmen, Heidelberg.

MÖLLERS, CHRISTOPH (2005): Gewaltengliederung: Legitimation und Dogmatik im nationalen und internationalen Rechtsvergleich, Tübingen.

MOULTON, BRENT R. (2001): The Expanding Role of Hedonic Methods in the Official Statistics of the United States, online verfügbar unter https://www.bea.gov/about/pdf/expand3.pdf, Stand: 13.09.2015.

MÜNCHENER RÜCK (1971): Einfluß der „Inflation“ auf die Versicherung, München.

NARAYAN, PRAKASH/WARTHEN, THOMAS V. (1997): Comparative Study of the Performance of Loss Reserving Methods Through Simulation, in: The Casualty Actuarial Society Forum, Summer 1997, S. 175–195.

NELL, MARTIN (1998): Der Sicherheitszuschlag als kalkulatorischer Prämienbestandteil – eine Neubewertung, in: Zeitschrift für die gesamte Versicherungswissenschaft, 87. Jg., Nr. 3, S. 403–427.

PEARSON, ESTELLE/BEYNON, CHAS (2007): Superimposed Inflation – Australian Accident Compensation Landscape in 2007, Working Paper, Institute of Actuaries of Australia.

PFEIFFER, CHRISTOPH (1999): Einführung in die Rückversicherung: Das Standardwerk für Theorie und Praxis, 5. Auflage, Wiesbaden.

PHILBRICK, STEPHEN W. (1985): A Practical Guide to the Single Parameter Pareto Distribution, in: Casualty Actuarial Society (Hrsg.): Proceedings of the Casualty Actuarial Society, 72. Jg., Nr. 137–138, S. 44–84.

PILLKAHN, ULF (2007): Trends und Szenarien als Werkzeuge zur Strategieentwicklung, Erlangen.

PINTO, EMANUEL/GOGOL, DANIEL F. (1987): An Analysis of Excess Loss Development, in: Proceedings of the Casualty Actuarial Society, 74. Jg., Nr. 141–142, S. 227–255.

POSTMA, THEO/LIEBL, FRANZ (2005): How to improve scenario analysis as a strategic management tool, in: Technological Forecasting and Social Change, 72. Jg., Nr. 2, S. 161–173.

RADTKE, MICHAEL (2004): Rückversicherung, in: Radtke, Michael/Schmidt, Klaus D. (Hrsg.): Handbuch zur Schadenreservierung, Karlsruhe, S. 167–175.

RAVIN, JOHN DE/FOWLDS, MIKE (2010): Inflation Risk in General Insurance, online verfügbar unter http://www.actuaries.asn.au/Library/Events/GIS2010/GIS10_Paper_Deravin.pdf, Stand: 13.09.2015.

REHNERT, KARL-HEINZ (1988): Inflation und Versicherung, in: Farny, Dieter/Helten, Elmar/Koch, Peter/Schmidt, Reimer (Hrsg.): Handwörterbuch der Versicherung, Karlsruhe, S. 289–295.

REIBNITZ, UTE VON (1991): Szenario-Technik: Instrumente für die unternehmerische und persönliche Erfolgsplanung, Wiesbaden.

REISSAUS, RÜDIGER (2006): Die Nachfrage nach Rückversicherung: Theorie und Evidenz, Karlsruhe.

RIBNER, SETH (1989): Modern Environmental Insurance Law: „Sudden and Accidental“, in: St. John's Law Review, 63. Jg., Nr. 4, S. 755–799.

ROCKEL, WERNER/HELTEN, ELMAR/LOY, HERBERT (2012): Versicherungsbilanzen, 3. Auflage, Stuttgart.

RÖDEL, MAXIMILIAN (2012): Inflation Hedging: An Empirical Analysis on Ination Nonlinearities, Infrastructure, and International Equities, Diss., Technische Universität München, München.

ROHE, ANNA/GRÜNIG, RUDOLF (2010): Strategie unter Unsicherheit, Working Paper, Institute for Economic and Social Sciences, Universität Freiburg, Freiburg.

ROMEIKE, FRANK/MÜLLER-REICHART, MATTHIAS (2005): Risikomanagement in Versicherungsunternehmen, Weinheim.

ROSENBERG, SHELDON/HALPERT, AARON (1981): Adjusting Size of Loss Distributions for Trend, in: The Casualty Actuarial Society (Hrsg.): Inflation Implications for Property/Casualty Insurance, Arlington, Virginia, S. 458–494.

SCHAUSBERGER, FRANK (2009): Wirkung von Änderungen der Schadeninflation und des Zinsniveaus in der Nicht-Lebensversicherung, in: Kölnische Rückversicherungs-Gesellschaft (Hrsg.): Assets & Liabilities, Band 3, Köln, S. 9–12.

SCHENK, PETER (1995): Rückversicherungsentscheidungen von Schaden- und Unfallversicherungsunternehmen: Ergebnisse eines empirischen Forschungsprojekts, in: Versicherungswirtschaft, 50. Jg., Nr. 6, S. 363–369.

SCHIFFER, LARRY (2011): The Index Clause: One Way To Stem The Effect Of Inflation On Long-Tail Claims Under Excess-Of-Loss Reinsurance Contracts, online verfügbar unter http://www.mondaq.com/unitedstates/x/123228/Reinsurance/The+Index+Clause+One+Way+To+Stem+The+Effect+Of+Inflation+On+LongTail+Claims+Under+ExcessOfLoss+Reinsurance+Contracts, Stand: 13.09.2015.

SCHIRMACHER, DORIS/SCHIRMACHER, ERNESTO/NEEZA, THANDI (2005): Stochastic Excess-of-Loss Pricing within a Financial Framework, in: The Casualty Actuarial Society Forum, Spring 2005, S. 297–351.

SCHMIDT, KLAUS D. (2004a): Abwicklungsdreieck, in: Radtke, Michael/Schmidt, Klaus D. (Hrsg.): Handbuch zur Schadenreservierung, Karlsruhe, S. 7–14.

SCHMIDT, KLAUS D. (2004b): Abwicklungsmuster, in: Radtke, Michael/Schmidt, Klaus D. (Hrsg.): Handbuch zur Schadenreservierung, Karlsruhe, S. 15–20.

SCHMIDT, KLAUS D. (2006): Versicherungsmathematik, 2. Auflage, Berlin.

SCHMIDT, KLAUS D./ZOCHER, MATHIAS (2011): The Bornhuetter-Ferguson Principle, in: Variance, 2. Jg., Nr. 1, S. 85–110.

SCHNIEPER, RENÉ (2005): Modelling the Underwriting Cycle, Working Paper, online verfügbar unter http://www.actuaries.org/ASTIN/Colloquia/Zurich/Schnieper.pdf, Stand: 13.09.2015.

SCHOTT, WINFRIED (1990): Steuerung des Risikoreserveprozesses durch Sicherheitszuschläge im Versicherungsunternehmen, Karlsruhe.

SCHRECKE, STEPHAN (2008): Israel Compensates for Lost Future Earnings, in: Partner Re (Hrsg.): Bodily Injury – Viewpoints for Europe, Hamilton, S. 39–43.

SCHRÖTER, KLAUS JÜRGEN (1995): Verfahren zur Approximation der Gesamtschadenverteilung, Karlsruhe.

SCHUBERT, MATHIAS (2003): Der Haftpflichtversicherer, das Änderungsrisiko und die Zeit, in: Produkthaftpflicht International, 2003, Nr. 4, S. 122–133.

SCHWARTZ, PETER (1998): The art of the long view: Planning for the future in an uncertain world, Chichester.

SCHWEPCKE, ANDREAS (2004): Rückversicherung, 2. Auflage, Karlsruhe.

SHARFMAN, MARK P./DEAN JAMES W. (1991): Conceptualizing and Measuring the Organizational Environment: A Multidimensional Approach, in: Journal of Management, 17. Jg., Nr. 4, S. 681–700.

SIJBRANDIJ, KLAAS (2007): Quantitative Analyse, in: Münchener Rückversicherungs-Gesellschaft (Hrsg.): Schwere Personenschäden in Europa am Beispiel der Kraftfahrtversicherung, München, S. 30–37.

SPIER, JAAP (1998): Long Tail (Liability) Risks and Claims Made Policies, in: The Geneva Papers on Risk and Insurance, 23. Jg., Nr. 2, S. 152–168.

SPÜHLER, Jürg (2003): Emerging Risks: a challenge for liability underwriters, Swiss Reinsurance Company, Zurich.

STANDARD LIFE INVESTMENTS (2013): Guide to Inflation-Linked Bonds, online verfügbar unter https://uk.standardlifeinvestments.com/O_FG_Inflati on_Linked_Bonds/getLatest.pdf, Stand: 13.09.2015.

STATISTISCHES BUNDESAMT (2013): Verbraucherpreisindex für Deutschland: Wägungsschema für das Basisjahr 2010, Wiesbaden.

STATISTISCHES BUNDESAMT (2014a): Verbraucherpreisindizes für Deutschland: Jahresbericht, Wiesbaden.

STATISTISCHES BUNDESAMT (2014b): Verdienste und Arbeitskosten: Reallohnindex und Nominallohnindex, Wiesbaden.

STEINMÜLLER, ANGELA/STEINMÜLLER, KARLHEINZ (2004): Wild cards: Wenn das Unwahrscheinliche eintritt, 2. Auflage, Hamburg.

STEINMÜLLER, KARLHEINZ (2012): Szenarien – Ein Methodenkomplex zwischen wissenschaftlichem Anspruch und zeitgeistiger Bricolage, in: Berner, Heiko/Popp, Reinhold (Hrsg.): Zukunft und Wissenschaft: Wege und Irrwege der Zukunftsforschung, Berlin, S. 101–137.

STETTLER, HEINZ/EUGSTER, FRITZ/KUHN, MICHAEL (2005): Reinsurance matters: A manual of the non-life branches, Zürich.

STYRSKY CHRIS (2005): The Effect of Changing Exposure Levels on Calendar Year Loss Trends, in: Casualty Actuarial Society Forum, Winter 2005, S. 125–151.

TALEB, NASSIM NICHOLAS (2008): Der schwarze Schwan: Die Macht höchst unwahrscheinlicher Ereignisse, München.

TOWERS WATSON (2011): Treasury Inflation-Protected Securities (TIPS), online verfügbar unter https://www.towerswatson.com/DownloadMedia.aspx?media=%7B3D305144-5EDA-4A6E-9DE0-9E54699913A4%7D, Stand: 13.09.2015.

TURNER, ADAIR (2006), Pension Challenges in an Aging World, in Finance & Development, 43. Jg., Nr. 3, S. 36–39.

VILNET, FRANCOIS (2008): Introduction to Bodily Injury Issues, in: Partner Re (Hrsg.): Bodily Injury – Viewpoints for Europe, Hamilton, S. 6–12.

VOLLATH, BARBARA/FINLEY, GERALD/FUNKE, GUIDO (2008): Long-Tail risks – No patent solutions, in: Munich Re Topics, Nr. 2/2008, S. 17–21.

WADDELL, DAVID (2008): Reinsurance Pricing Issues and Products, in: Partner Re (Hrsg.): Bodily Injury – Viewpoints for Europe, Hamilton, S. 108–114.

WAGNER, FRED (2011): (Hrsg.) Gabler Versicherungslexikon, Wiesbaden.

WALHIN, JEAN-F./HERFURTH, LUC/LONGUEVILLE, PHILIPPE DE (2001): The practical pricing of Excess of Loss treaties: actuarial, financial, economic and commercial aspects, in: Belgian Actuarial Bulletin, 1. Jg., Nr. 1, S. 40–57.

WALSH, PHILIP R. (2005): Dealing with the uncertainties of environmental change by adding scenario planning to the strategy reformulation equation, in: Management Decision, 43. Jg., Nr. 1, S. 113–122.

WANG, SHAUN/MAJOR, JOHN/PAN, CHARLES/LEONG, JESSICA (2010): U.S. Property-Casualty: Underwriting Cycle Modeling and Risk Benchmarks, online verfügbar unter http://www.ermsymposium.org/2011/pdf/CP_Strategic-Wang-Major-Pan-Leong.pdf, Stand: 13.09.2015.

WATZLAWICK, PAUL (2000): Anleitung zum Unglücklichsein, 4. Auflage, München.

WESTERHEIDE, PETER (2006): Cointegration of Real Estate Stocks and REITs with Common Stocks, Bonds and Consumer Price Inflation - an International Comparison, Discussion Paper No. 06-057 des Zentrums für Europäische Wirtschaftsforschung, online verfügbar unter ftp://ftp.zew.de/pub/zew-docs/dp/dp06057.pdf, Stand: 13.09.2015.

WHITTEN, SIMON P./THOMAS, R. GUY (1999): A Non-Linear Stochastic Asset Model for Actuarial Use, in: British Actuarial Journal, 5. Jg., Nr. 5, S. 919–953.

WILKIE, DAVID (1984): A Stochastic Investment Model for Actuarial Use, Transactions of the Faculty of Actuaries, 39. Jg., S. 341–403.

WILKIE, DAVID (1995): More on a Stochastic Model for Actuarial Use, in: British Actuarial Journal, 1. Jg., Nr. 5, S. 777–964.

WILSON, IAN (1983): The Benefits of Environmental Analysis, in: Albert, Kenneth J. (Hrsg.): The Strategic management handbook, New York, S. 9-1–9-18.

YEUNG, KA CHUN (2011): Index Clause for Aggregate Deductibles and Limits in Non-Proportional Reinsurance, in: Casualty Actuarial Society E-Forum, online verfügbar unter http://www.casact.org/pubs/forum/11spforum/Yeung.pdf, Stand: 13.09.2015.

ZIMMERMANN, GUIDO (2005): Prinzipien der Inflationsprognose, in: Wirtschaftsdienst, 85. Jg., Nr. 3, S. 197–204.

ZWEIFEL, PETER/EISEN, ROLAND (2003): Versicherungsökonomie, 2. Auflage, Berlin.

Beiträge zu wirtschaftswissenschaftlichen Problemen der Versicherung („Münchener Reihe“)

Begründet von Professor Dr. Heinz Leo Müller-Lutz, fortgeführt von Professor Dr. Elmar Helten

Herausgegeben von
Professor Dr. Andreas Richter und Professor Dr. Thomas Hartung

Bisher erschienen:

1 Marktforschung und Versicherungsbedarf
Dr. Klaus Röhrer
(vergriffen)

2 Die Revisionsabteilung in der Versicherungsunternehmung
Dr. Wolfgang Sy
(vergriffen)

3 Marktforschung in der Kraftverkehrsversicherung
Dr. Klaus Pröschel
1968, 10,80 €

4 Die Risikoprämie in der Kraftfahrzeug-Haftpflichtversicherung
Dr. Michael Bachmann
1968, 10,80 €

5 Marketing in der Versicherungswirtschaft
Dr. Eduard Delisle
(vergriffen)

6 Die Stab-Linie-Problematik
Dr. Helmut Baier
(vergriffen)

7 Die Erfolgsrechnung als Führungsinstrument der Unternehmensleitung
Dr. Manfred Seitz
(vergriffen)

8 Diversifikation und Versicherungswirtschaft
Dr. Klaus Gauer
1973, 13,– €

9 Die Betriebliche Altersversorgung
Dr. Erich Riedlbauer
(vergriffen)

10 Datenbank-Konzepte in der Versicherungswirtschaft
Dr. Reinhard Bunselmeyer
(vergriffen)

11 Die Betriebsorganisation in den Versicherungsunternehmen
Luise Marie Stepken et al.
(vergriffen)

12 Management Information System im Versicherungsunternehmen
Dr. Rolf Stein
(vergriffen)

13 Orientierungszahlen für Produktivität und Wirtschaftlichkeit in der Versicherung
Prof. Dr. Heinz Leo Müller-Lutz
(vergriffen)

14 Die Computer-Mißbrauch-Versicherung
2. Auflage
Dr. Jan L. Heidinger
(vergriffen)

15 Steuerung und Kontrolle des Außendienstes in Unternehmen der Versicherungswirtschaft
Dr. Klaus Stadler
1981, 25,20 €

16 Modellgestützte strategische Planung in der Versicherung
Dr. Klaus D. Wilde
1983, 19,50 €

17 Möglichkeiten für eine Versicherung von Bankeinlagen in der Bundesrepublik Deutschland
Dr. Wilhelm Schnetzer
1984, 23,50 €

10 Strategische Unternehmensführung in der Versicherungswirtschaft
Dr. Werner A. Pröbstl
1985, 19,40 €

19 Produktivität im Versicherungsbetrieb unter besonderer Berücksichtigung der Telekommunikation
Dr. Norbert Graser
1985, 20,– €

20 Die optimale Versicherungsentscheidung als risikopolitisches Problem
Dr. Klaus Dimmer
1986, 21,50 €

21 Betriebswirtschaftslehre und Versicherung
Dr. Gerhard Lukarsch et al.
1989, 25,– €, 978-3-88487-182-9

22 Probleme der organisatorischen Gestaltung der Rückversicherungsunternehmung
Dr. Uwe Carl
1990, 25,– €, 978-3-88487-203-1

23 Die Dienstleistung Versicherungsschutz in Wissenschaft und Berufsbildung
Prof. Dr. Roland Eisen et al.
1991, 19,80 €, 978-3-88487-269-7

24 Größenvorteile von Versicherungsunternehmen und Versicherungsaufsicht
Dr. Harald Kotsch
1991, 22,50 €, 978-3-88487-273-4

25 Beiträge zur Internationalisierung der Versicherung
Prof. Dr. Elmar Helten
1993, 10,– €, 978-3-88487-358-8

26 Die deutsche und britische Lebensversicherung
Dr. Peter Wasner
(vergriffen)

27 Die Problematik einer sachgerechten Schadensfeststellung von Feuer-Betriebsunterbrechungs-Schäden
Dr. Jürgen Harth
1993, 25,– €, 978-3-88487-341-0

28 Public Relations in der Versicherungswirtschaft
Andreas Bittl
1993, 12,50 €, 978-3-88487-381-6

29 Ein kundenorientiertes Konzept zur Messung von Telefonmarketing-Aktionen im Allfinanzbereich
Dr. Wolfgang Müller
1994, 16,50 €, 978-3-88487-409-7

30 Die Aufgaben der Unternehmensberatung bei der Gestaltung von Führungskultur
Dr. Martina Müller
1994, 18,– €, 978-3-88487-438-7

31 Frühaufklärung in Rückversicherungsunternehmen
Dr. Peter Quell
1995, 17,80 €, 978-3-88487-498-1

32 Gestaltungsgrundsätze für die Nutzung von Informations- und Kommunikationstechnologien beim Absatz in Versicherungsunternehmen
Dr. Wolfgang Hubert
1995, 25,– €, 978-3-88487-505-6

33 Aufsicht, Wettbewerb und Verbraucherschutz in der deutschen Lebensversicherung nach der EU-Liberalisierung 1994
Dr. Joachim Wenning
1995, 17,40 €, 978-3-88487-513-1

34 Die private Krankenversicherung in ausgewählten Ländern der Europäischen Union
Dr. Adriano Bastiani
(vergriffen)

35 Aufsicht von Lebensversicherungsprodukten und Versicherungsvermittlern in ausgewählten Ländern
Dr. Thomas Schedlbauer
1995, 22,– €, 978-3-88487-535-3

36 Modelle zur Analyse und Prognose des Schadenbedarfs in der Kraftfahrt-Haftpflichtversicherung
Dr. Olaf Kruse
1997, 16,50 €, 978-3-88487-602-2

37 Geschlossene Immobilienfonds als Angebotserweiterung und Kapitalanlage von Versicherungsunternehmen
Dr. Alexander Betz
1997, 12,80 €, 978-3-88487-635-0

38 Beschwerdemanagement in Versicherungsunternehmen
Dr. Sabine Heckelmann
(vergriffen)

39 Preisbildung auf dem industriellen Feuerversicherungsmarkt
Dr. Frederic Roßbeck
1998, 18,– €, 978-3-88487-710-4

40 Erklärung der Lebensversicherungsnachfrage anhand ökonomischer und psychologischer Einflußfaktoren
Dr. Andreas Müller
1998, 27,– €, 978-3-88487-702-9

41 Aufsicht über die Solvabilität von Versicherungsunternehmen und -konzernen in Deutschland und Singapur
Dr. Ralf Bodo Scheuermann
1999, 24,– €, 978-3-88487-807-1

42 Schadencontrolling – Ein Steuerungskonzept des Assekuranz-Controlling
Dr. Elke Happel
1999, 28,– €, 978-3-88487-820-0

43 Strukturierung von Rückversicherungsentscheidungen: Ein entscheidungstheoretisches Modell der Risikopolitik von Versicherungsunternehmen
Dr. Peter Liebwein
2000, 25,– €, 978-3-88487-836-1

44 Leistungsabhängige Vergütung im Innendienst von Erstversicherungsunternehmen
Dr. Birgit Fohlmeister-Tiede
2000, 27,– €, 978-3-88487-900-9

45 Das Flexible-Trigger-Konzept
Dr. Peter Liebwein et al.
2001, 19,80 €, 978-3-88487-905-4

46 International orientierte Produktinnovationspolitik globalisierter Versicherungsunternehmen
Prof. Dr. Matthias Müller-Reichart
2002, 34,– €, 978-3-89952-001-9

47 Mobile Business in der Versicherungswirtschaft
Dr. Susanne Schindler
2002, 26,50 €, 978-3-89952-019-4

48 Modulare und lebensphasen begleitende Produktgestaltung in der Lebensversicherung
Dr. Nina Taubert
2002, 27,– €, 978-3-89952-016-3

49 Ausgestaltung einer Balanced Scorecard für Versicherungsunternehmen
Dr. Andreas Gabriel
2004, 38,50 €, 978-3-89952-074-3

50 Erklärung der privaten Krankenversicherungsnachfrage anhand ökonomischer und psychologischer Einflußfaktoren
Dr. Rainer Kiel
2003, 34,80 €, 978-3-89952-072-9

51 Versicherungswissenschaft und Versicherungspraxis – Zwei Welten?
2006, 17,80 €, 978-3-89952-240-2

52 Solvabilitätsorientierte Gestaltung der Bilanzierung von Versicherungsunternehmen
Dr. Roman Sauer
2006, 27,– €, 978-3-89952-255-6

53 Provisionssatzdifferenzierung in finanziellen Anreizsystemen für Versicherungsvermittler
Dr. Stefan Wagner
2006, 29,– €, 978-3-89952-257-0

54 Das operationelle Risiko in Versicherungsunternehmen
Dr. Annette Dölker
2006, 32,– €, 978-3-89952-287-7

55 Die Nachfrage nach Rückversicherung: Theorie und Evidenz
Dr. Rüdiger Reißaus
2006, 32,– €, 978-3-89952-301-0

56 Das Spartentrennungsprinzip der Lebensversicherung: nach Umsetzung von Solvency II noch zeitgemäß?
Dr. Markus Boringer
2007, 32,– €, 978-3-89952-334-8

57 Private Equity als Kapitalanlage deutscher Lebensversicherungsunternehmen
Dr. Rüdiger Kollmann
2008, 32,– €, 978-3-89952-365-2

58 Möglichkeiten der Effizienzsteigerung für die private und gesetzliche Krankenversicherung in Deutschland
Dr. Alexander Wimmer
2008, 42,– €, 978-3-89952-400-0

59 Public Private Partnerships zur Bewältigung von Elementarrisiken
Dr. Damian Ritter von Doderer
2009, 39,– €, 978-3-89952-422-2

60 Solvency II: Risikoadäquanz von Standardmodellen
Dr. Marion Zöbisch
2009, 42,– €, 978-3-89952-502-1

61 Longevity Risk
Dr. Frederik Weber
2010, 39,– €, 978-3-89952-509-0

62 Erklärung von Preisverhalten am Nicht-Leben-Rückversicherungsmarkt anhand von nichtlinearen und rückgekoppelten Systemen
Dr. Christian Wolter
2010, 39,– €, 978-3-89952-527-4

63 Management von Katastrophenrisiken
Dr. Barbara Klimaszewski-Blettner
2010, 37,– €, 978-3-89952-557-1

64 Essays on the Economics of Selected Multi-Period Insurance Decisions with Private Information
Dr. Petra Steinorth
2011, 37,– €, 978-3-89952-603-5

65 Open Source Software in versicherungsfachlichen Anwendungen. Grundlagen, Marktübersicht, Beschaffungsoptionen, Softwareauswahl und vier Fallstudien
Dr. Jürgen Zehetmaier
2011, 48,– €, 978-3-89952-648-6

66 Wandel der Beratungsqualität auf dem Versicherungsvermittlungsmarkt Eine ökonomische Analyse der Veränderungen aufgrund der Anforderungen der EU-Vermittlerrichtlinie
Dr. Gergana Höckmayr
2012, 42,– €, 978-3-89952-705-6

67 Intermediation in Reinsurance Markets
Dr. Laila Neuthor
2013, 48,– €, 978-3-89952-681-3

68 Essays on Insurance Policyholder Behavior – A Behavioral Economics Perspective
Dr. Christian Knoller
2013, 37,– €, 978-3-89952-746-9

69 Non-Life Insurance-Linked Securities: Risk and Pricing Analysis
Dr. Thomas Nowak
2014, 49,– €, 978-3-89952-838-1

70 Essays on Current Topics in Life Insurance
Dr. Gunther Kraut
2015, 39,– €, 978-3-89952-837-4

71 Determinanten der Nachfrage nach innovativen Industrieversicherungsprodukten in imperfekten Märkten
Dr. Michael Berger
2016, 69,99,– €, 978-3-89952-923-4